233502

10/14

International Federation of Library Associations and Institutions
Fédération Internationale des Associations de Bibliothécaires et des Bibliothèques
Internationaler Verband der bibliothekarischen Vereine und Institutionen
Международная Федерация Библиотечных Ассоциаций и Учреждений
Federación Internacional de Asociaciones de Bibliotecarios y Bibliotecas
国际图书馆协会与机构联合会

الاتحاد الدولي لجمعيات ومؤسسات المكتبات

About IFLA   **www.ifla.org**

IFLA (The International Federation of Library Associations and Institutions) is the leading international body representing the interests of library and information services and their users. It is the global voice of the library and information profession.

IFLA provides information specialists throughout the world with a forum for exchanging ideas and promoting international cooperation, research, and development in all fields of library activity and information service. IFLA is one of the means through which libraries, information centres, and information professionals worldwide can formulate their goals, exert their influence as a group, protect their interests, and find solutions to global problems.

IFLA's aims, objectives, and professional programme can only be fulfilled with the co-operation and active involvement of its members and affiliates. Currently, approximately 1,600 associations, institutions and individuals, from widely divergent cultural back-grounds, are working together to further the goals of the Federation and to promote librarianship on a global level. Through its formal membership, IFLA directly or indirectly represents some 500,000 library and information professionals worldwide.

IFLA pursues its aims through a variety of channels, including the publication of a major journal, as well as guidelines, reports and monographs on a wide range of topics. IFLA organizes workshops and seminars around the world to enhance professional practice and increase awareness of the growing importance of libraries in the digital age. All this is done in collaboration with a number of other non-governmental organizations, funding bodies and international agencies such as UNESCO and WIPO. IFLANET, the Federation's website, is a prime source of information about IFLA, its policies and activities: www.ifla.org

Library and information professionals gather annually at the IFLA World Library and Information Congress, held in August each year in cities around the world.

IFLA was founded in Edinburgh, Scotland, in 1927 at an international conference of national library directors. IFLA was registered in the Netherlands in 1971. The Koninklijke Bibliotheek (Royal Library), the national library of the Netherlands, in The Hague, generously provides the facilities for our headquarters. Regional offices are located in Rio de Janeiro, Brazil; Pretoria, South Africa; and Singapore.

IFLA Publications 158

Open Access and Digital Libraries: Social Science Libraries in Action / Acceso Abierto y Bibliotecas Digitales: Las Bibliotecas de Ciencias Sociales en Acción

Edited by
Lynne M. Rudasill and Maria E. Dorta-Duque

De Gruyter Saur

IFLA Publications
edited by Louis Takács

ISBN 978-3-11-028085-2
e-ISBN 978-3-11-028102-6
ISSN 0344-6891

Library of Congress Cataloging-in-Publication Data
A CIP catalog record for this book has been applied for at the Library of Congress

Bibliographic information published by the Deutsche Nationalibliothek
The Deutsche Nationalbibliothek lists this publication in the Deutsche Nationalbibliografie;
detailed bibliographic data is available in the Internet at http://dnb.dnb.de.

Walter de Gruyter GmbH, Berlin/Boston

© 2013 by International Federation of Library Associations
and Institutions, The Hague, The Netherlands

Cover Image: Photodisc / World Map (Digitally Generated) / Thinkstock
Typesetting: Dr. Rainer Ostermann, München
Printing and binding: Strauss GmbH, Mörlenbach

Printed in Germany

www.degruyter.com

Contents / Contenidos

6   Contents / Contenidos

Part 3 / Parte 3
Conclusion / Conclusión

Foreword

The development, use, and impact of open archives and digital repositories provide the focus for this bilingual volume of works by library and information scientists. It is built upon the papers that were presented at the IFLA Satellite Conference, *Social Science Libraries: A Bridge to Knowledge for Sustainable Development,* held in Havana, Cuba in August of 2011. The position of the social sciences and the libraries that support them within the information society provides a view of the essential and significant contributions of related fields to the study of sustainable development. They provide a better understanding of the economic, political, and social aspects of development, and frequently expand to encompass vital areas such as health and the environment. Digital resources provide the tools that citizens and policymakers need to access knowledge in order to improve and sustain development in a world of seven billion individuals.

The theme of information technologies and their use permeated the presentations at the conference. As a result, attendees had the opportunity to learn about many of the experiences and best practices employed to promote free access to information that is one of the cornerstones of the IFLA organization. In accordance with the IFLA policy on multilingualism, the editors chose to create a bilingual edition on the topics explored in the conference to make the results of these explorations accessible to more librarians in the Spanish and English speaking areas of the world.

The work is divided into three parts. The first is an overview of the meaning and use of open archives and digital libraries as they relate to sustainable development. A brief introduction to the historical foundation, importance, and uses for these tools is provided. It discusses the development and application of freely available resources and the impact they have in terms of support for economic and social development. María E. Dorta-Duque and Dominique Babini of ISRI/CLASCSO then provide a broad vision of how open access initiatives and digital repositories with a geographic focus can be accessed through a variety of virtual tools.

The second part of the work focuses specifically on the information technology landscape in Cuba. Iroel Sanchez provides an introduction to several projects that are being implemented on the island from the view of the Ministry of Informatics Science and Communication and describes many of the problems encountered in their development. A chapter by Ricardo Casate Fernández and José Antonio Senso Ruiz takes a broad view of access to scholarly literature and explores the availability of digital publications within the country through a study of these resources and the investments required to open the information to a larger audience. They suggest that the "golden path" to open access would provide an excellent process for developing access to information in Cuba. Next, several other discrete digital projects from the island are explored. The development of an archive of digital theses in the area of health studies is presented by Dinorah Sánchez Remón and Nancy Sánchez Tarragó; clearly reflecting the importance of social development in access to health research outcomes. Lenay Barceló Soto and Liudmila Báez Sánchez discuss the feasibility of an open access repository for newspaper resources in the country. Another aspect of repositories in the social sciences is explored by Ascanio Alvarez Alvarez in his chapter about the Interbancario Portal, which provides access to the publications of the Center for Banking and Economics Information. Finally, Raul G. Torricella Morales, Francisco Lee Tenorio, and Jorge Luis López Presmanes introduce the reader to a step-by-step approach for developing a repository using the Greenstone software. They discuss both open access and proprietary uses for the information that is available.

Part three of the work broadens this exploration geographically, as JoAnn Jacoby and Liz Cooper explore the needs of graduate students preparing to work in the field of development. A culturally grounded approach reveals the information practices of students and future practitioners. Tiffini Travis moves into the virtual world of digital information dissemination via social media. The evolving resources available for libraries, archives, and museums to provide access to their collections are multi-faceted and require a sustained effort on the part of these organizations to both organize and push the information out to a larger audience.

The editors would like to sincerely thank all those involved in the IFLA satellite conference that made this work possible. The conference could not have been held without the support of the Social Science Standing Committee of IFLA. Many members helped in the development of the program and the review of abstracts. Some of these same members were active participants in the decision-making regarding the focus and content of this book. Our special thanks go to Fred Hay for his help.

Mere thanks is not enough for Dr. Eduardo Torres Cuevas, the Director of the Jose Marti National Library of Cuba, for opening his doors to conference attendees as well as the Ministry of Culture, the Ministry of Informatics and Communications, the Cuban National Commission of UNESCO, the UNESCO Regional Office of Culture for Latin America and the Caribbean in Havana, and the National Association of Cuban Librarians, ASCUBI, for their support of the event. A further list of people from the National Library who were essential to the success of the event would be quite extensive, but we are especially grateful to Dr. Nancy Machado, Vice-Director of the National Library and Vilma Ponce. The Department of International Relations of the National Library was especially helpful in the development of the program and activities, and we would send special thanks to Yolanda Nuñez and Juan Carlos

Fernández Borroto for their able assistance. The hospitality, organization, and support were phenomenal. The translation support at the conference was some of the best we have ever encountered. We would also like to thank Springer Science+Business Media for their financial support of the conference dinner. We also want to add our special thanks to Kathryn Tallman and Louis Takács for their excellent editorial assistance on this book.

As a final note, the translations in this work are the sole responsibility of María Elena Dorta-Duque and Lynne M. Rudasill. Any errors or omissions are entirely unintentional and should be brought to their attention.

Lynne M. Rudasill
University of Illinois at Urbana-Champaign
USA

Maria E. Dorta-Duque
Instituto Superior de Relaciones Internacionales (ISRI)
Cuba

Prefacio

El desarrollo, uso e impacto de los archivos abiertos y repositorios digitales constituyen el eje central de este volumen bilingüe de trabajos de científicos de bibliotecas e información. Se basa en los documentos que se presentaron en la Conferencia Satélite de la IFLA, *Bibliotecas de Ciencias Sociales: un puente hacia el conocimiento para el Desarrollo Sostenible*, celebrada en La Habana, Cuba, en agosto de 2011. El papel de las ciencias sociales y de las bibliotecas que las respaldan en el marco de la sociedad de la información, proporcionan una visión de las contribuciones esenciales y significativas de diversos campos asociados al estudio del desarrollo sostenible. Ellas proveen una mejor comprensión de los aspectos económicos, políticos y sociales del desarrollo y con frecuencia se expanden para incluir áreas vitales tales como la salud y el medio ambiente. Los recursos digitales proporcionan las herramientas que necesitan los ciudadanos y los hacedores de políticas para acceder al conocimiento requerido para mejorar y sostener el desarrollo en un mundo de siete millones de individuos.

El tema de tecnologías de la información y su uso permearon las presentaciones de la conferencia. Como resultado, los asistentes tuvieron la oportunidad de conocer muchas de las experiencias y las mejores prácticas empleadas para promover el libre acceso a la información que es uno de los pilares de la organización de la IFLA. Los editores decidieron crear una edición bilingüe de los temas tratados en la conferencia para que los resultados de estas investigaciones puedan estar accesibles a más bibliotecarios en las áreas de habla inglesa y del español del mundo. Este esfuerzo sirve para apoyar y enfatizar la Iniciativa Estratégica 5 de IFLA – El multilingüismo en el desarrollo de los recursos de información.

El trabajo se divide en tres partes. La primera da una visión general del significado y el uso de los archivos abiertos y las bibliotecas digitales en la medida en que se relacionan con el desarrollo sostenible. Se ofrece una breve introducción a los fundamentos históricos, la importancia y los usos de estas herramientas. Se discute el desarrollo y aplicación de los recursos de libre disponibilidad y el impacto que tienen en términos de apoyo para el desarrollo económico y social. María E. Dorta-Duque y Dominique Babini de ISRI/CLACSO, proporcionan una visión amplia de cómo una región geográfica puede acceder a toda la información útil e importante desde los repositorios.

En la segunda parte del trabajo nos centramos específicamente en la tecnología de la información en el escenario de Cuba. Iroel Sánchez primero nos ofrece una introducción a los diversos proyectos que se están implementando en la Isla desde el punto de vista del Ministerio de la Informática y las Comunicaciones, y describe muchos de los problemas encontrados en su desarrollo. Un capítulo de Ricardo Casate Fernández y José Antonio Senso Ruiz toma la visión amplia de acceso a la literatura académica y explora la disponibilidad de las publicaciones digitales en el país a través de un estudio de estos recursos y las inversiones necesarias para abrir esta información a un público más amplio. Ellos sugieren que el "camino de oro" para el acceso abierto proporcionaría un excelente proceso para desarrollar el acceso a la información en Cuba. Se analizan a continuación varios otros proyectos digitales específicos de la isla. El desarrollo de un archivo de tesis digitales en el área de estudios de salud se presenta por Dinorah Sánchez Remón y Nancy Sánchez Tarragó. El acceso a la investigación y la información en salud es una herramienta particularmente importante para el desarrollo social y económico. Lenay Barceló Soto y Liudmila Báez Sánchez luego discuten la posibilidad de establecer un repositorio de acceso abierto a los recursos de la prensa en el país. Otro aspecto de los repositorios en las ciencias sociales es explorado por Ascanio Alvarez Alvarez en su capítulo sobre el Portal Interbancario que proporciona acceso a las publicaciones del Centro de Información Bancaria y de Economía. Por último, Raúl G. Torricella Morales, Francisco Lee Tenorio, y Jorge Luis López Presmanes nos introducen en un enfoque paso a paso del desarrollo de un repositorio utilizando el programa Greenstone. Hablan tanto del libre acceso a la información como de los recursos propietarios disponibles.

En la tercera parte de la obra, ampliamos nuestras exploraciones geográficas, cuando JoAnn Jacoby y Liz Cooper examinan las necesidades de los estudiantes de postgrado que se preparan para hacer el trabajo en los campos del desarrollo. A través de un enfoque culturalmente enraizado ellas revelan las prácticas de información de estos estudiantes y futuros practicantes. Tiffini Travis nos mueve en el mundo virtual de la difusión de la información digital a través de medios de comunicación social. Los crecientes recursos disponibles para las bibliotecas, archivos y museos para facilitar el acceso a sus colecciones son múltiples y requieren un esfuerzo sostenido por parte de estas organizaciones para organizar e impulsar la información a un público más amplio.

Los editores desean agradecer sinceramente a todos los que participaron en la Conferencia Satélite de la IFLA que de una forma u otra han contribuido a estos trabajos. La conferencia no pudo haberse efectuado sin el apoyo del Comité Permanente de la Sección de Ciencias Sociales de la IFLA. Muchos de sus miembros apoyaron en el desarrollo del programa y la revisión de los resúmenes. Algunos de estos mismos miembros fueron participantes activos en las decisiones sobre el enfoque y el contenido de este libro y nuestro agradecimiento especial para Fred Hay por su ayuda.

Meras gracias no son suficientes para el Dr. Eduardo Torres Cuevas, Director de la Biblioteca Nacional de Cuba, José Martí, por la apertura de las puertas de su institución a los asistentes a la Conferencia, así como al Ministerio de Cultura, el Ministerio de Informática y Comunicaciones de Cuba, a la

Comisión Nacional Cubana de la UNESCO, la Oficina Regional de Cultura de la UNESCO para América Latina y el Caribe, en La Habana, y a la Asociación Cubana de Bibliotecarios, ASCUBI, por su apoyo al evento. Una lista más amplia de personas de la Biblioteca Nacional, que fueron esenciales para el éxito del evento sería muy extensa, pero estamos especialmente agradecidos a la Dra. Nancy Machado, Vice-Directora de la Biblioteca Nacional y a Vilma Ponce. El Departamento de Relaciones Internacionales de la Biblioteca Nacional fue especialmente útil en el desarrollo del programa y sus actividades y queremos enviar un agradecimiento especial a Yolanda Núñez y a Juan Carlos Fernández Borroto por su ayuda valiosa. La hospitalidad, la organización y apoyo fueron formidables. El apoyo a la traducción de la Conferencia fue uno de los mejores que jamás hayamos encontrado. También nos gustaría dar las gracias a Springer Science + Business Media por su contribución financiera a la cena de la Conferencia. Nosotros queremos agregar nuestro especial agradecimiento a Kathryn Tallman y a Louis Takács por su excelente asistencia editorial dada a este libro

Como nota final, queremos mencionar que las traducciones de este trabajo son de exclusiva responsabilidad de María Elena Dorta-Duque y Lynne M. Rudasill. Cualquier error u omisión es totalmente involuntaria y deben ser trasladados a su atención.

Lynne M. Rudasill
University of Illinois at Urbana-Champaign
USA

Maria E. Dorta-Duque
Instituto Superior de Relaciones Internacionales (ISRI)
Cuba

PART 1 / PARTE 1

AN OVERVIEW OF DIGITAL LIBRARIES IN SUSTAINABLE DEVELOPMENT / UNA VISIÓN GENERAL DE BIBLIOTECAS DIGITALES EN EL DESARROLLO SOSTENIBLE

Open Access and Development

Lynne M. Rudasill

Associate Professor, University of Illinois at Urbana-Champaign, Urbana, Illinois, USA

Access to information has been the heart of library and information science since ancient times. Ranganathan's laws, published in the early part of the 20th century provide a framework for the modern library, emphasizing the importance of making information widely available to all users (Ranganathan, 1931). Access to information experienced a drastic change with the advent of the Internet and the World Wide Web. Scholars began to self-archive their papers on individual websites and servers, publishers began to make journals available in full-text electronic format, and institutions became aware of the possibility of capturing the intellectual output of their scholars in institutional repositories. The world of open access and digital repositories was created.

What, specifically, does the term "open access" imply? The simplest definition of the term for today's library worker would indicate that it is a process by which information is made freely available in electronic format to all users of the Internet. But there is much more that underlies this definition. The type of information that is the core of open access is primarily scholarly in nature. Much of this scholarly information has been, and in some cases continues to be, available in print formats for which libraries provided subscription access for their users. The increasing costs of these publications, and the proliferation of information, have both worked to move the access to different models. In addition, institutions are very interested in highlighting their credentials and reputations by capturing the intellectual output of their scholars in a way that makes it easily accessible to the invisible college that exists beyond their walls.

A Brief History of Open Access

One model of open access for scholars that has become particularly popular is the digital repository. These electronic collections are generally either institutionally based or subject based. The first well-known subject based collection was the arXiv, containing e-prints to papers on high energy physics. The first iteration of this collection was developed in 1991 and existed on a server until it became available on the Internet in 1999. The archive, containing papers from around the world, is currently based at Cornell University in the United States and provides freely available scholarly articles on physics, mathematics, nonlinear sciences, computer science, quantitative biology, quantitative finance, and statistics in full-text. Yearly submissions to the resource continue to be in the thousands and connections to these resources number in the millions (arxiv.org, 2012). In addition to arXiv, scholarly repositories for economics, cognitive and computer science, and education have existed since 1997.

In 1999 the importance of interoperability for the software supporting repositories was underlined through the development of the Open Archive Initiative (OAI). This initiative promotes the application of standards that facilitate access to digital information available in repositories throughout the world. In particular, the development of the Open Archives Initiative Protocol for Metadata Harvesting (OAI-PMH) facilitates discoverability of the available materials. It is an attempt to provide a low-cost, common denominator for the deposit and discovery of electronic publications found in a wide variety of institutional and subject repositories. Consisting of six verbs, the XML schema for responses to the verbs and the underlying data model for discovery, the OAI-PMH specifications are the most widely recognized tools for access to digital collections (Open Archives Initiative, 2012). It should be noted that discovery of resources and access to the full text or images is not the same thing. However, OAI-PMH helps assure that items can be made known to users.

In addition to the development of standards, a variety of software tools began to appear that support the growth of digital repositories. Today these tools include, but are not limited to, EPrints repository software from Great Britain, DSpace software from the Massachusetts Institute of Technology, Digital Commons from the University of California, OPUS from the University of Stuttgart, and Greenstone open source software from the New Zealand Digital Library Project. This last suite of software is distributed in cooperation with UNESCO and provides open-source multilingual access for the foundation of digital libraries throughout both the developing and developed world.

In 2003 the Berlin Declaration on Open Access to Knowledge in the Sciences and Humanities was signed. This two page document provides the most well-realized statement on open access to scholarly publishing. Recognizing that the opportunities for the dissemination of information provided through the Internet were vast, it states that, "Our mission of disseminating knowledge is only half complete if the information is not made widely and readily available to society". The statement recognized two conditions for open access contributions. The first condition was that the information provided was available for all users to access the original work and to distribute derivative works with proper attribution to the author and/or rights holder. The second condition was that the entire work plus supplemental materials and permissions should be deposited in a repository that observed proper standards for redistribution, interoperability, and archiving (Berlin Declaration, 2003).

The last decade has seen the development of thousands of digital repositories consisting of numerous types of content including scholarly articles, conference papers, working papers, policy briefs, images, statistical data, and more. There are several virtual sites, well beyond the Google search, that one can find to help bring these resources together and make them searchable to users. One of the original tools used to discover repositories was OAIster. The University of Michigan and the University of Illinois at Urbana-Champaign collaborated during the first two years of the project to begin harvesting metadata from digital libraries. Since then, the resource has come under the suite of services provided by OCLC. Here it is again important to note that open access and open archives are not the same thing. Open access refers to the ability of the user to freely access materials of importance to the individual. The open archive movement deals primarily with the interoperability of sites and the harvest of metadata from these sites to make them discoverable.

The Registry of Open Access Repositories or ROAR is another very useful website for the discovery of repositories. Part of the EPrints.org network it is supported by the University of Southampton. This resource "collects" repositories of all types and provides the user with a search interface to assist in the discovery of these sites. It was created "to promote the development of open access by providing timely information about the growth and status of repositories throughout the world" (ROAR, 2012). The deposit activity for each site is provided in addition to links to the resources. OpenDOAR, also supported by the University of Southampton, is a related and very useful website in the world of open access. This organization reviews repositories to determine the quality of the sites. They "harvest and assign metadata to allow categorization and analysis to assist the wider use and exploitation of repositories" (OpenDOAR, 2012).

The Green Road, the Gold Road, and the Open Road

The commercial publishing entities that provide electronic access to scholarly resources have been challenged by the advent of open access. The high cost of the materials they publish is only one of the factors in the development of open access. According to UNESCO's Policy Guidelines for the Development and Promotion of Open Access:

> ...researchers and students from around the world gain increased access to knowledge, publications receive greater visibility and readership, and the potential impact of research is heightened. Increased access to and sharing of knowledge leads to opportunities for equitable

economic and social development, intercultural dialogue, and has the potential to spark innovation (Swan, 2012).

The development of open access institutional and subject digital repositories not only provides for the dissemination of scholarly articles, it also makes other important scholarly works available. The theses and dissertations of new scholars are an important addition to these resources; as are working papers, policy papers, conference proceedings, newsletters, and a host of grey literature. Many of these materials have not been easily disseminated through the traditional avenues of publishing. Yet these materials are a very important source of learning for developing nations that flows both in and out of information channels.

Scholarly publications that enjoy open access are captured through travel down two roads. The "green road" implies that the author has self-archived the publication, usually in an institutional or subject repository. The material can be a preprint, the published edition of the piece, or a peer-reviewed piece that has not yet been copy-edited. The "gold road" is an alternative route that relates specifically to the type of journal in which publications appear. This status denotes that a journal has charged the author (or the author's institution) in order to make an article available in open access. In this case, the article is peer-reviewed and will appear in its final form when published electronically.

A useful tool for authors trying to determine the policies of the publisher relating to open access is the SHERPA/RoMEO website. Publishers receive color codes related to their approach to open access. For example, green indicates that articles from these publishers can be archived in a repository as preprints and post-prints or the pdf version of the final article from the publisher. Blue indicates that a post-print or the publisher's pdf can be posted. Yellow indicates a pre-print can be added and white indicates that the publisher does not formally support archiving. Many institutions are currently encouraging researchers to read and be aware of these possibilities.

As mentioned earlier, journal articles are not the only scholarly publishing of importance to researchers and the institutions that support them. The ability to capture the work of new scholars is also very important to advancing the disciplines. Many universities are now requiring individuals to deposit their theses and dissertations in repositories as part of degree completion. These materials are particularly important for the area of sustainable development, providing original research in very specific areas that can be used by policymakers and practitioners. ROAR can provide extensive access to the institutional records for theses and dissertations on a global basis, although the full-text of the items might not be publically available.

The "open road" referred to in the heading for this section includes those items that are found in repositories that do not necessarily fit under traditional scholarly publications. Materials such as briefing papers, conference proceedings, newsletters, reports, and other forms of grey literature are frequently deposited for open access. Although these items have not necessarily undergone stringent peer review, they provide another body of work that can be very useful for individuals working in the area of sustainable development.

The IDEALS repository at the University of Illinois at Urbana-Champaign provides some excellent examples of the type of literature that might be of use for researchers in the field of sustainable development. A search for the term "GMO" or genetically modified organism reveals materials such as a thesis on the effects of papayas on digestion, presentation slides and a video of a lecture on food sovereignty, and a journal pre-print on possible effects of climate change on crop technology. Prior to the development of an institutional repository, only one of the three submissions would likely have been easily accessible to the developing world.

The Importance of Access

As noted earlier, the ability to access reliable information in a timely and cost-effective manner is an essential piece of the sustainability and capacity-building puzzle. The ability of scholars and perhaps, more importantly, policy-makers to access the knowledge that is being produced in the fields of medicine, public health, environmental science, agriculture, economics, finance, and engineering is essential to growing the assets of any country. There are two roadblocks to this growth: access and affordability.

Access here refers to the infrastructure required to capture the information that is available for those working toward sustainable development. This closely reflects the concepts that are included in any discussions about the digital divide. The availability of computers in order to access the larger network is of course the most essential piece of the development puzzle. But even with the cost and availability of these tools improving, there remain major several problems for access to information for sustainability. The availability of electricity to run computers is often cited as a factor in access to information that is delivered in a digital manner. This applies not only to the ability to run the equipment, but also to the ability to provide appropriate environmental conditions for the machines. Another factor is the availability of high-speed connection to the Internet. Scientific literature is especially dependent upon the ability to transfer large quantities of data in a rapid and reliable format. Many countries still do not have robust access to the network. One bright spot is the growing availability of mobile technology. Cell phones, in particular, might provide more effective access to information, especially the newer models that include multiple, advanced applications. The rapid growth in the global availability of handheld technology can be seen in the Chart 1.1, developed from statistics available on the United Nations Millennium Development Goals Indicators website.

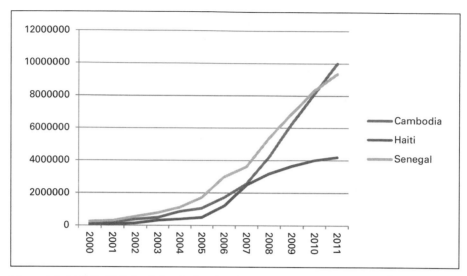

Figure 1.1. Mobile Cellular Subscriptions in Three Developing Countries

The increasing development of mobile library sites should provide access to useful and important information available in institutional and subject repositories at a fraction of the cost of larger desktop and laptop computers. The superior connectivity of the wireless and ability to charge batteries in less than ideal conditions can take advantage of information access in ways never before imagined.

Affordability remains a problem for many in efforts toward capacity-building. Many well-established initiatives have been in place to at least lower the cost of information access to the economically disadvantaged country's institutions. Consortial licensing provided one avenue for access. Organizations involved in this movement include eIFL and INASP-PERI, both of which have worked with publishers and aggregators to reduce the costs of access for developing nations. In addition to working to reduce cost of access, eIFL has provided many workshops for individuals in developing countries to support the development of open access and digital repositories. The World Health Organization was instrumental in the development of the HINARI initiative to provide inexpensive and often free access to journals in the fields of health and social sciences.

Active Members of the Movement to Open Access

Several organizations exist in Latin America that have moved open access forward in a very effective manner. SciELO, originating in Brazil, provides access to citations and some full-text in journals published in the region and beyond. CLACSO, supported by the Latin American Council of Social Sciences, includes a digital library with many full-text documents available in the related disciplines. More of these types of collections exist and are growing in other regions of the world. African Journals Online promotes access to the scientific literature produced on most of that continent, with full-text of the articles included. For those interested in publications from scientists working in the global "South" the WorldWideScience alliance provides links to many sites where the full-text of research articles can be downloaded.

National libraries frequently play a role in the development of policies toward open access. They recognize the need for this type of support to researchers and provide an avenue for the collection of sites and resources that might exist in any given country. The National Library of Sweden, for example, has played a major role in the development of open access in that country (Hagerlid, 2011). The Library of Congress in the United States has several digital collections, including the American Memory site that is highly focused on the history of the nation. The repositories that national libraries develop hold promise for the future of scholarship as well as the opportunity to capture cultural resources from the past.

True open access digital repositories are most frequently found in association with institutions of higher learning. But, perhaps the most effective proponents of open access to information are governments. The United States, Great Britain, and the European Union are recognizing the importance of the ability of research grant-making bodies to require the deposit of research they fund and Spain has been a leader in these efforts. Full-text repositories of research results such as PubMed Central are becoming more common on a national basis.

Digital subject repositories, although not quite as widespread as institutional repositories, provide the scholar access that is most germane to his or her research area. We have mentioned a few of these resources before including ArXiv and PubMed Central. Other well-known sites that have been developed include AgEcon, Organic EPrints, SSRN, the Archive of European Integration, and E-LIS. Smaller collections such as Economists Online and PROL: Political Research Online also exist. These repositories serve a smaller and more select group of researchers, but are nonetheless valuable in the global dissemination and preservation of knowledge.

Why Does Open Access Matter?

The importance of open access lies beyond the practical matter of affordability. The ability to use information is the heart of the rationale for the movement. The concept of copyright in many countries is predicated upon the idea that information is essential to innovation and that innovation lays the foundation of a secure and vibrant society. The protection of authors' rights has been recognized throughout the development of open access. Digital repositories have an enduring interest in crediting authors with their works and ideas. It is in fact a prime motivator for institutional repositories in capturing the works of their scholars to promote the access and use of materials.

In the globalized economy, the importance of knowledge acquisition and sharing cannot be overemphasized. According to Kirsop and Chan,

> The ability to access the corpus of the world's research output through the Internet and also to contribute to it on an equal basis has become a tantalizing goal that would benefit all scientists, especially in fields where a global picture is essential for the development of effective international programs (2005, p. 247).

The problems facing the seven billion individuals that inhabit the globe require widespread access and use of the information needed to solve these problems.

References

Berlin Declaration. (2003). Berlin Declaration on Open Access to Knowledge in the Sciences and Humanities. Retrieved August 12, 2012, from http://oa.mpg.de/berlin-prozess/berliner-erklarung/

Hagerlid, J. (2011). The role of the national library as a catalyst for an open access agenda: the experience in Sweden. *Interlending & Document Supply*, *39* (2), 115-118

Kirsop, B. & Chan, L. (2005). Transforming access to research literature for developing countries. *Serials Review*, *31*(4), 246-255

Open Archives Initiative. OAI-PMH core resources. Protocol for Metadata Harvesting. Retrieved August 5, 2012 from www.openarchives.org/pmh/

OpenDOAR. (2012). About OpenDOAR. Directory of Open Access Repositories. Retrieved August 20, 2012, from www.opendoar.org/about.html

Ranganathan, S. R. (1931). *The Five Laws of Library Science*. Madras: The Madras Library Association

ROAR. (2012). Registry of Open Access Repositories. Retrieved August 20, 2012 from http://roar.eprints.org/

Swan, A. (2012). Policy Guidelines for the Development and Promotion of Open Archives (Open Guidlines Series). Paris: UNESCO, p. 6. Retrieved August 20, 2012 from http://unesdoc.unesco.org/images/0021/002158/215863e.pdf

United Nations. Millennium Developent Goals Indicators. *Mobile cellular subscriptions* [Data file]. Retrieved September 24, 2012 from http://mdgs.un.org/unsd/mdg/

Websites mentioned

AgEcon (Research in Agricultural & Applied Economics):
   http://ageconsearch.umn.edu/
arXiv:
   http://arxiv.org
CLACSO (Latin American Council of Social Sciences):
   http://biblioteca.clacso.edu.ar/
Economists Online:
   www.economistsonline.org
eIFL (Electronic Information for Libraries):
   www.eifl.net
HINARI (Programme for Access to Health Research):
   www.who.int/hinari/
IDEALS (Illinois Digital Environment for Access to Learning and Scholarship):
   www.ideals.illinois.edu/
INASP-PERI (Information Network for the Availability of Scientific Publications, Program for the Enhancement of Research Information):
   www.inasp.info/
OAIster:
   www.oclc.org/oaister/
OpenDOAR (The Directory of Open Access Repositories):
   www.opendoar.org
Organic eprints:
   www.orgprints.org
PubMed Central
   www.ncbi.nlm.nih.gov/pmc/
ROAR (The Registry of Open Access Repositories):
   http://roar.eprints.org
SciELO (Scientific Electronic Library Online):
   www.scielo.org
SHERPA/RoMEO:
   www.sherpa.ac.uk/romeo
SSRN (Social Science Research Network):
   www.ssrn.com/

El acceso abierto y el desarrollo

Lynne M. Rudasill

Associate Professor, University of Illinois at Urbana-Champaign, Urbana, Illinois USA

El acceso a la información ha sido el corazón de la bibliotecología y la información desde la antigüedad. Las leyes de Ranganathan, publicadas a principios del siglo 20 proporcionan un marco para la biblioteca moderna, haciendo hincapié en la importancia de poner la información ampliamente a disposición de todos los usuarios (Ranganathan, 1931). El acceso a la información ha experimentado un cambio drástico con la llegada de Internet y la World Wide Web. Los estudiosos comenzaron a auto-archivar sus documentos en sitios web y servidores personales, los editores empezaron a hacer revistas en formato electrónico disponibles en texto completo, y las instituciones se dieron cuenta de la posibilidad de capturar la producción intelectual de sus eruditos en repositorios institucionales. El mundo del acceso abierto y los repositorios digitales fue creado.

    ¿Qué implica, en concreto, el término "acceso abierto" ? La definición más simple del término empleado por los trabajadores de las bibliotecas de hoy podría indicar que se trata de un proceso por el cual la información está disponible gratuitamente en formato electrónico a todos los usuarios de Internet. Pero hay mucho más que subyace a esta definición. El tipo de información que es el núcleo del acceso abierto es principalmente académica en su naturaleza. Gran parte de esta información académica ha estado, y en algunos casos continúa estando, disponible en formatos de impresión para los cuales las bibliotecas proporcionan acceso por suscripción a sus usuarios. Los costos crecientes de estas publicaciones, y la proliferación de la información, han contribuido ambos a mover el acceso hacia diferentes modelos. Además, las instituciones están muy interesadas en destacar su calificación y reputación mediante la captura de la producción intelectual de sus académicos de una manera que sea fácilmente accesible para el colegio invisible que existe más allá de sus paredes.

Una Breve Historia del Acceso Abierto (Open Access)

Uno de los modelos de acceso abierto para los académicos que se ha vuelto muy popular es el repositorio digital. Estas colecciones electrónicas están generalmente basadas bien en la institución o basadas en la materia o tema. La primera bien conocida colección basada en el tema fue el arXiv, que contiene e-prints de artículos sobre física de alta energía. La primera iteración de esta colección fue desarrollada en 1991 y existía en un servidor hasta que se hizo disponible en Internet en 1999. El archivo, que contiene documentos de todo el mundo, se encuentra actualmente en la Universidad de Cornell en los Estados Unidos y ofrece artículos académicos disponibles libremente sobre física, las matemáticas, las ciencias no lineales, la informática, la biología cuantitativa, finanzas cuantitativas y estadísticas en texto completo. Propuestas anuales a este recurso siguen estando en los miles y las conexiones a estos recursos alcanza cifras en los millones (arxiv.org, 2012). Además de arXiv, repositorios académicos de economía, ciencias cognitivas y de la computación y la educación han existido desde 1997.

En 1999, la importancia de la interoperabilidad de softwares de apoyo de los repositorios se destacó por el desarrollo de la Iniciativa de Archivos Abiertos (OAI). Esta iniciativa promueve la aplicación de normas que facilitan el acceso a la información digital disponible en los repositorios de todo el mundo. En particular, el desarrollo del Protocolo OAI para la Recolección de Metadatos (OAI-PMH) facilita el hallazgo de los materiales disponibles. Es un intento de proporcionar un denominador común de bajo costo para el depósito y el descubrimiento de publicaciones electrónicas que se encuentran en una amplia variedad de repositorios institucionales y temáticos. Consta de seis verbos, el esquema XML para las respuestas a los verbos y el modelo de datos subyacente para el descubrimiento, las especificaciones OAI-PMH son las herramientas más ampliamente reconocidas para el acceso a las colecciones digitales (Open Archives Initiative, 2012). Cabe señalar que el hallazgo de recursos y el acceso al texto completo o a las imágenes no es la misma cosa. Sin embargo, el protocolo OAI-PMH ayuda a asegurar que los artículos pueden darse a conocer a los usuarios.

Además del desarrollo de las normas, una variedad de herramientas de software comenzaron a aparecer que respaldan el crecimiento de los repositorios digitales. Hoy en día estas herramientas incluyen, pero no están limitados a EPrints software de repositorio de Gran Bretaña, el software DSpace, del Instituto de Tecnología de Massachusetts, Digital Commons de la Universidad de California, OPUS, de la Universidad de Stuttgart, y el software de código abierto Greenstone de la Digital Library Project de Nueva Zelanda. Esta último conjunto de softwares que se distribuye en colaboración con la UNESCO y ofrece un acceso multilingüe de código abierto para la fundación de bibliotecas digitales en todo el mundo, tanto en desarrollo como desarrollados.

En el 2003, fue firmada la Declaración de Berlín sobre Acceso Abierto al Conocimiento en Ciencias y Humanidades. Este documento de dos páginas ofrece la declaración más bien realizada sobre el acceso abierto a las publicaciones académicas. Reconociendo que las oportunidades para la difusión de la información proporcionada a través de la Internet eran enormes, establece que:

"Nuestra misión de difusión del conocimiento es sólo a medias si la información no está amplia y fácilmente disponible para la sociedad". La declaración reconoce dos condiciones para las contribuciones de acceso abierto. La primera condición fue que la información suministrada estaría disponible para que todos los usuarios accedieran a la obra original y distribuir los trabajos derivados con la debida atribución al autor y / o titular de los derechos. La segunda condición fue que el trabajo completo mas los materiales complementarios y los permisos deben ser depositados en un repositorio que observe las normas adecuadas para la redistribución, la interoperabilidad y el archivo (Declaración de Berlín, 2003).

La última década ha visto el desarrollo de miles de repositorios digitales que consisten en numerosos tipos de contenido incluyendo artículos científicos, documentos de conferencias, documentos de trabajo, informes de políticas, imágenes, datos estadísticos, etc. Hay varios sitios virtuales, mucho más allá de la búsqueda de Google, que se pueden encontrar para ayudar a traer estos recursos juntos y hacer de ellos una fácil búsqueda para los usuarios. Uno de los instrumentos originales usados para descubrir repositorios era OAIster. La Universidad de Michigan y la Universidad de Illinois en Urbana-Champaign colaboraron durante los dos primeros años del proyecto a comenzar la recolección de metadatos de bibliotecas digitales. Desde entonces, el recurso ha estado bajo el conjunto de servicios proporcionados por OCLC. Aquí de nuevo es importante tener en cuenta que el acceso abierto y los archivos abiertos no son la misma cosa. El acceso abierto se refiere a la capacidad del usuario para acceder libremente a los materiales de importancia para el individuo. El movimiento de archivos abiertos se ocupa fundamentalmente de la interoperabilidad de los sitios y la recolección de metadatos de estos sitios para que sean detectables.

El Registro de Repositorios de Acceso Abierto o ROAR es otro sitio web muy útil para el descubrimiento de los repositorios. Parte de la red EPrints.org es apoyada por la Universidad de Southampton. Este recurso "colecciona" repositorios de todos los tipos y proporciona al usuario una interfaz de búsqueda para ayudarlo en el descubrimiento de estos sitios. Fue creado "para promover el desarrollo del acceso abierto proporcionando información oportuna sobre el crecimiento y el estado de los repositorios de todo el mundo" (ROAR, 2012). La actividad de depósito para cada sitio proporciona además enlaces a los recursos. OpenDOAR, también apoyado por la Universidad de Southampton, es un sitio web interrelacionado y muy útil en el mundo del acceso abierto. Esta organización revisa repositorios para determinar la calidad de los sitios. Ellos "cosechan y asignan metadatos para permitir la categorización y el análisis que permitan ayudar a una mayor utilización y explotación de los repositorios" (OpenDOAR, 2012).

El Camino Verde, el Camino de Oro, y el Camino Abierto

Las entidades editoras comerciales que proporcionan acceso electrónico a recursos académicos han sido desafiadas por el advenimiento del acceso abierto. El alto costo de los materiales que publican es sólo uno de los factores en el desarrollo del acceso abierto. De acuerdo con las Directrices de Políticas para el Desarrollo y Promoción del Acceso Abierto de la UNESCO:

> ... Los investigadores y estudiantes de todo el mundo ganan un mayor acceso al conocimiento, las publicaciones reciben una mayor visibilidad y lectores, y el impacto potencial de la investigación está aumentado. Mayor acceso e intercambio de conocimiento conduce a oportunidades de desarrollo económico y social equitativo, al diálogo intercultural, y tiene el potencial de impulsar la innovación (Swan, 2012).

El desarrollo del acceso abierto a repositorios digitales institucionales y temáticos no sólo prevé la difusión de artículos académicos, sino que también hace disponibles otros trabajos académicos importantes. Las tesis y disertaciones de nuevos académicos son una importante adición a estos recursos, al igual que los documentos de trabajo, documentos de política, actas de conferencias, boletines informativos, y una gran cantidad de literatura gris. Muchos de estos materiales no han sido fácilmente difundidos a través de las vías tradicionales de publicación. Esta es una fuente muy importante de aprendizaje para las naciones en desarrollo que fluye dentro y fuera de los canales de información.

Las publicaciones científicas que gozan de libre acceso son capturadas a través de dos caminos. El "camino verde" implica que el autor ha auto-archivado la publicación, por lo general en un repositorio institucional o temático. El material puede ser una pre-impresión, la edición publicada de un fragmento, o un segmento revisado por pares de expertos que aún no ha sido publicado en su forma definitiva. El "camino de oro" es una ruta alternativa relacionada específicamente con el tipo de revista en la que aparecen las publicaciones. Este estatus indica que una revista ha encargado al autor (o la institución del autor) redactar un artículo disponible en acceso abierto. En este caso, el artículo es revisado por pares y aparecerá en su forma definitiva cuando se publique electrónicamente.

Una herramienta útil para los autores que tratan de determinar la política de la editorial en relación con el acceso abierto es el sitio web SHERPA / RoMEO. Los editores recibirán los códigos de color en relación con su enfoque al acceso abierto. Por ejemplo, el verde indica que los artículos de estos editores pueden ser archivados en un repositorio como pre-impresión y post-impresión o la versión pdf del artículo final de la editorial. El color azul indica que la post-impresión o el pdf de la editorial se puede publicar. Amarillo indica que una pre-impresión se puede agregar y blanco indica que el editor no apoya formalmente que sea archivado. Muchas instituciones están alentando a los investigadores a leer y a estar al tanto de estas posibilidades.

Los artículos de revistas no son las únicas publicaciones académicas de importancia para los investigadores y las instituciones que los apoyan. La capacidad de capturar el trabajo de nuevos académicos también es muy importante para el avance de las disciplinas. Muchas universidades están exigiendo ahora que las personas puedan depositar sus tesis y disertaciones en repositorios como parte de la obtención de un título o grado académico. Estos materiales son particularmente importantes para el área de desarrollo sostenible, que ofrece investigación original en áreas muy específicas que pueden ser utilizadas por los hacedores de políticas y los profesionales. ROAR puede proporcionar un amplio acceso a los registros de las tesis y disertaciones sobre una base global, aunque el texto completo de los artículos
no puedan ser de acceso público.

El "camino abierto" mencionado en el encabezamiento de este apartado incluye los elementos que se encuentran en repositorios que no necesariamente se identifican como publicaciones académicas tradicionales. Los materiales tales como documentos informativos, actas de conferencias, boletines, informes y otras formas de literatura gris son frecuentemente depositados para el acceso abierto. Aunque estos elementos no necesariamente han sido objeto de una revisión por pares rigurosa, proporcionan otro conjunto de trabajo que puede ser muy útil para el uso por personas que trabajan en el ámbito del
Desarrollo sostenible.

El repositorio IDEALS de la Universidad de Illinois en Urbana-Champaign proporciona algunos ejemplos excelentes del tipo de literatura que pueda ser de utilidad para los investigadores en el campo del desarrollo sostenible. Una búsqueda para el término "GMO" u organismo genéticamente modificado revela materiales tales como una tesis sobre los efectos de la papaya sobre la digestión, las diapositivas de la presentación y un video de una conferencia sobre la soberanía alimentaria, y una pre-impresión de una revista sobre los posibles efectos del cambio climático en la tecnología de los cultivos. Antes del desarrollo del repositorio institucional, sólo uno de los tres documentos probablemente habría sido fácilmente accesible para el mundo en desarrollo.

La Importancia del Acceso

Como se señaló anteriormente, la capacidad de acceder a información confiable de manera oportuna y rentable es una pieza esencial de la sostenibilidad y del problema de la construcción de la capacidad. La habilidad de los estudiosos y tal vez, más importante aún, de los hacedores de políticas de acceder a los conocimientos que se están produciendo en el campo de la medicina, salud pública, ciencias del medio ambiente, la agricultura, la economía, las finanzas y la ingeniería es esencial para el crecimiento de los activos de cualquier país. Hay dos obstáculos adicionales a este crecimiento: el acceso y la asequibilidad.

El acceso aquí se refiere a la infraestructura necesaria para captar la información que está disponible para las personas que trabajan hacia un desarrollo sostenible. Esta idea refleja estrictamente los conceptos que se incluyen en cualquier discusión sobre la brecha digital. La disponibilidad de ordenadores con el fin de acceder a la red más grande, es, por supuesto, la pieza más esencial del problema del desarrollo. Pero incluso con la mejora del costo y de la disponibilidad de estas herramientas, persisten varios problemas importantes de acceso a la información para la sostenibilidad. La disponibilidad de electricidad para que funcionen las computadoras es a menudo considerada como un factor en el acceso a la información que se entrega en forma digital. Esto se aplica no sólo a la capacidad de manejar el equipo, sino también a la capacidad de proporcionar las condiciones ambientales adecuadas para los equipos. Otro factor es la disponibilidad de conexión de alta velocidad a Internet. La literatura científica es especialmente dependiente de la capacidad de transferir grandes cantidades de datos en un formato rápido y confiable. Muchos países aún no tienen acceso importante a la red. Un punto positivo es la creciente disponibilidad de la tecnología móvil. Los teléfonos celulares, en particular, podrían proporcionar un acceso más efectivo a la información, especialmente en los modelos más nuevos que incluyen múltiples aplicaciones de avanzadas. El rápido crecimiento en el mercado de la disponibilidad global de la tecnología portátil se puede ver en el Gráfico 1, desarrollado a partir de las estadísticas disponibles en el sitio web de las Naciones Unidas sobre los Indicadores de los Objetivos de Desarrollo del Milenio.

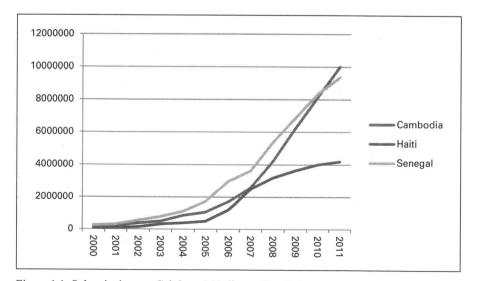

Figura 1.1. Subscripciones a Celulares Móviles en Tres Países en Desarrollo

El creciente desarrollo de sitios móviles de bibliotecas deberá facilitar el acceso a la información útil e importante disponible en los repositorios institucionales y temáticos, a una fracción del costo de las más grandes computadoras de escritorio y portátiles. La superior conectividad de la red inalámbrica y la capacidad de cargar las baterías en condiciones menos que ideales puede tomar ventaja del acceso a la información de maneras nunca antes imaginadas.

La asequibilidad sigue siendo un problema para muchos en los esfuerzos hacia la creación de capacidad. Muchas iniciativas bien establecidas han estado por lo menos dispuestas a reducir el costo de acceso a la información a las instituciones del país en desventaja económica. Consorcios de Licencias proporcionan una vía de acceso. Las organizaciones que participan en este movimiento incluyen eIFL y INASP- PERI, las cuales han trabajado con editores y agregadores para reducir los costos de acceso para naciones en desarrollo. Además de trabajar para reducir el costo de acceso, eIFL ha brindado muchos talleres para las personas en los países en desarrollo para apoyar el desarrollo del acceso abierto y los repositorios digitales. La Organización Mundial de la Salud jugó un papel decisivo en el desarrollo de la iniciativa HINARI para proveer de acceso de bajo costo y a menudo sin costo a las revistas en los campos de las ciencias sociales y de salud.

Algunas grandes editoriales se dan cuenta de la importancia del acceso a la información en el desarrollo sostenible y ofrecen tarifas reducidas para el acceso a sus más conocidos materiales. Recientemente, el gigante editorial Elsevier ha comenzado a ofrecer toda su colección de revistas y libros a los países en desarrollo mediante el programa de Acceso a la Investigación para el Desarrollo y la Innovación (ARDI). Coordinado a través de varios programas privados, las organizaciones internacionales, las bibliotecas, y socios de tecnología, de lo contrario los materiales académicos muy caros, como ScienceDirect y Scopus se están haciendo disponibles gratis o mediante costo reducido a los países en desarrollo. Sage y otras grandes editoriales también participan en programas similares. Esto probablemente no es totalmente altruista por parte de estos gigantes editoriales, sino más bien reconocen la importancia de apoyar el desarrollo a fin de crear futuros mercados para sus productos.

Miembros Activos del Movimiento de Acceso Abierto

Varias organizaciones existen en América Latina que han estimulado el desarrollo del acceso abierto hacia adelante de una manera muy eficaz. SciELO, originario de Brasil, brinda acceso a citas y algo de texto completo en revistas editadas en la región y fuera de ella. CLACSO, Consejo Latinoamericano de Ciencias Sociales, incluye una biblioteca digital con muchos documentos de texto completo disponibles en las disciplinas relacionadas. Existen más de estos tipos de colecciones que están creciendo en otras regiones del mundo. Áfrican Journals Online promueve el acceso a la literatura científica producida en la mayoría de ese continente, con el texto completo de los artículos incluidos. Para aquellos interesados en las publicaciones de los científicos que trabajan en la economía global del "Sur" la alianza WorldWideScience ofrece enlaces a muchos sitios donde puede consultarse el texto complete de los artículos de investigación descargados.

Las bibliotecas nacionales desempeñan con frecuencia un papel en el desarrollo de políticas hacia el acceso abierto. Reconocen la necesidad de este tipo de apoyo a los investigadores y proporcionan una vía para la colección de sitios y recursos que puedan existir en un país determinado. La Biblioteca Nacional de Suecia, por ejemplo, ha jugado un papel importante en el desarrollo del acceso abierto en ese país (Hagerlid, 2011). La Biblioteca del Congreso de Estados Unidos tiene varias colecciones digitales, incluyendo el sitio de la Memoria Americana que está muy centrada en la historia de la nación. Los repositorios que se desarrollan son prometedores para el futuro del aprendizaje, así como la oportunidad de capturar los recursos culturales del pasado.

Los verdaderos repositorios digitales de acceso abierto se encuentran más frecuentemente en relación con instituciones de educación superior. Pero, tal vez los propulsores más eficaces del libre acceso a la información son los gobiernos. Los Estados Unidos, Gran Bretaña y la Unión Europea están reconociendo la importancia de la habilidad de los organismos de subvención de investigaciones para exigir el depósito de la investigaciones que ellos financian, y España ha sido uno de los primeros en adoptar estos esfuerzos. Los repositorios de texto completo de los resultados de investigación, tales como PubMed Central son cada vez más comunes en el ámbito nacional. Los repositorios digitales temáticos, aunque no tan extendidos como los repositorios institucionales, proporcionan el acceso académico que es más relevante su área de investigación. Hemos mencionado algunos de estos recursos antes que incluyen a ArXiv y PubMed Central. Otros sitios bien conocidos que se han desarrollado incluyen a AgEcon, Organic EPrints, SSRN, el Archivo de la Integración Europea, y E-LIS. Pequeñas colecciones como Economistas en Línea y PROL: Online Political Research también existen. Estos repositorios sirven a un grupo pequeño y selecto de investigadores, pero son sin embargo valiosos en la difusión global y la preservación del conocimiento.

¿Por qué Importa el Acceso Abierto?

La importancia del acceso abierto va más allá de la cuestión práctica de la asequibilidad. La capacidad de utilizar la información es el corazón de la justificación del movimiento. El concepto de derechos de autor en muchos países se basa en la idea de que la información es esencial para la innovación y que la innovación sienta las bases de una sociedad segura y vibrante. La protección de los derechos de autor ha sido reconocida en todo el desarrollo del acceso abierto.

Los repositorios digitales tienen un interés permanente en reconocer a los autores con sus obras e ideas. De hecho la captura de las obras de sus académicos, es el estímulo principal para los repositories institucionales con el fin de promover el acceso y uso de los materiales.

En la economía globalizada, la importancia de la adquisición de conocimientos y el intercambio no se puede exagerar. Según Kirsop y Chan,

> La posibilidad de acceder al corpus de resultados de investigación del mundo a través de Internet y también de contribuir a ella en condiciones de igualdad se ha convertido en un objetivo tentador que beneficiará a todos los científicos, sobre todo en campos en los que una imagen global es esencial para el desarrollo de programas internacionales efectivos (2005, p. 247).

Los problemas que enfrentan los siete mil millones de personas que habitan el planeta requieren un amplio acceso y uso de la información necesaria para resolver estos problemas.

Referencias

Berlin Declaration. (2003). Berlin Declaration on Open Access to Knowledge in the Sciences and Humanities. Consultado el 12 de agosto 2012, desde http://oa.mpg.de/berlin-prozess/berliner-erklarung/

Hagerlid, J. (2011). The role of the national library as a catalyst for an open access agenda: the experience in Sweden. *Interlending & Document Supply*, *39* (2), 115-118.

Kirsop, B. & Chan, L. (2005). Transforming access to research literature for developing countries. *Serials Review*, *31*(4), 246-255.

Open Archives Initiative. OAI-PMH core resources. Protocol for Metadata Harvesting. Consultado el 5 de agosto 2012, desde www.openarchives.org/pmh/

OpenDOAR. (2012). About OpenDOAR. Directory of Open Access Repositories. Consultado el 20 de agosto 2012, desde www.opendoar.org/about.html

Ranganathan, S. R. (1931). *The Five Laws of Library Science*. Madras: The Madras Library Association.

ROAR. (2012). Registry of Open Access Repositories. Consultado el 20 de agosto 2012, desde http://roar.eprints.org/

Swan, A. (2012). Policy Guidelines for the Development and Promotion of Open Archives (Open Guidlines Series). Paris: UNESCO, p. 6. Consultado el 20 de agosto 2012, desde http://unesdoc.unesco.org/images/0021/002158/215863e.pdf

United Nations. Millennium Developent Goals Indicators. *Mobile cellular subscriptions* [Data file]. Consultado el 24 de septiembre 2012, desde http://mdgs.un.org/unsd/mdg/

Sitios web mencionados

AgEcon (Research in Agricultural & Applied Economics):
   http://ageconsearch.umn.edu/
arXiv:
   http://arxiv.org
CLACSO (Latin American Council of Social Sciences):
   http://biblioteca.clacso.edu.ar/
Economists Online:
   www.economistsonline.org
eIFL (Electronic Information for Libraries):
   www.eifl.net
HINARI (Programme for Access to Health Research):
   www.who.int/hinari/
IDEALS (Illinois Digital Environment for Access to Learning and Scholarship):
   www.ideals.illinois.edu/
INASP-PERI (Information Network for the Availability of Scientific Publications, Program for
   the Enhancement of Research Information):
         www.inasp.info/
OAIster:
   www.oclc.org/oaister/
OpenDOAR (The Directory of Open Access Repositories):
   www.opendoar.org
Organic eprints:
   www.orgprints.org
PubMed Central
   www.ncbi.nlm.nih.gov/pmc/
ROAR (The Registry of Open Access Repositories):
   http://roar.eprints.org
SciELO (Scientific Electronic Library Online):
   www.scielo.org
SHERPA/RoMEO:
   www.sherpa.ac.uk/romeo
SSRN (Social Science Research Network):
   www.ssrn.com/

Open Access Digital Repositories from Latin America and the Caribbean as Resources for Social Science Libraries[1]

María E. Dorta-Duque
Director of Scientific and Technical Information, Higher Institute of International Relations (ISRI) (Cuba)
and
Dominique Babini
Area Information Coordinator, CLACSO, University of Buenos Aires (Argentina)

> ... identify and overcome some of the obstacles that prevent the opportunity to participate actively in the global scientific discussion while helping their country or region to solve problems of national and regional significance.
>
> *Jean-Claude Guédon*

Interdisciplinarity and Social Sciences

The social sciences, as the finest examples of multidisciplinary science, are involved in major global issues of our time through the practice of interdisciplinarity. The rapid changes that constitute our globalized reality present a major challenge for the social sciences. Universities, students and teachers, and researchers in the world have increased rapidly, as have books, journal articles and scientific production in general. Advances in information technology and communications allow social scientists to communicate more frequently and more rapidly among themselves and with scientists and researchers from other fields and regions in order to promote the production and dissemination of knowledge in general, and the social sciences in particular (World, 2010).

Multilateral agencies, whether developing or established; governments through national monitoring and research for decision making; universities and research centers and civil society through knowledge supported by specific and explicit political commitments, all produce and require societal knowledge.

---

1   Adaptation and update of a paper presented at IFLA 2011.

The expertise gained in the study of social and human problems has allowed the social sciences to develop and accumulate knowledge, techniques and skills that are increasingly in demand during these times. The study of and solutions to complex global problems such as climate change, poverty, and hunger, among others, are increasingly interdisciplinary.

Over time, topics commonly discussed at a national or regional level have become global problems. In addition, many of the research results of the social sciences produced in local languages and in less developed regions remain invisible or are very poorly represented in international databases.

This invisibility, and therefore the lack of these regional contributions, limits the ability of social scientists to analyze and consider fully the current issues affecting the world.

The following chapter provides a review of some regional initiatives produced through multidisciplinary open access in Latin America and the Caribbean. It also explores the relationship of open access to the publication, dissemination and use of social sciences research produced in the region. And, in conclusion, looks at the role of social science libraries in these initiatives and in the development of institutional repositories in the region.

Library Contributions to Interdisciplinarity

Social science libraries contribute information from their collections to meet the needs of interdisciplinary researchers who require input from several different specialties. These libraries achieve this through their collections by acquiring library resources that enrich the interdisciplinary study of issues including environmental governance, urban violence and the water crisis, all of which involve the social sciences as well as other disciplines.

In research institutions, libraries provide support for scholarship through the dissemination of their institutions' own research in an institutional repository, in multidisciplinary indexes, gateways and in national and international repositories, so that research is visible to those who study subjects from other disciplinary perspectives.

Thus, libraries have an opportunity to respond to and promote interdisciplinarity through the selection of library resources for users and through collaboration on the dissemination of the production of their institutions.

Difficulties for Access of Research Results in Latin America and the Caribbean

In Latin America and the Caribbean, a region with deep inequalities in the availability of resources to publish, make visible, and access research results, we cannot ignore the following difficulties in access:

Reduced print runs for academic and scientific publications (a regional average of only 300 copies for journals and 500 copies for books).

Restricted distribution due to the high cost of postage and budgetary difficulties for library purchases.

Limited access for direct contacts and lists of local and regional donations for both institutions and researchers.

Limited international visibility due to language and distribution cost.

Accessibility exclusively for those who have the hard copy through subscription or donation or photocopy.

Inequalities in availability of resources to publish research results.

Low participation in international scientific dialogue through citation habits.

Low score assigned to national and regional journals by research evaluation agencies.

Limited connectivity and bandwidth.

Finally, according to international multidisciplinary and disciplinary scientific publication databases, the scientific production of countries in Latin America and the Caribbean reflects low participation by researchers in the larger body of global scientific production especially within what is known as "mainstream science" (Albornoz, 2001).

A Regional Strategy for Open Access

Faced with these difficulties, open access (OA)[2] can help alleviate the achievement gap, increase the contribution in favor of interdisciplinary research and reach new audiences with the results of research carried out in Latin America and the Caribbean, thereby contributing to broader dissemination of scientific results achieved in the region.

Since the 1990s the Internet and the World Wide Web have led a progressive restructuring of the production flow of scientific information in the world (Castro, 2007). This movement created new opportunities for the active participation of developing countries in the establishment and operation of a global system of scientific communication, using the following regional strategy:

Dissemination of publishing in open access in full text, for free, with use and impact measures.

Development and contribution to the quality of publications in both content and format.

---

2   Berlin Declaration on Open Access to Knowledge in the Sciences and Humanities, 2003, and Salvador Declaration on Open Access – The Developing World Perspective (Brazil) 2005.

Establishment of regional digital repositories that are both multidisciplinary and subject-based.

Development of regional indicators.

Indexing of quality journals as a complement of international indexes.

Cooperative work that allows management of local and regional flows,
moving toward the international flow of information.

In the region there is a steady progression of regional open access services offered at no cost to the end-user, at no cost to the author, and without subscription through free access via the Web for the full text of scholarly and scientific
publications of the region.

In the past decade countless projects to put scientific documentation generated by universities into open access have occurred through the creation of institutional repositories, with digital libraries hosting the full-text production of the
institution. Latin America has added to this trend. Figure 2.1 shows the growth in
the number of repositories in the world in recent years, reaching the figure of
2,161 registered repositories in the OpenDOAR Directory in mid-2012.[3]

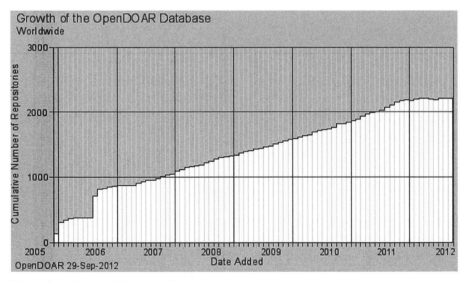

Figure 2.1. Growth of OpenDOAR

Moreover, the momentum in networking that is bring together scientists, tech-
nologists, and even companies and other stakeholders involved in the production and use of knowledge is central to the strategies of cooperation (Albornoz,
2001). The generation of these regional networks has been providing significant contributions from Latin America.

---

3   www.opendoar.org/find.php?format=charts Accessed May 14, 2012.

Considering the fact that scientific knowledge is developed from information, scientific research and prior knowledge, scientific journals are the main means for the communication and storage of this knowledge through the organization and publication of scientific papers reporting the results of original research or other texts (Patalano, 2005).

Currently, despite the digital divide, the spread of Internet access and availability of information and communication resources favors the creation of a "virtual critical mass" to multiply the capacity of the production of knowledge and the integration of Latin American researchers into the scientific community (Albornoz, 2001).

Benefits of Open Access for Developing Countries

Open Access:

> Supports the transmission of knowledge and the rapid spread and update of the results of scientific research.
>
> Helps to eliminate barriers to the flow of knowledge between the South and North, East and West, South-South, and vice versa.
>
> Contributes to the development and strengthening of innovation systems.
>
> Facilitates the accessibility and visibility of indigenous knowledge and scientific content of relevance that is necessary for national development and to address global challenges (Casate, 2009).

However, many high-impact international journals rarely publish open access articles. In this sense procedures apply variants that combine open access and traditional access.

But in Latin America, a region where two thirds of the research is publicly funded (UNESCO Report on Science, 2010) there is a strong tradition of providing open access to research results published in the region. Open access is provided mainly in two forms,

1) in a regional subject repository of citations that began in the late 1980's, which now has added access to the full text
2) in multidisciplinary digital repositories that began in the second half of the 1990's which provide access to refereed journals.

These two methods are the main contributions of the region to international open access movement. Latin America also has advanced in open access legislation, which is being debated in Congress of Brazil and Argentina that will require the creation of digital repositories for open access dissemination of scientific production that has been supported at public expense.

In 2011, the Latin American Council of Social Sciences (CLASCO) was selected by UNESCO to prepare the initial contents from Latin America and the Caribbean for the new UNESCO Open Access Portal. CLACSO prepared a regional synthesis on open access in Latin America and the Caribbean, a synthesis of open access in each of 20 countries and sub-regions, and a synthesis of 39 organizations and projects chosen by CLACSO to be associated with open access in the region. All of this was accompanied by a bibliography of 300 references on open access in the region with links to full text, 31 videos and 68 PowerPoint presentations describing these initiatives (GOAP-UNESCO Global Open Access Portal).

In GOAP, social science librarians can locate full-text digital resources produced in Latin America and the Caribbean. It is available to complement each library's own resources to support teaching, research and scholarship in the social sciences.

The major journal portals and thematic networks in the region are discussed below.

Multidisciplinary Portals to Open Access Journals

In Latin America and the Caribbean, the multidisciplinary scientific journal portals Scielo[4] and Redalyc[5] offer open access to over 1,000 magazines and refereed academic journals in Latin America and the Caribbean, Spain and Portugal. After a decade of service, these portals have adopted the development of bibliometric and scientometric indicators that will provide regional indicators to complement the international indicators used to evaluate researchers.

SciELO – Scientific Electronic Library Online

SciELO – Scientific Electronic Library Online (Scientific Electronic Library Online) is a model for cooperative electronic publishing of scientific journals on the Internet. Specially developed to meet the needs of scientific communication in developing countries, particularly Latin America and the Caribbean, it provides an efficient way to assure universal visibility and accessibility to scientific literature from the region. It provides a means to overcome the phenomena known as "lost science". In addition, the SciELO model comprises integrated procedures for measuring the use and impact of scientific journals.

The SciELO Model is the product of cooperation between the Foundation for Research Support of the State of São Paulo (FAPESP[6]), the Latin American

---

4   www.scielo.org Accessed May 2012.
5   http://redalyc.org Accessed May 2012.
6   www.fapesp.br Accessed May 2012.

and Caribbean Center for Health Sciences (BIREME[7]) as well as other national and international institutions related to scientific communication and science publishers. A pilot project including 10 Brazilian journals from different disciplines was successfully conducted from March 1997 to May 1998, with the development and evaluation of an appropriate methodology for electronic publishing on the Internet. Since June 1998 the project has been in regular operation adding new journal titles and expanding to other countries. Since 2002, the project has the support of the National Council for Technological and Scientific Development (CNPq[8]).

The SciELO Model Has Three Components:

The first component of the SciELO Methodology enables the electronic publication of complete editions of scientific journals, the organization of bibliographic and full-text databases, text retrieval of content, electronic archival preservation and the production of indicators of statistical use and impact of the scientific literature.

The second component of the SciELO Methodology is implementation of collections of electronic journals in operating websites. The SciELO Model emphasizes the operation of national sites as well as subject-focused sites.

The third component is the development of partnerships in national and international scientific communication in order to disseminate, improve and maintain the SciELO Model. This includes scientific and technological information from authors, publishers, research institutions, funding agencies, universities, libraries, and others.

It currently contains:

948 journals
25,510 issues
374,706 full-text articles
7,991,129 citations to articles

Redalyc – Network of Scientific Journals from Latin America and the Caribbean, Spain and Portugal – Redalyc Scientific Information System [9]

The Network of Scientific Journals from Latin America and the Caribbean, Spain and Portugal, Redalyc, is a project promoted by the Autonomous University of the State of Mexico (UNAM), with the aim of contributing to the dissemination of scientific activity that occurs in publishing in Latin America.

---

7   www.bireme.br Accessed May 2012.
8   www.cnpq.br Accessed May 2012.
9   http://redalyc.org Accessed May 2012.

The purpose of Redalyc is realized in the creation, design and maintenance of scientific periodicals that are freely available online and provides a meeting point for all those interested in developing scientific knowledge about Latin America. The web site, which is the most visible part of this effort, was formally opened to the public in October 2002. Redalyc, under the theme "science that cannot be seen does not exist" seeks to contribute to the strengthening of scientific communication in Latin America and, at the same time, invites the institutions involved in knowledge generation to join and participate in this project. The goal is to collect the complete runs of journals with more recognition and impact for the region.

Its objectives are to enable the scientific literature produced in Latin America to be quickly and effectively available to the general public, to help increase the visibility of this literature, and to promote internationalization and impact within the worldwide academic community. It proposes:

> To contribute to the strengthening of scientific communication in Latin America.
> To encourage the dissemination and increase the visibility of both scientific journals, and its specific content.
> To facilitate links between actors in the scientific publishing endeavor.

It offers authors and publishers:

> Bibliometric and scientometric indicators for their collections
> Open System Management Collaboration Publishing (Saige) enabling management and publication of magazines, based on OJS the (Open Journal System) for magazines in Latin America and the Caribbean.
> Configuring licenses for Creative Commons
> Plug-in OJS-Redalyc that allows the export of data from OJS Redalyc
> OAI-PMH repositories for journals

Redalyc currently contains:

> 758 journals
> 18,733 journal issues
> 234,572 full-text articles

Importantly, 532 of the total of 758 journals in Redalyc are journals in social sciences and humanities.

Redalyc has begun developing services to create bibliometric and scientometric indicators for each of the journal editors and each of the institutions that require bibliometric indicator sets and maps showing the characteristics of production and collaboration for each journal at the institutional, regional and subject level in the Redalyc collection.

Latindex – Regional System of Information for Online Journals from Latin America, the Caribbean, Spain and Portugal[10]

Latindex is an information system for those scientific research journals, both professional and technical-scientific, disseminating information about science and culture, which are edited in the countries of Latin America, the Caribbean, Spain and Portugal. The idea of creating Latindex emerged in 1995 at the National Autonomous University of Mexico (UNAM) and became a cooperative regional network in 1997 that generated international consensus for the enactment of policy toward academic, scientific and technical publication in the Spanish language.

Currently Latindex consists of three databases:

1) A directory with bibliographic data and contact information for all registered journals, whether they are published in print or electronically (20,530 journals)
2) A catalog, which includes both print and electronic journals, but only the journals that meet quality criteria designed by Latindex publishing (5788 journals) and
3) A link to electronic journals, which allows access to 4421 journals available in full text on the websites of the resource.

The Portal of Portals Latindex (PPL)[11] is a metasearch engine that allows access to contents and full text of scholarly journals in digital repositories in Latin America, the Caribbean, Spain and Portugal associated with the open access movement. The ultimate purpose of this website is to disseminate scientific knowledge published in the Latin American region. The computer uses the OAI Harvester2 developed by the Public Knowledge Project (PKP) based on the OAI-PMH.

DOAJ – International Directory of Open Access Journals (Directory of Open Access Journals)[12]

Published by the Library of the University of Lund, Sweden, this directory aims to increase the visibility and ease of use of open access scientific and scholarly journals in the world and also to promote their increased use and impact. It leads to a significant number of journals in the region of Latin America and the Caribbean.

---

10   www.latindex.ppl.unam.mx/ Accessed May 2012.
11   www.latindex.ppl.unam.mx/ Accessed May 2012.
12   www.doaj.org Accessed May 2012.

DOAJ is dedicated to covering all open access scientific and academic journals that use a quality control system to guarantee the content. In May 2012, the DOAJ database contained 7,788 journals, 3,781 of which allow item-level search.

Of the 1,476 journals of Latin America and the Caribbean contained in DOAJ, countries with the highest number of journals are Brazil (732 journals), Colombia (180), Chile (136), Argentina (123), Mexico (109), Venezuela (79) and Cuba (45).

Subject Repositories

The subject repositories provide access to full text and have the added value of specialization (Guédon, 2009, Romary & Armbruster, 2009). In the last decades of the last century, driven principally by the United Nations and other regional organizations, Latin America and the Caribbean network and information systems by subject area were cooperatively developed. Recently, these subject networks have begun the process of providing bibliographic references through Web access to full text, little by little transforming into subject repositories, although some of them are still quite limited.

For example, the following regional subject repositories can contribute content to regional projects to integrate access to scientific output of all the countries of Latin America and the Caribbean:

Agriculture: Agricultural Information System of the Americas (SIDALC)[13] with access to 250,000 full text (journal articles, books, theses, working papers)

Social Science: Virtual Library Network of the Latin American Council of Social Sciences (CLACSO) [14] with access to 30,000 full text resources from research and teaching centers in 21 countries in the region. This collection receives on average 1.15 million requests per month via Web. The CLACSO collection features 60 full-text journals that are included in Redalyc.[15]

Health: Virtual Library of Health, Latin American and Caribbean Health Sciences (BVS-LILACS)[16] with access to 192,254 full-text journal articles, monographs, reports and theses from 15 countries in the region.

Sustainable Development and Environmental Health: Virtual Library of Sustainable Development and Environmental Health of the Pan

---

13   www.sidalc.net/ Accessed May 2012.
14   www.biblioteca.clacso.edu.ar Accessed May 2012.
15   In 2008 CLACSO and Redalyc joined forces to create a collection of refereed journals in the CLACSO Redalyc network. The collection currently includes 60 journals (19,632 articles) in peer reviewed journals.
     http://redalyc.uaemex.mx/portales/organismos/clacso/index.jsp Accessed May 2012.
16   http://lilacs.bvsalud.org/es/ y http://metodologia.lilacs.bvsalud.org/ estatisticas/E/Elilbvs2t.htm Accessed May 2012.

American Information Network on Environmental Health (BVSDE-REPIDISCA)[17] provides access to 45,501 items in full-text from the region and the service has received 2,663,128 visitors since its creation 1997.

These four examples of digital subject repositories include more than 517,775 full-texts materials from Latin America and the Caribbean.

Thesis Repositories

The University of Chile has developed, in collaboration with the University of Montreal (Canada) and the University of Lyon (France), the Cybertesis – Electronic Theses Online[18] service, with the goal of providing user-friendly access to electronic theses published full text in different universities of the world. The Query Tool allows simultaneous searches through a single web interface, and can retrieve electronic theses stored on different servers and repositories from those universities in the region that have joined Cybertesis, adding 86,095 theses.

Institutional Repositories in Latin America and the Caribbean

The production of institutional repositories reflect the institution in digital format and include journal articles, theses, working papers, books, research data, audio and video records, teaching objects and other digital objects resulting from the scientific and academic activities of the institution. Institutional repositories are currently seen as an option for each institution to manage, provide visibility and remote access to their own production (Harnad, 2007; Babini et al., 2010; Babini, 2011.)

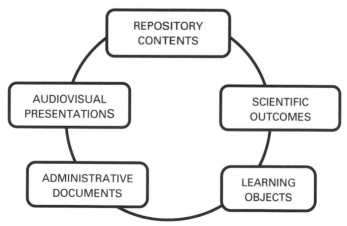

Figure 2.2. Content of Institutional repositories

17   www.bvsde.ops-oms.org/sde/ops-sde/bvsde.shtml Accessed May 2012.
18   www.cybertesis.cl/n-mundo.html Accessed May 2012.

According Tissera (2008) the main features of an institutional repository include:

- it is institutional in nature,
- it is scientific, cumulative and perpetual,
- it is open and interoperable with other systems

For the last few decades, libraries and university research centers have initiated innovative processes for managing their documents, products and services, driven by the demands of the users as part of the progress in information and telecommunication technologies and the establishment of the Internet as global communication network and archive of information (Tissera, 2008).

Most academic libraries have sought to design, create and organize information to provide services with specific contents that are easy to use and able to reach the different academic areas, extending the librarian's task to that of documentary and information manager.

University libraries are often, therefore, the body responsible to assume and lead the implementation and development of institutional repositories in order to achieve the educational and scientific competitiveness of the institution to which the library belongs.

The goal is to provide students, teachers and researchers with the means and resources to discover and generate knowledge. A professional academic library accordingly responds by supporting development of user skills that enable effective and meaningful utilization of information and knowledge, which in turn integrates print and electronic assets.

At the stage of publication of research results, the library professionals bring their knowledge of international standards to extract and assign the required metadata in various formats for publication and dissemination of the digital version, so that these materials can be properly cited and recovered from the Web.

At the time publications are placed in digital repositories, the librarian is the one who is usually engaged in self-archiving metadata, or in assisting the researcher to self-assign files to the correct metadata to facilitate the dissemination and retrieval of text.

The repository can be considered as an added value of the library though web publishing and dissemination of the publications of each institution. Thus, university libraries not only engage in the learning management of their universities, but also take a leading role in the process of developing and consolidating the knowledge society (Bustos-Gonzalez, 2007).

In this regard we can mention the experience of the Humanities Coordination Group of the Universidad Nacional Autonoma de Mexico (UNAM). In 2006, the Academic Information System HUMANINDEX was developed as an institutional repository. This tool identifies, compiles, organizes and disseminates the scientific production of researchers from the 1,018 members of the institution's Humanities Subsystem, UNAM, to provide greater visibility to these resources.

Currently, HUMANINDEX has developed and implemented, inter alia, three basic facilities:

- Identification of the academic production of each investigator.
- Links to full text
- Immediate online updates.

Included in HUMANINDEX are 51,747 academic publications of the researchers from the various agencies that make up the Humanities Subsystem, UNAM. According to the type of work, this academic resource is composed of:

- 20,746 journal articles,
- 14,226 book chapters,
- 11,019 books,
- 5,143 published papers,
- 613 other academic products.

In addition there is HUMANINDEX access to the "Portal of scientific and refereed journals from UNAM" (www.revista.unam.mx) generated and managed by the Secretary General of the UNAM, which includes more than 100 different disciplinary journals in digital format published by the University, whose contents can be viewed through open access. Twenty-five journals including those in the humanities and social sciences can be found in this portal. Also the SciELO-Mexico collection (www.scielo.org.mx/scielo.php) developed by the Department of Libraries (DGB) at UNAM has been incorporated as another source of established full text links registered with HUMANINDEX (Morales-Campos, 2011).

Institutional Repositories in Latin America, Caribbean and Mexico (LAC)

The OpenDOAR Directory[19] contains 198 registered repositories of different types for Latin America and the Caribbean[20] as shown in Figure 2.3 (see p. 48).

---

19 www.opendoar.org/find.php?format=charts Accessed May 2, 2012.
20 Data includes Central America, Mexico, South America and the Caribbean.

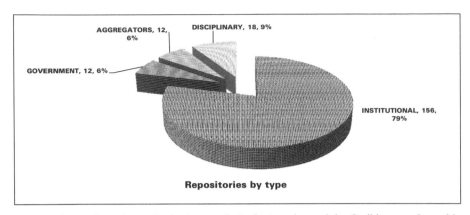

Figure 2.3. Number of repositories by type in Latin America and the Caribbean registered in OpenDOAR

156   Institutional
18   Disciplinary or subject
12   Aggregators or hubs
12   Governments

In regard to content, OpenDOAR identifies the presence of theses and dissertations in 121 repositories, 116 journals in repositories, followed by books and book chapters in 67, audiovisual media in 47 repositories, and learning object repositories in 24, which in many cases might be duplicated in other repositories.

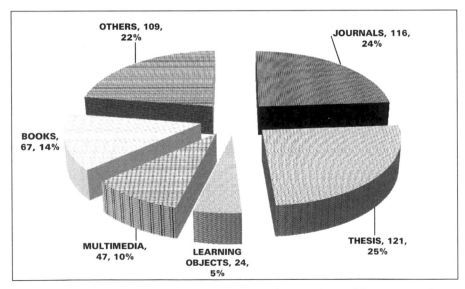

Figure 2.4. Content of the repositories of Latin America and the Caribbean, accessed May 2012.

Of the most frequently used languages in the repositories of Latin America and the Caribbean registered in OpenDOAR, Spanish is first, followed by Portuguese with English in third place, as shown in Figure 2.5. In contrast, English is the language used most frequently in most of the repositories in the world, followed by a significant distance by the Spanish, then German as shown in Figure 2.6.

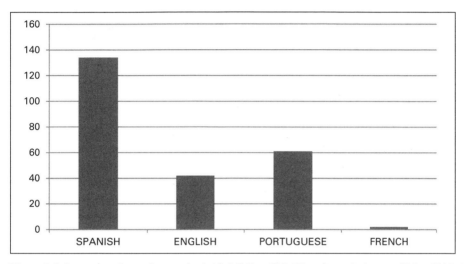

Figure 2.5. Languages in use in repositories LAC OpenDOAR registered. Accessed May 2012

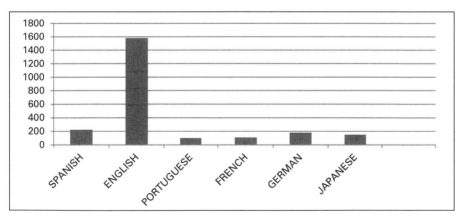

Figure 2.6. Languages in repositories in the world recorded in OpenDOAR. Accessed May 2012

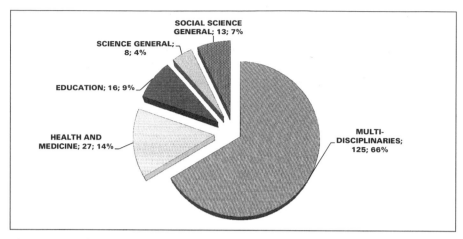

Figure 2.7. Topics covered in institutional repositories in Latin America, the Caribbean and Mexico, accessed May 2012

As reported for the region in OpenDOAR, the vast majority of resources are multidisciplinary repositories (125), however, other resources are found for health issues and medicine (27), general social sciences (13), education (16) and general science repositories (16).

The systems used by the repositories in Latin America, Caribbean and Mexico include DSpace (117), Cybertesis (12), SCIELO (14), Eprints (12), and GREEN-STONE (8) repositories, among others.

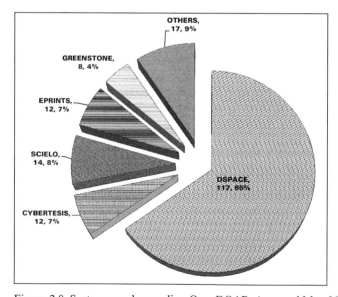

Figure 2.8. Systems used according OpenDOAR. Accessed May 2012

An unresolved issue is the establishment of conservation policy for the contents of the repositories in the region that is clearly defined and established. It can be seen in the Directory OpenDOAR that, similar to the global trend where only 8% have defined the policy, only 3% of the repositories of the Latin American and Caribbean countries have defined conservation policy. This is a feature of great importance that demands urgent attention.

ARTÍCULOS, TESIS, COMUNICACIONES, RedCLARA, Latin American Advanced Networks Cooperative[21] and its project The Reference[22]

Just as has happened in Europe, Latin America has developed a project to integrate open access for scientific archives in digital repositories in the region. This initiative was proposed by CLARA to the Regional Public Goods Fund of the Inter-American Development Bank (BID) [23], which provided support and funding in 2010 for the development of a "Regional Strategy and Interoperability and Management Framework for a Latin America Federated Network of Institutional Repositories of Scientific Documentation"[24].

With this initiative RedCLARA, seeks to build a community committed to working towards a common goal of development and collaborative management for the interoperability of central repositories both national and scientific, with the aim of increasing the visibility and use of this production. This project will provide integrated access to the articles in refereed journals and graduate theses, initially in 8 countries of the region through national focal points in Argentina, Brazil, Colombia, Chile, Ecuador, Mexico, Peru and Venezuela (Garrido-Arenas, 2010).

The purpose of the project is the creation of an agreed strategy and the development of framework agreements on interoperability and information management for the construction and maintenance of a federated network of institutional repositories. This network will enable storing, sharing and visibility for Latin American scientific production. The strategy will aim to reach agreements and establish a regional policy on storage, federated retrieval for collections and services, the definition of standards for interoperability, the use of tools for recording documents, safety and quality, intellectual property copyrights and other aspects to be considered for sustainable growth of the service.

As of 2011 the project is called The Reference and has its own website which explains that the main expected outcome of the project is an agreed

---

21 www.redclara.net/ Accessed May 2012.

22 http://lareferencia.redclara.net/rfr/ Accessed May 2012.

23 www.iadb.org/es/temas/integracion-regional/que-son-los-bienes-publicos-regionales,2803.html Accessed May 2012.

24 www.iadb.org/es/proyectos/project-information-page,1303.html?id=RG-T1684 Accessed May 2012.

strategy and framework agreements on interoperability and information management for the construction and maintenance of a Federated Network of Institutional Repositories of Scientific Publications.

The operation is expected to generate the following end products:

- A Regional Strategy for a Federated Network Consensus.
- A Policy Framework Agreement and common interoperability and scientific information management adoption.
- An operational model developed around the pilot federated network of repositories in the region.
- A regional training strategy.

Although there are clear indications in the region of the existence of a favorable climate for repository network development, as a new, high impact initiative, this may face multiple problems that could hinder its development (Arenas Garrido, 2010). Active participation in the projects by the major institutions in the region in terms of scientific production coupled with coordination from government agencies and research funding policy, and support from regional and international programs will allow strategies and actions to advance national and regional open access to benefit the education system, science and society in general in Latin America and the Caribbean (Babini, 2011).

Conclusion

Adequate access and updated scientific and technical information is essential to the economic and social development of countries and regions, especially in support of education and research. This is just as important for decision-making processes in the planning, development and implementation of public policy or to support professional development and practice. This is valid both for developed countries as well as in developing countries.

By adhering to open access, both to publish results of research by its institutions, as well as to retrieve resources for their users, social science libraries in Latin America and the Caribbean are contributing to the visibility of regional scientific production in facilitating the interdisciplinary study of issues of concern to the communities in our region and the world. This contributes to the internationalization of the social sciences for the benefit of global knowledge that is necessary to participate in finding solutions to global problems of this century. Clearly, the widespread use of information and communication technologies is not an end in itself but a powerful tool for development. The challenge facing the region of Latin America and the Caribbean is undoubtedly the sustainability of achievements and development goals.

Together with UNESCO we consider that the research literature should have maximum visibility and be freely available to all. (UNESCO 2011)

References

Albornoz, M. (2001, sept-dic). Política Científica y Tecnológica: Una visión desde América Latina. Revista Iberoamericana de Ciencia, Tecnología, Sociedad e Innovación Accessed April 2011, from www.oei.es/revistactsi/numero1/albornoz.htm

Babini, D. (2011) Acceso abierto a la producción científica de América Latina y el Caribe. Identificación de principales instituciones para estrategias de integración regional. Revista Iberoamericana de Ciencia, Tecnología y Sociedad CTS, 6(17). Accessed May 2011, from
www.revistacts.net/files/Volumen 6 – Número 17/babini_EDITADO_FINAL.pdf

Babini, D., González, J., López, F. Y., Medici, F. (2010) Construcción social de repositorios institucionales: el caso de un repositorio de América Latina y el Caribe, Información, Cultura y Sociedad 23. Accessed May 2011, from
www.filo.uba.ar/contenidos/investigacion/institutos/inibi_nuevo/ICS23abs.htm#babini

Berlin Declaration on Open Access to Knowledge in the Sciences and Humanities (2003). Accessed May 2011, from
http://oa.mpg.de/lang/en-uk/berlin-prozess/berliner-erklarung/

Bustos-González, A. & Fernández Porcel, A. (2007). Directrices para la creación de repositorios institucionales en universidades y organizaciones de educación superior. Alfa Network Babel Library. Accessed May 2011, from
http://eprints.rclis.org/bitstream/10760/13512/1/Directrices_RI_Espa_ol.pdf

Casate, R. (2009) Principios, estrategias y fundamentos tecnológicos del Acceso Abierto. La Habana, Semana Mundial del Acceso Abierto. (Comunicación personal). 2009emana

Castro, R. C. F. (2007) Visibilidad y accesibilidad de las revistas científicas: experiencia de la base de datos SciELO. Taller para Editores de Revistas Científicas de SciELO Costa Rica. San José, Costa Rica. Universidad de Costa Rica. Accessed April 2011, from
www.latindex.ucr.ac.cr/docs/castro_visibilidad_CR.ppt

Civallero, E. Open Access: experiencias latinoamericanas. Universidad Nacional de Córdoba Accessed April 2011, from http://groups.google.com

Declaración de Salvador sobre "Acceso Abierto": La Perspectiva del Mundo en Desarrollo (2005). Accessed May 2011, from
www.ops.org.bo/multimedia/cd/2008/SRI_1_2008/multimedia/documentos/6_dec_salva dor-acce_abie.pdf

Garrido-Arenas, H. A. (2010). Propuesta de estructura para la estrategia de trabajo común – Proyecto Estrategia Regional y Marco de Interoperabilidad y Gestión para una Red Federada Latinoamericana de Repositorios Institucionales de Documentación Científica, Bogotá. Consultor Humbert Alexander Garrido Arenas. Accessed May 2011, from
https://sites.google.com/site/bidclara/file-cabinet/Informe_1-IEstrategias_21Oct10.pdf?attredirects=0&d=1

Guédon, J.C. (2009, mayo-junio). It's a repository, it's a depository, it's an archive …: open access, digital collections and value, ARBOR Ciencia, Pensamiento y Cultura, CLXXV (737), 581-595. Accessed May 2011, from
http://arbor.revistas.csic.es/index.php/arbor/article/view/315/316

Harnad, S. (2007). The Green Road to Open Access: A Leveraged Transition, The Culture of Periodicals from the Perspective of the Electronic Age, 99-105, L'Harmattan. Accessed May 2011, from http://eprints.ecs.soton.ac.uk/15753/

Morales Campos, E. & Martínez Arellano, F.F. (2011). Acceso abierto a la producción científica en humanidades y ciencias sociales en la Universidad Nacional Autónoma de México. Accessed May 2012, from http://conference.ifla.org/past/ifla77/104-campos-es.pdf

Patalano, M. (2005). Las publicaciones del campo científico: las revistas académicas de América Latina. Anales de documentación, 8, 226. Accessed April 2011, from http://revistas.um.es/analesdoc/article/view/1451

Ranking Web de Repositorios del Mundo (2011). Accessed May 2012, from www.webometrics.info/top100_continent_es.asp?cont=latin_america

Romary, L. & Armbruster, C. (2009). Beyond Institutional Repositories. Available at SSRN. Accessed May 2012, from http://ssrn.com/abstract=1425692

Tissera, M. R. (2008). Repositorios institucionales en bibliotecas académicas. Accessed April 2011, from http://eprints.rclis.org/handle/10760/13064

UNESCO. (2011) Informe de la UNESCO sobre la ciencia 2010. El estado actual de la ciencia en el mundo. Resumen. Paris, UNESCO. Accessed May 2012, from http://unesdoc.unesco.org/images/0018/001898/189883s.pdf

World Social Science Report 2010. (2010) Paris, UNESCO. Accessed April 2011, from http://unesdoc.unesco.org/images/0018/001883/188333e.pdf

Repositorios Digitales de Acceso Abierto en América Latina y el Caribe Como Recursos Para las Bibliotecas de Ciencias Sociales[1]

María E. Dorta-Duque
Directora de Información Científica y Técnica, Instituto Superior de Relaciones Internacionales (ISRI) (Cuba)
y
Dominique Babini
Coordinadora Área Información de CLACSO, Universidad de Buenos Aires (Argentina)

> "… identificar y superar algunos de los obstáculos que previenen la posibilidad de participar activamente en la conversación científica global al mismo tiempo que se ayuda a su país o región a resolver problemas de importancia nacional y regional"
>
> *Jean-Claude Guédon*

La Interdisciplinariedad y las Ciencias Sociales

A las ciencias sociales, ciencia de la multidisciplinariedad por excelencia, le está dado intervenir en los grandes problemas globales de nuestro tiempo mediante la interdisciplinariedad. Los rápidos cambios que nuestra realidad globalizada requiere constituyen un reto importante para las ciencias sociales. Las universidades, los estudiantes y profesores e investigadores en el mundo se han incrementado rápidamente, así los libros y artículos de revistas y la producción científica en general. Los avances logrados en las tecnologías de información y las comunicaciones permiten a los científicos sociales comunicarse más frecuentemente y más rápidamente entre ellos y con científicos e investigadores de otros campos y regiones, y favorecen la producción y diseminación del conocimiento en general y de las ciencias sociales en particular (World, 2010).

Organismos multilaterales, ya sean de desarrollo, de cooperación o de crédito, los Gobiernos mediante sistemas nacionales de monitoreo e investigación para la toma de decisiones, las universidades y centros de investigación y la

---

1 Adaptación y actualización de la ponencia presentada en IFLA 2011.

Sociedad civil a partir de conocimiento sustentado en compromisos políticos concretos y explícitos producen y requieren conocimiento sobre lo social.

La especialidad lograda en el estudio de los problemas sociales y del hombre les ha permitido a las ciencias sociales desarrollar y acumular conocimiento, técnicas y habilidades que están en creciente demanda en estos tiempos en que es necesario resolver complejos problemas globales como el cambio climático, la pobreza, el hambre, entre otros, cuyo estudio y solución son cada vez más interdisciplinarios.

Temas comúnmente analizados a un nivel nacional o regional se han convertido con el tiempo en problemas globales. De otra parte, muchos resultados de investigación de las ciencias sociales producida en idiomas locales y en regiones menos desarrolladas, permanece invisible o están muy pobremente representadas en las bases de datos internacionales.

La no visibilidad, y por tanto el desconocimiento, de estos aportes regionales limita la capacidad de los científicos sociales para analizar y considerar integralmente los actuales problemas globales que afectan al mundo. A continuación exponemos algunas iniciativas regionales multidisciplinarias de acceso abierto producidas en América Latina y el Caribe, su relación con la publicación, difusión y acceso a las ciencias sociales producidas en la región, y el rol que cumplen las bibliotecas de ciencias sociales en esas iniciativas y en el desarrollo de repositorios institucionales de la región.

Las Bibliotecas y su Contribución a la Interdisciplinariedad

Las bibliotecas de ciencias sociales contribuyen desde sus colecciones a satisfacer las necesidades de la investigación interdisciplinaria que requiere del aporte de diversas y diferentes especialidades. Lo hacen incorporando en sus colecciones recursos bibliográficos que enriquezcan la interdisciplinariedad en el estudio de temas -por ej., gobernabilidad ambiental, violencia urbana, crisis del agua- que involucran a las ciencias sociales con otras disciplinas.

En el caso de bibliotecas que funcionan en instituciones que publican resultados de investigaciones, las bibliotecas pueden apoyar a la institución mediante la difusión de su propia investigación en el repositorio institucional propio, en índices multidisciplinarios, portales y repositorios nacionales e internacionales, para que esa producción sea visible para quienes estudian temas desde otras perspectivas disciplinarias.

De esta forma, tanto para la selección de recursos bibliográficos para los usuarios, como así también desde la colaboración para la difusión de la producción de la propia institución, las bibliotecas tienen oportunidad de responder a, y promover la, interdisciplinariedad.

Dificultades en el Acceso a los Resultados de Investigaciones de América Latina y el Caribe

En América Latina y el Caribe, una región con profundas desigualdades en cuanto a disponibilidad de recursos para publicar, hacer visible y acceder a resultados de investigaciones, no podemos desconocer las dificultades en el acceso a los resultados de investigaciones de la región que a continuación se mencionan:

Tiradas reducidas en las publicaciones académicas y científicas (promedio regional 300 ejemplares para revistas impresas y 500 ejemplares para libros impresos).

Distribución restringida por los altos costos del correo postal y las dificultades presupuestarias de bibliotecas para compras.

Visibilidad limitada a contactos directos y lista de donaciones (institucionales / investigadores) locales/regionales.

Visibilidad internacional limitada (idioma y costo distribución).

Accesibilidad exclusiva para quienes disponen del ejemplar impreso (suscripción/donación) o su fotocopia.

Desigualdades en disponibilidad de recursos para publicar resultados de investigaciones.

Poca participación en diálogo científico internacional (citaciones).

Bajo puntaje asignado a las revistas nacionales y regionales por las agencias de evaluación de investigación.

Limitada conectividad y ancho de banda.

Y, respecto a la presencia de investigaciones de la región en las revistas internacionales, el análisis de la producción científica de los países de América Latina y el Caribe, a través de diversas bases de datos internacionales de publicaciones científicas, tanto multidisciplinarias, como disciplinarias, refleja una baja participación de los investigadores de la región en la producción científica mundial, dentro de la franja que se denomina como "corriente principal de la ciencia" (Albornoz , 2001).

El acceso abierto como estrategia regional

Frente a esas dificultades, el acceso abierto (OA) (Berlin Declaration, 2003) puede contribuir a atenuar la brecha académica, ampliar la contribución a favor de la interdisciplinariedad y alcanzar nuevos públicos con los resultados de investigaciones que se realizan en América Latina y el Caribe y contribuir con ello a la divulgación de los resultados científicos alcanzados en la región.

La Internet y la Web propiciaron, desde los años 90, una restructuración progresiva del flujo de producción de información científica en el mundo (Castro, 2007). Ese movimiento creó nuevas oportunidades para la participación activa de los países en desarrollo en el establecimiento y operación de un sistema global de comunicación científica, mediante la siguiente estrategia regional:

Difusión de la producción editorial en acceso abierto al texto completo, gratis, con medidas de uso e impacto.

Fomento y contribución a la calidad de las publicaciones (contenido y formato).

Establecimiento de repositorios digitales regionales multidisciplinarios y temáticos.

Desarrollo de indicadores regionales.

Indización de revistas de calidad como complemento de los índices internacionales.

Trabajo cooperativo que permite la gerencia de los flujos locales y regionales, moviéndolos para el flujo internacional.

En la región se observa un sostenido avance de servicios regionales de acceso abierto que ofrecen, sin costo para el usuario final, sin costo para el autor, y sin necesidad de suscripción, acceso libre vía Web al texto completo de publicaciones científicas y académicas de la región.

En la última década se han incrementado significativamente en todo el mundo innumerables proyectos para poner en acceso abierto (OA) la documentación científica generadas por las universidades, mediante la creación de repositorios institucionales, que son bibliotecas digitales que alojan la producción de la propia institución en texto completo. América Latina se ha ido incorporando a esta tendencia. En la figura 2.1 se puede apreciar el crecimiento en la cantidad de repositorios en el mundo en los últimos años que ya alcanzan la cifra de 2161 repositorios registrados en el Directorio Open DOAR.[2]

---

2   www.opendoar.org/find.php?format=charts consultado el 14 de mayo 2012.

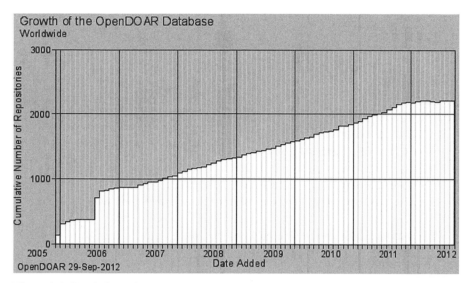

Figura 2.1. Crecimiento de OpenDOAR

Por otra parte, el impulso en la constitución de redes que aglutinen a científicos, tecnólogos, e incluso empresas y otros actores sociales involucrados en la
producción y utilización de conocimientos es un punto central de las estrategias
de cooperación (Albornoz, 2001). La generación de estas redes a escala regional cuenta ya con importantes referencias en América Latina.

Considerando que el conocimiento científico se desarrolla a partir de información, de investigación científica y conocimiento previo, las revistas científicas constituyen el principal medio de comunicación y archivo de la ciencia
a través de la organización y publicación de artículos científicos que comunican el resultado de investigación original u otro tipo de textos (Patalano,
2005).

Actualmente, con la generalización del acceso a Internet y la disponibilidad
de recursos de información y comunicación, aún con la brecha digital existente, se favorece la creación de una "masa crítica virtual" que multiplique la
capacidad de producción de conocimientos y la inserción de los investigadores
latinoamericanos en la comunidad científica mundial (Albornoz, 2001).

Ventajas del Acceso Abierto para los Países en Desarrollo

El acceso abierto:

> Favorece la transmisión de los conocimientos, así como la rápida difusión
> y actualización de los resultados de la investigación científica
> Contribuye a eliminar las barreras que impiden el flujo de conocimientos
> entre el Sur y el Norte, el Este y el Oeste, Sur-Sur, y viceversa.

Contribuye al desarrollo y fortalecimiento de los Sistemas de Innovación. Facilita la accesibilidad y la visibilidad de los conocimientos endógenos y los contenidos científicos de relevancia necesarios para el desarrollo nacional y para enfrentar los retos globales (Casate, 2009)

No obstante, muchas revistas internacionales de alto impacto no suelen publicar artículos de acceso abierto. En este sentido aplican variantes que combinan modalidades de acceso abierto y acceso tradicional.

En cambio en América Latina, región donde dos tercios de las investigaciones son financiadas con fondos públicos[3], hay una consolidada tradición de brindar acceso abierto a los resultados de las investigaciones que se publican en la región. Acceso abierto que se brinda principalmente en dos modalidades,

1) en repositorios digitales temáticos regionales que se iniciaron en la década del 80'con referencias bibliográficas y ahora han sumado el acceso al texto completo
2) en repositorios digitales multidisciplinarios de revistas arbitradas (con revisión por pares) que se iniciaron en la segunda mitad de la década de los 90'.

Estas dos modalidades son los principales aportes de la región al movimiento internacional acceso abierto. América Latina también avanza en legislación nacional de acceso abierto, que se encuentra en debate en el congreso de Brasil y de Argentina y exigirá la creación de repositorios digitales para la difusión en acceso abierto de la producción científica nacional financiada con fondos públicos.

En 2011, CLACSO fue seleccionado por UNESCO para preparar los contenidos iniciales de América Latina y el Caribe para el nuevo Portal UNESCO de Acceso Abierto. CLACSO preparó una síntesis regional sobre acceso abierto en América Latina y el Caribe, síntesis del acceso abierto en cada uno de 20 países y una sub-región, y síntesis de 39 organizaciones y proyectos elegidos por CLACSO por estar vinculados al acceso abierto en la región. Todo acompañado por una bibliografía de 300 referencias sobre acceso abierto en la región con vínculos a los textos completos, 31 videos y 68 PPT sobre estas iniciativas (UNESCO GOAP-Global Open Access Portal).

En GOAP, las bibliotecas de ciencias sociales pueden ubicar recursos digitales en texto completo, producidos por América Latina y el Caribe, y disponibles para complementar los propios recursos de cada biblioteca en apoyo a la docencia, la investigación y el estudio en ciencias sociales.

A continuación se describen portales de revistas y redes temáticas de gran consulta en la región.

---

3   Informe de la UNESCO sobre la Ciencia, 2010.

Portales Multidisciplinarios de Revistas en Acceso Abierto

En América Latina y el Caribe, los portales multidisciplinarios de revistas científicas *Scielo*[4] *y Redalyc*[5] ofrecen acceso abierto a más de 1.000 revistas científicas y académicas arbitradas (con revisión por pares) de América Latina y el Caribe, además de revistas de España y Portugal. Estos portales, luego de una década de servicios, han adoptado el desarrollo de indicadores bibliométricos y cienciométricos que permitirán disponer de indicadores regionales para complementar los indicadores internacionales utilizados para la evaluación de los investigadores.

SciELO – Biblioteca Científica Electrónica en Línea

SciELO – Scientific Electronic Library Online (Biblioteca Científica Electrónica en Línea) es un modelo para la publicación electrónica cooperativa de revistas científicas en Internet. Especialmente desarrollado para responder a las necesidades de la comunicación científica en los países en desarrollo y particularmente de América Latina y el Caribe, el modelo proporciona una solución eficiente para asegurar la visibilidad y el acceso universal a su literatura científica, contribuyendo para la superación del fenómeno conocido como "ciencia perdida". Además, el Modelo SciELO contiene procedimientos integrados para la medida del uso y del impacto de las revistas científicas.

El Modelo SciELO es el producto de la cooperación entre FAPESP[6] – la Fundación de Apoyo a la Investigación del Estado de São Paulo, BIREME[7] – Centro Latinoamericano y del Caribe de Información en Ciencias de la Salud, así como instituciones nacionales e internacionales relacionadas con la comunicación científica y editores científicos. Un proyecto piloto, incluyendo 10 revistas brasileñas de diferentes áreas del conocimiento, fue llevado a cabo con éxito entre Marzo de 1997 y Mayo de 1998, con el desarrollo y la evaluación de una metodología adecuada para la publicación electrónica en Internet. Desde Junio de 1998 el proyecto opera regularmente, incorporando nuevos títulos de revistas y expandiendo su operación para otros países. A partir de 2002, el Proyecto cuenta con el apoyo del CNPq[8] Consejo Nacional de Desenvolvimento Científico e Tecnológico.

---

4   www.scielo.org consultado mayo 2012.
5   http://redalyc.org consultado mayo 2012.
6   www.fapesp.br consultado mayo 2012.
7   www.bireme.br consultado mayo 2012.
8   www.cnpq.br consultado mayo 2012.

El Modelo SciELO contiene tres componentes.

El primer componente es la Metodología SciELO, que permite la publicación electrónica de ediciones completas de las revistas científicas, la organización de bases de datos bibliográficas y de textos completos, recuperación de textos por su contenido, la preservación de archivos electrónicos y la producción de indicadores estadísticos de uso e impacto de la literatura científica.

El segundo componente es la aplicación de la Metodología SciELO en la operación de sitios web de colecciones de revistas electrónicas. El Modelo SciELO favorece la operación de sitios nacionales y también de sitios temáticos.

El tercer componente es el desarrollo de alianzas entre los actores nacionales e internacionales de la comunicación científica – autores, editores, instituciones científicas y tecnológicas, agencias de apoyo, universidades, bibliotecas, centros de información científica y tecnológica etc…, con el objetivo de diseminar, perfeccionar y mantener el Modelo SciELO.

Actualmente cuenta con:

948 Revistas
25.510 Números
374.706 Artículos en texto completo
7.991.129 Citas incluídas en los artículos

Redalyc – Red De Revistas Científicas de América Latina y el Caribe, España y Portugal – Sistema de Información Científica Redalyc[9]

La Red de Revistas Científicas de América Latina y el Caribe, España y Portugal Redalyc es un proyecto impulsado por la Universidad Autónoma de Estado de México (UAEM), con el objetivo de contribuir a la difusión de la actividad científica editorial que se produce en y sobre Iberoamérica.

La propuesta concreta de Redalyc se materializa en la creación, diseño y mantenimiento de una hemeroteca científica en línea de libre acceso que funciona como punto de encuentro para todos aquellos interesados en reconstruir el conocimiento científico de y sobre Iberoamérica. Este portal de Internet – que es la parte más visible de este esfuerzo – fue abierto formalmente al público en el mes de octubre del año 2002. De esta forma Redalyc, bajo el lema "*la ciencia que no se ve no existe*" busca contribuir al fortalecimiento de la comunicación científica de Iberoamérica y, al mismo tiempo, invita a las instituciones vinculadas con la generación del conocimiento a sumarse y participar en este proyecto con el objetivo de reunir los acervos completos de las revistas con mayor reconocimiento e impacto de la región.

---

9   http://redalyc.org consultado mayo 2012.

Tiene como objetivos permitir que la literatura científica producida en y sobre Iberoamérica esté rápida y eficazmente disponible al público en general, con el fin de contribuir a incrementar su visibilidad, internacionalización e impacto entre la comunidad académica del mundo entero. Para ello se propone:

Contribuir al fortalecimiento de la comunicación científica en Iberoamérica.
Favorecer la difusión e incrementar la visibilidad tanto de las revistas científicas, como de sus contenidos específicos.
Facilitar la vinculación entre los actores del quehacer editorial científico.

Ofrece a los editores

Indicadores bibliometrícos y cienciométricos para su colección
un Sistema Abierto Iberoamericano de Gestión Editorial (SAIGE) que permite la gestión y publicación de revistas, brindando hospedaje basado en OJS (Open Journal System) para las revistas de América Latina y el Caribe.
Configuración de licencias Creative Commons
Plug-in OJS-Redalyc que permite exportar datos desde OJS a Redalyc
OAI-PMH para repositorios de revistas

Redalyc actualmente cuenta con

758 revistas
18.733 números de revistas
234.572 artículos en texto completo

Es importante destacar que del total de 758 revistas en Redalyc, 532 son revistas de ciencias sociales y humanidades.

Redalyc ha iniciado el desarrollo de servicios de indicadores bibliométricos y cienciométricos para los editores de cada revista y para instituciones que requieren conjuntos de indicadores bibliométricos y mapas que muestren las características de producción y colaboración a nivel de cada revista, y a nivel institucional, regional y temático obtenidas de las revistas del acervo Redalyc.

Latindex – Sistema Regional de Información en Línea Para Revistas Científicas de América Latina, el Caribe, España y Portugal[10]

Latindex es un sistema de Información sobre las revistas de investigación científica, técnico-profesionales y de divulgación científica y cultural que se editan en los países de América Latina, el Caribe, España y Portugal. La idea de crea-

---

10 www.latindex.ppl.unam.mx/ consultado mayo 2012.

ción de Latindex surgió en 1995 en la Universidad Nacional Autónoma de México (UNAM) y se convirtió en una red de cooperación regional a partir de 1997 que genera consenso internacional para la puesta en vigencia de una normativa para publicaciones académicas/ científicas /técnicas en idioma español.

Actualmente Latindex ofrece tres bases de datos:

1) Directorio, con datos bibliográficos y de contacto de todas las revistas registradas, ya sea que se publiquen en soporte impreso o electrónico (20.530 revistas);
2) Catálogo, que incluye revistas tanto impresas como electrónicas, pero únicamente las revistas que cumplen los criterios de calidad editorial diseñados por Latindex (5.788 revistas) y
3) Enlace a Revistas Electrónicas, que permite el acceso a 4.421 revistas disponibles en texto completo en los sitios web de las revista.

El Portal de Portales Latindex (PPL)[11] es un metabuscador que permite acceso a los contenidos y textos completos de revistas académicas disponibles en hemerotecas digitales de América Latina, el Caribe, España y Portugal, adheridas al movimiento de acceso abierto. El objetivo de este portal es difundir el conocimiento científico que se publica en la región iberoamericana. El desarrollo informático utiliza el OAI Harvester2 desarrollado por el Public Knowledge Project (PKP) basado en el protocolo OAI-PMH.

DOAJ – Directorio Internacional de Revistas en Acceso Abierto
(Directory of Open Access Journals)[12]

Publicado por las Bibliotecas de la Universidad de Lund, Suecia, su objetivo es aumentar la visibilidad y facilidad de uso de acceso abierto de las revistas científicas y académicas del mundo promoviendo así su mayor uso e impacto. Dispone de una importante cantidad de revistas de la región de América Latina y el Caribe.

Pretende abarcar todas las revistas de acceso abierto científicas y académicas que utilizan un sistema de control de calidad para garantizar el contenido. En mayo 2012, la base de datos DOAJ contenía 7.788 revistas, de las cuales 3.781 permiten búsqueda a nivel de artículo.

De las 1.476 revistas de América Latina y el Caribe en DOAJ, los países con mayor número de revistas son Brasil (732 revistas), Colombia (180), Chile (136), Argentina (123), México (109), Venezuela (79) y Cuba (45).

---

11   www.latindex.ppl.unam.mx/ consultado mayo 2012.
12   www.doaj.org consultado mayo 2012.

Repositorios Digitales Temáticos

Los repositorios temáticos dan acceso a textos completos y agregan valor por su especialización (Guédon, 2009; Romary & Armbruster, 2009). En las últimas décadas del siglo pasado, impulsado principalmente por organizaciones de las Naciones Unidas y organizaciones regionales, se desarrollaron en forma cooperativa en América Latina y el Caribe redes y sistemas de información por áreas temáticas. Recientemente, estas redes temáticas han iniciado el proceso de sumar a la referencia bibliográfica el acceso vía Web al texto completo en formato digital, con lo cual poco a poco se transformarán en repositorios digitales temáticos, aún algunos de ellos limitados.

A modo de ejemplo pueden mencionarse, entre otros, los siguientes repositorios temáticos regionales que pueden aportar contenidos a proyectos regionales para integrar el acceso a la producción científica del conjunto de países de América Latina y el Caribe:

Agricultura (Sistema de Información Agropecuario de las Américas, SIDALC)[13] con acceso a 250.000 textos completos (artículos de revistas, libros, tesis, documentos de trabajo)

Ciencias sociales (Red de Bibliotecas Virtuales del Consejo Latinoamericano de Ciencias Sociales, CLACSO)[14] con acceso a 30.000 textos completos de centros de investigación y docencia en 21 países de la región. Esta colección recibe en promedio 1.150.000 solicitudes por mes vía Web. Incluye la colección CLACSO en Redalyc que cuenta con 60 revistas en texto completo[15]

Salud (Biblioteca Virtual en Salud-Literatura Latinoamericana y del Caribe en Ciencias de la Salud, BVS-LILACS)[16] con acceso a 192.254 textos completos de artículos de revistas, monografías, informes y tesis de 15 países de la región.

Desarrollo sostenible y salud ambiental (Biblioteca Virtual de Desarrollo Sostenible y Salud Ambiental de la Red Panamericana de Información en Salud Ambiental, BVSDE-REPIDISCA)[17] brinda acceso a 45.501 textos completos de la región y el servicio ha recibido 2.663.128 visitantes desde su creación en 1997.

---

13 www.sidalc.net/ consultado mayo 2012.
14 www.biblioteca.clacso.edu.ar consultado mayo 2012.
15 A partir de 2008 CLACSO y Redalyc han unido esfuerzos para la creación de una colección de revistas arbitradas de la red CLACSO en Redalyc. Colección que actualmente tiene 60 revistas (19.632 artículos) de revistas arbitradas (con revisión por pares). http://redalyc.uaemex.mx/portales/organismos/clacso/index.jsp consultado mayo 2012.
16 http://lilacs.bvsalud.org/es/ y http://metodologia.lilacs.bvsalud.org/estatisticas/E/Elilbvs2t.htm consultado en mayo 2012.
17 www.bvsde.ops-oms.org/sde/ops-sde/bvsde.shtml consultados mayo 2012.

Estos cuatro ejemplos de repositorios digitales temáticos, suman más de 517.775 textos completos de América Latina y el Caribe.

Repositorios de Tesis

La Universidad de Chile ha desarrollado, en colaboración con la Universidad de Montreal (Canadá) y la Universidad de Lyon (Francia), el servicio

Tesis Electrónicas En Línea[18], con el objetivo de proporcionar una herramienta de fácil acceso a las tesis electrónicas publicadas en texto completo en diferentes universidades del mundo. La herramienta de consulta permite realizar búsquedas simultáneas a través de una sola interfaz web, y recuperar las tesis electrónicas almacenadas en los diferentes servidores y repositorios de tesis de aquellas universidades de la región que se han sumado a Cybertesis, sumando 86,095 tesis.

Repositorios institucionales en América Latina y el Caribe

Los repositorios institucionales reflejan la producción de la propia institución en formato digital: incluye artículos de revistas, tesis, documentos de trabajo, libros, los datos mismos de la investigación, registros de audio y video, objetos para la enseñanza y otros objetos digitales resultantes de la actividad científica y académica de cada institución. Los repositorios institucionales se presentan actualmente como una opción adecuada para que cada institución pueda gestionar, dar visibilidad y acceso remoto a su propia producción (Harnad, 2007; Babini et al., 2010; Babini, 2011).

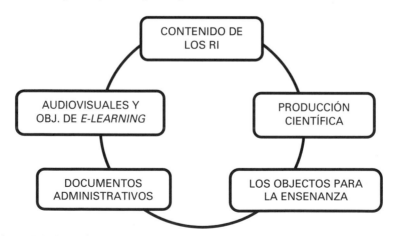

Figura 2.2. Contenidos de los repositorios institucionales

---

18   www.cybertesis.cl/n-mundo.html consultado mayo 2012.

Según Tissera (2008) las principales características de un repositorio institucional son:

- su naturaleza institucional,
- su carácter científico, acumulativo y perpetuo,
- su carácter abierto e interoperable con otros sistemas

Desde las últimas décadas las bibliotecas y centros de investigación universitarios han iniciado procesos de renovación en la administración de sus documentos, productos y servicios, movidos por las demandas de los usuarios ante los avances de las tecnologías de información y telecomunicaciones y el establecimiento de Internet como red global de comunicación y acervo de información (Tissera, 2008).

Cada biblioteca académica ha buscado diseñar, crear y organizar la información para dar servicios bibliotecario-documentales, con contenidos específicos fáciles de usar y con capacidad de llegar a los diferentes espacios universitarios, ampliando la tarea del bibliotecario con la de documentalista y gestor de información.

Las bibliotecas universitarias suelen ser, por lo tanto, el órgano al que corresponde asumir y liderar la implementación y desarrollo de los repositorios institucionales con el fin de lograr la competitividad educativa y científica de la institución a la que pertenece.

Debe facilitar a estudiantes, docentes e investigadores los medios y recursos para ir descubriendo y generando conocimiento. A los profesionales de las bibliotecas universitarias corresponde en consecuencia apoyar el desarrollo en los usuarios de las competencias que le permitan una utilización efectiva y significativa de la información y el conocimiento, que integran su acervo tanto impreso como digital.

En la etapa de publicación de resultados de sus investigaciones, los profesionales de las bibliotecas aportan su conocimiento de las normas internacionales para extraer/asignar los metadatos requeridos en los diversos formatos para publicación y difusión de la versión digital, preparando la publicación para que al momento de su recuperación en la web pueda ser correctamente citada.

En el momento que las publicaciones ingresan en repositorios digitales, la biblioteca es quien por lo general auto-archiva los metadatos, o ayuda al investigador que auto-archiva a asignar los metadatos correctos, para facilitar la difusión y recuperación del texto.

El repositorio puede considerarse como un valor agregado por la biblioteca a la edición y difusión web de publicaciones de cada institución. De esta forma, las bibliotecas universitarias no sólo se comprometen en la gestión del aprendizaje de sus universidades, sino que también asumen un papel protagónico en el proceso de desarrollo y consolidación de la sociedad del conocimiento (Bustos-González, 2007).

En este sentido podemos mencionarla experiencia de la Coordinación de Humanidades de la Universidad Nacional Autónoma de México (UNAM) que ha desarrollado a partir del año 2006, el Sistema de Información Académica HUMANINDEX, a modo de repositorio institucional, el cual identifica compila, organiza y difunde la producción científica de los investigadores pertenecientes a las entidades del Subsistema de Humanidades de la UNAM, que cuenta con 1018 investigadores, con el fin de difundirla y proporcionar mayor visibilidad a dicha producción.

Actualmente, en HUMANINDEX se han desarrollado e implementado, entre otras, tres facilidades básicas:

- Identificación de la producción académica de cada investigador
- Enlaces a texto completo
- Actualización inmediata en línea

Se encuentran incluidos en HUMANINDEX 51,747 productos académicos de los investigadores pertenecientes a las distintas dependencias que conforman el Subsistema de Humanidades de la UNAM. De acuerdo al tipo de trabajo, esta producción académica se encuentra conformada por:

- 20,746 Artículos de revistas,
- 14,226 Capítulos de libros
- 11,019 Libros,
- 5,143 Ponencias publicadas
- 613 Productos académicos de otro tipo

Se ha añadido también a HUMANINDEX, el acceso al "Portal de revistas científicas y arbitradas de la UNAM" http://www.revista.unam.mx/, generado y administrado por la Secretaria General de la UNAM, que incluye más de 100 revistas electrónicas de distintas disciplinas publicadas por la UNAM, cuyo contenido puede ser consultado en Acceso Abierto. El número de las revistas de Humanidades y Ciencias Sociales incluidas en este portal es de 25 títulos. También la colección SciELO-México http://www.scielo.org.mx/scielo.php desarrollada por la Dirección General de Bibliotecas (DGB) de la UNAM se ha incorporado como otra fuente para establecer los enlaces al texto completo de la producción académica registrada en HUMANINDEX. (Morales Campos & Martínez Arellano, 2011).

Repositorios Institucionales en América Latina, Caribe y México (LAC)

El Directorio Open DOAR[19], tiene registrados 198 repositorios de América Latina y el Caribe[20] de diferentes tipos como se muestra en la Figura 2.3.

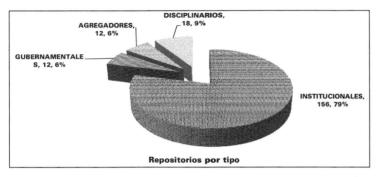

Figura 2.3. Cantidad de repositorios por tipo en América Latina y el Caribe registrados en OpenDOAR

156 Institucionales
18   Disciplinarios o temáticos
12   Agregadores o concentradores
12   Gubernamentales

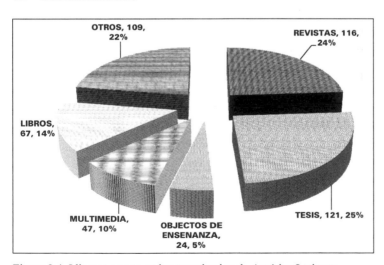

Figura 2.4. Idiomas en uso en los repositorios de América Latina y Caribe registrados en OpenDOAR (Consultado en mayo 2012)

19   www.opendoar.org/find.php?format=charts consultado el 2 de mayo 2012.
20   Comprende datos de América Central, México, América del Sur y El Caribe.

Respecto a su contenido, se identifica la presencia de tesis y disertaciones en 121 repositorios, artículos de revistas en 116 repositorios, seguido de libros y sus partes en 67, multimedia y medios audiovisuales en 47 repositorios, y objetos de enseñanza en 24 repositorios, los cuales en muchos de los casos coinciden en un mismo repositorio.

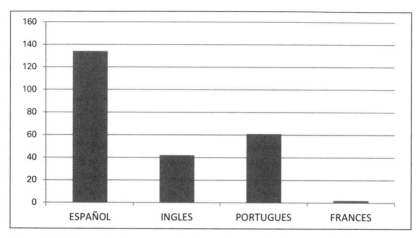

Figura 2.5. Contenido de los repositorios de América Latina y el Caribe (portadores), consultado en mayo 2012

En cuanto a los idiomas más utilizados en los repositorios de AL y C registrados en Open DOAR está en primer lugar el español, seguido del portugués y del inglés en tercer lugar, como se aprecia en la Figura 2.5. En contraste, el inglés resulta el idioma más utilizado en los repositorios del mundo, seguido a una distancia significativa por el español, y después el alemán como se aparece en la Figura 2.6.

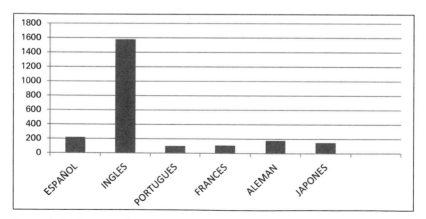

Figura 2.6. Idiomas en los repositorios del mundo registrados en OpenDOAR (consultado en mayo 2012)

En cuanto a los temas reportados en OpenDOAR en los repositorios institucionales de la región podemos decir que en su gran mayoría son repositorios multidisciplinarios (125), no obstante, se reportan de temas de salud y medicina (27), de ciencias sociales en general (13) educación (16) y ciencia en general 16 repositorios.

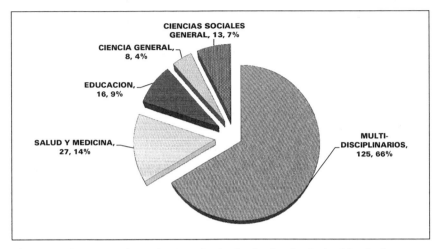

Figura 2.7. Temas tratados en los repositorios institucionales de América Latina, el Caribe y México, consultado en mayo 2012

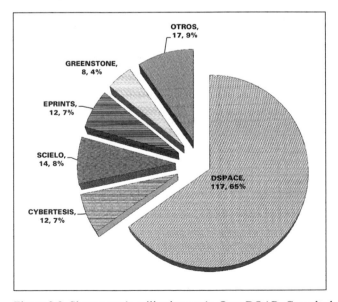

Figura 2.8. Sistemas más utilizados según OpenDOAR. Consultado en mayo 2012

Los sistemas más utilizados por los repositorios de América Latina, Caribe y México son: DSPACE en 117 repositorios, CYBERTESIS en 12, SCIELO en 14, EPRINTS en 12, y GREENSTONEen 8 repositorios, entre otros.

Un aspecto aún por resolver es el establecimiento de políticas de conservación de los contenidos de los repositorios de la región, claramente definidas y establecidas. Se puede observar en el Directorio OpenDOAR que, de forma similar a la tendencia mundial donde sólo un 8% tiene definida esta política, sólo un 3% de los repositorios de la región de América Latina y Caribe tienen definida la política de conservación, aspecto este de gran importancia, el que demanda una urgente atención.

RedCLARA, Cooperación Latino Americana de Redes Avanzadas[21] y su proyecto La Referencia[22]

Así como ha ocurrido en Europa, en América Latina se ha desarrollado un proyecto para integrar el acceso abierto a la producción científica archivada en repositorios digitales de la región. Esta iniciativa ha sido presentada por CLARA (Cooperación Latino Americana de Redes de Avanzada) al Fondo de Bienes Públicos Regional del Banco Inter-Americano de Desarrollo (BID)[23], quien brindó apoyo y financiamiento a partir de 2010 para el desarrollo de una "Estrategia Regional y Marco de Interoperabilidad y Gestión para una Red Federada Latinoamericana de Repositorios Institucionales de Documentación Científica"[24].

Con esta iniciativa de RedCLARA, se busca construir una comunidad de trabajo comprometida con un objetivo común de desarrollar y gestionar en forma colaborativa la interoperabilidad de los repositorios centrales de sistemas nacionales de repositorios digitales con la producción científica de los países, con el objetivo de aumentar la visibilidad y el uso de esa producción. Este proyecto brindará acceso integrado a artículos de revistas arbitradas y tesis de posgrado, inicialmente de 8 países de la región, mediante puntos focales nacionales en Argentina, Brasil, Colombia, Chile, Ecuador, México, Perú y Venezuela (Garrido-Arenas, 2010).

El propósito del Proyecto es la creación de una estrategia consensuada y un marco de acuerdos relativo a la interoperabilidad y gestión de la información para la construcción y mantenimiento de una red federada de repositorios institucionales de publicaciones científicas destinada a almacenar, compartir y dar

---

21   www.redclara.net/ consultado mayo 2012.

22   http://lareferencia.redclara.net/rfr/ consultado mayo 2012.

23   www.iadb.org/es/temas/integracion-regional/que-son-los-bienes-publicos-regionales,2803.html consultado mayo 2012.

24   www.iadb.org/es/proyectos/project-information-page,1303.html?id=RG-T1684   consultado mayo 2012.

visibilidad a su producción científica de América Latina. Dicha estrategia estará orientada a lograr acuerdos y establecer políticas a nivel regional respecto al almacenamiento, acceso federado y recuperación de las colecciones y servicios disponibles, la definición de estándares para la interoperabilidad, uso de herramientas para el registro de documentos, seguridad y calidad, propiedad intelectual y derechos de autor y otros aspectos que deban considerarse para un crecimiento sostenible del servicio.

A partir de 2011 el proyecto se denomina La Referencia y tiene su propio sitio web[25] donde se explica que el principal resultado esperado del Proyecto es una estrategia consensuada y un marco de acuerdos relativo a interoperabilidad y gestión de la información para la construcción y mantenimientos de una Red Federada de Repositorios Institucionales de Publicaciones Científicas.

Se espera que la operación genere los siguientes productos finales:

- Una Estrategia Regional Consensuada de la Red Federada.
- Un Marco de Acuerdos y Políticas comunes para la interoperabilidad y la gestión de la información científica adoptados.
- Un Modelo Operativo desarrollado en torno al Piloto de la red federada de repositorios en la región.
- Una estrategia de Capacitación regional.

A pesar de que hay claros indicios en la región de la existencia de un clima favorable al desarrollo de redes de repositorios, por ser una iniciativa novedosa y de gran impacto, se podrá enfrentar a múltiples problemáticas que pueden entorpecer su desarrollo (Garrido-Arenas, 2010). La participación activa en esos proyectos de las principales instituciones de la región en cuanto a producción científica, sumado a la coordinación desde las agencias gubernamentales de políticas y financiamiento de investigación, con el apoyo de programas regionales e internacionales, permitirá avanzar en estrategias y acciones nacionales y regionales de acceso abierto que beneficien al sistema educativo, científico y a la sociedad en general en América Latina y el Caribe (Babini, 2011).

A Modo de Conclusión

El acceso adecuado y actualizado a la información científico técnica es esencial para el desarrollo económico y social de los países y regiones, en especial para apoyar la educación y la investigación, así como los procesos de toma de decisiones en la planificación, formulación y aplicación de políticas públicas o pa-

---

25 http://lareferencia.redclara.net/rfr/ consultado mayo 2012.

ra apoyar el desarrollo y la práctica profesional. Ese proceso es válido tanto para los países desarrollados como así también en los países en desarrollo.

Mediante la adhesión al acceso abierto, tanto para publicar resultados de investigaciones que realizan sus instituciones, como así también para recuperar recursos para sus usuarios, las bibliotecas de ciencias sociales de América Latina y el Caribe están contribuyendo a la visibilidad de la producción científica de la región facilitando la interdisciplinariedad en el estudio de los temas que preocupan a las sociedades de nuestra región así como del mundo. Con ello contribuyen a la internacionalización de las ciencias sociales en beneficio del conocimiento global necesario para su participación en la búsqueda de soluciones a los problemas globales del presente siglo. Es evidente que el uso masivo de las tecnologías de información y comunicación no es un fin en sí mismo sino una herramienta poderosa para lograr el desarrollo. El reto a que se enfrenta la región de América Latina y el Caribe es, indudablemente, la sostenibilidad de lo logrado y el desarrollo de las metas propuestas.

Junto a la UNESCO consideramos que la literatura de investigación debe tener la máxima visibilidad y estar libremente a disposición de todos. (UNESCO, 2011)

Referencias

Albornoz, M. (2001, sept-dic). Política Científica y Tecnológica: Una visión desde América Latina. Revista Iberoamericana de Ciencia, Tecnología, Sociedad e Innovación. Consultado en abril 2011, de
http://www.oei.es/revistactsi/numero1/albornoz.htm

Babini, D. (2011) Acceso abierto a la producción científica de América Latina y el Caribe. Identificación de principales instituciones para estrategias de integración regional. Revista Iberoamericana de Ciencia, Tecnología y Sociedad CTS, 6(17). Consultado en mayo 2011, de www.revistacts.net/files/Volumen 6 – Número 17/babini_EDITADO_FINAL.pdf

Babini, D., González, J., López, F. Y., Medici, F. (2010) Construcción social de repositorios institucionales: el caso de un repositorio de América Latina y el Caribe, Información, Cultura y Sociedad 23, Consultado en mayo 2011, de
http://www.filo.uba.ar/contenidos/investigacion/institutos/inibi_nuevo/ICS23abs.htm#babini

Berlin Declaration on Open Access to Knowledge in the Sciences and Humanities (2003). Consultado en mayo 2011, de
http://oa.mpg.de/lang/en-uk/berlin-prozess/berliner-erklarung/

Bustos-González, A. y Fernández Porcel, A. (2007). Directrices para la creación de repositorios institucionales en universidades y organizaciones de educación superior. Alfa Network Babel Library. Consultado en mayo 2011, de
http://eprints.rclis.org/bitstream/10760/13512/1/Directrices_RI_Espa_ol.pdf

Casate, R. (2009) Principios, estrategias y fundamentos tecnológicos del Acceso Abierto. La Habana, Semana Mundial del Acceso Abierto. (Comunicación personal). 2009 emana

Castro, R. C. F. (2007) Visibilidad y accesibilidad de las revistas científicas: experiencia de la base de datos SciELO. Taller para Editores de Revistas Científicas de SciELO Costa Rica. San José, Costa Rica. Universidad de Costa Rica. Consultado en abril 2011, de www.latindex.ucr.ac.cr/docs/castro_visibilidad_CR.ppt

Civallero, E. Open Access: experiencias latinoamericanas. Universidad Nacional de Córdoba. Consultado en abril 2011, de
https://groups.google.com/

Declaración de Salvador sobre "Acceso Abierto" – La Perspectiva del Mundo en Desarrollo (2005). Consultado en mayo 2011, de
http://www.ops.org.bo/multimedia/cd/2008/SRI_1_2008/multimedia/documentos/6_dec_salvador-acce_abie.pdf

Garrido-Arenas, H. A. (2010). Propuesta de estructura para la estrategia de trabajo común – Proyecto Estrategia Regional y Marco de Interoperabilidad y Gestión para una Red Federada Latinoamericana de Repositorios Institucionales de Documentación Científica, Bogotá. Consultor Humbert Alexander Garrido Arenas. Consultado en mayo 2011, de
https://sites.google.com/site/bidclara/file-cabinet/Informe_1-IEstrategias_21Oct10.pdf?attredirects=0&d=1

Guédon, J.C. (2009, mayo-junio). It's a repository, it's a depository, it's an archive …: open access, digital collections and value, ARBOR Ciencia, Pensamiento y Cultura, CLXXV (737), 581-595. Consultado en mayo 2011, de
http://arbor.revistas.csic.es/index.php/arbor/article/view/315/316

Harnad, S. (2007). The Green Road to Open Access: A Leveraged Transition, The Culture of Periodicals from the Perspective of the Electronic Age, 99-105, L'Harmattan. Consultado en mayo 2011, de
http://eprints.ecs.soton.ac.uk/15753/

Morales Campos, E. & Martínez Arellano, F.F. (2011). Acceso abierto a la producción científica en humanidades y ciencias sociales en la Universidad Nacional Autónoma de México. Consultado el 2 de mayo 2012, de
http://conference.ifla.org/past/ifla77/104-campos-es.pdf

Patalano, M. (2005). Las publicaciones del campo científico: las revistas académicas de América Latina. Anales de documentación, 8, 226. Consultado en abril 2011, de
http://revistas.um.es/analesdoc/article/view/1451

Ranking Web de Repositorios del Mundo (2011). Consultado en mayo 2012, de
http://www.webometrics.info/top100_continent_es.asp?cont=latin_america

Romary, L. & Armbruster, C. (2009). Beyond Institutional Repositories. Disponible en SSRN. Consultado en mayo 2011, de http://ssrn.com/abstract=1425692

Tissera, M. R. (2008). Repositorios institucionales en bibliotecas académicas. Consultado en abril 2011, de
http://eprints.rclis.org/handle/10760/13064

UNESCO. (2011) Informe de la UNESCO sobre la ciencia 2010. El estado actual de la ciencia en el mundo. Resumen. Paris, UNESCO. Consultado en mayo 2012, de
http://unesdoc.unesco.org/images/0018/001898/189883s.pdf

World Social Science Report 2010. (2010) Paris, UNESCO. Consultado en abril 2011, de
http://unesdoc.unesco.org/images/0018/001883/188333e.pdf

PART 2 / PARTE 2

DIGITAL LIBRARY DEVELOPMENT IN CUBA / BIBLIOTECA DIGITAL DESARROLLO EN CUBA

The Societal Use of Technology in the Knowledge Society: the Cuban Experience

Iroel Sánchez
Office for Infomatics, Ministry of Informatics and Communications, Cuba

Today, the Internet is the leading tool for accessing information that supports the knowledge society. While it is undeniable that the global spread of information technologies and communication technologies (ICTs) have created new conditions for the emergence of knowledge societies, North-South inequalities in this area are seen in the fact that America and Europe, with a less than one-sixth of the world's population, have one-third of all users and more than three-quarters of the Internet infrastructure (Miniwatts, 2011). The Internet reflects the economic and social inequalities between North and South, and the cultural and linguistic hegemony exercised by rich countries to control cultural production. This is especially true for those who speak English, and especially U.S. citizens.

Any world ranking accessed through leading Internet media outlets reveals this situation more clearly than is possible within this article. Cuba has recognized that the knowledge and training of human resources is central to its development. From the literacy campaign implemented in 1961 until today, the Cuban government has identified innovation and knowledge as key parts of its social justice goals.

The Island has more than one million college graduates out of over 11 million people. It supports 200 investigative centers, 115 large research centers for technology, and has dedicated one percent of its GDP to science and technology development. This has resulted in the current ratio of 15 scientists and engineers per 10,000 inhabitants. In 2010 the International Telecommunications Union placed Cuba fourth in the world in skills using ICT, preceded only by Finland, Greece and South Korea (Parrilla, 2009).

A system of universal free education exists, which excludes no individual person for reasons of geography or physical limitations. It includes compulsory education through the ninth grade and is the basis for these results. In the case of ICT, this is accompanied by computer instruction from the early grades and a network of over 600 facilities known as Youth Computer and Electronics Clubs (Youth Clubs) covering all municipalities within the country. More than 200,000 people graduate from these facilities each year with education from various courses related to computer science. The 608 Youth Clubs provide services seven days a week for a total of 82 hours with over 9000 computers. During their existence, they have graduated more than two and a half million people in different courses. They provide a wide variety of classroom programs, on both free and proprietary platforms via in-person, blended and distance learning. Support services for people with disabilities include program design classes and methods to provide appropriate content and use of specific tools; as well as training for the staff of the Youth Club in sign language for communication. The Youth Clubs provide special attention to using enabling platforms, skills in open source applications, and they offer a wide variety of services such as computer time, access to domestic shipping, viewing digital library content, and access to banks of computer applications, as well as recreation.

The University of Informatic Sciences (UCI), which opened in 2001, established a new space for human resource training in the field of ICT for over 11,000 undergraduate students. The UCI joined with software engineers already engaged with other higher education institutions across the country. It has 2,500 teachers-specialists, a data network with 12,500 points, other network resources for teaching, and twelve channels of cable TV. UCI integrates training, production, and research. It can also be seen as an influence in democratizing the students who come from the island's 169 municipalities. The aim is to have the students return the benefits of their training by contributing to the further development of these technologies in their places of origin.

Although the development of technological infrastructure in Cuba is still low, with just over 783,000 computers in the country, one-third of this infrastructure is installed in sectors such as health, science, and education. The bulk of the nearly of 622,000 users working in these sectors reported having full Internet access. It is plain to see that in most cases, several people benefit from a single computer or access point. Given the limitations caused primarily by the restrictions imposed by the U.S. blockade against the island, Cuba has chosen to prioritize access to the Internet and provide social services that consume less bandwidth. With emphasis on email and access to scientific information, more than 1.7 million people use little more than 458 mbps in accounting for access to the network of networks (www.one.cu, 2012). In comparison to countries like Mexico, where fifty percent of 4,544 community colleges supported by the state do not have computers and sixty percent have no library, (Avilés, 2012) all of these institutions in Cuba have a community college library and laboratories for the educational use of computing.

Cuban access to the Internet relies on satellite time because the U.S. has prevented the use of the cables that pass near their coasts. There are plans for a marine cable to be laid between Venezuela and Cuba, but that does not automatically mean increased access. Cuba will need to implement a major investment in telecommunications infrastructure and increase internal bandwidth at a cost of about two thousand dollars per megabit to significantly increase service. It is not known whether the new access in Cuba will be provided at low cost or for free. Costs would be collected in currency that is not convertible into American dollars.

The Treasury Department of the United States, in addition to approving each channel that would be needed to increase Cuba's access to Internet, imposes restrictions on access to numerous services. Recently, the Uruguayan writer Eduardo Galeano encountered the vicissitudes of this policy on access to the Internet from a hotel in Havana. Despite being a guest of honor at a prestigious Cuban cultural institution, he described the response of "You want to enter from a forbidden country" in his attempt to visit several sites owned by U.S. companies from a machine located on the island (Escalona, 2012).

Under these conditions, Cuba has had to seek alternatives for their educational, cultural, and scientific use of the Internet. One of the ways that this has been addressed has been the development of Infomed, found at www. infomed.cu. Infomed is the largest Cuban network, with 16 Mbps of Internet access that serves more than 100,000 health professionals. The network seeks to answer the information needs and overcome information obstacles for Cuban doctors who are recognized for their excellence throughout the world. In December 2004, then President Fidel Castro announced the completion of a program to strengthen health services on the basis of the expansion of Internet access:

> Of the 444 existing polyclinics, almost all are now equipped with elec-trocardiographs, 396 have received for the first time ultrasound equipment with three transducers, and 115 have new X-ray equipment. Each of them will be equipped endoscopy service. Each account now has four computers and a library and 368 are connected to the Internet (Castro, 2005).

Two clear principles underline a commitment to improve healthcare: the massive scope of national action and the priority of placing people first. More than 40,000 Cuban health professionals are serving in poor countries in Asia, Africa and Latin America. In addition, thousands of young people from poor nations are working in Cuba. Using these networks and facilities in a supportive and non-consumptive manner provides many benefits in the social use of these technologies.

Another example of these social benefits is the development of the Cuban Collaborative Encyclopedia (EcuRed) which can be found at www.ecured.cu. This information resource, only in existence for a year and a half, has more than 86,000 articles and 12,000 registered contributors. EcuRed receives over one million visits per month. It is frequently used by individuals from Mexico, Spain, Colombia and Venezuela. EcuRed leverages the knowledge that exists in all parts of Cuba and has emerged as a Web 2.0 project. It is Cuban in origin, but its content is intended for a universality of topics with as broad a scope as possible. Cubans with email can assist in the collective construction of this resource from anywhere in Cuba. Individuals with email accounts ending in ".cu" can register with EcuRed and add content in accordance with a published editorial policy with an encyclopedic profile. This resource contributes to the body of knowledge and in the future, when technological conditions allow, it will be open to any Internet collaboration on the planet.

In coordination with over 600 Youth Clubs, libraries and museums existing in all municipalities have formed the basis for massive participation in creating the widest and most diverse possible content for this resource. In 2011 a course of fifteen classes broadcast nationally on television educated Cubans on how to create content in EcuRed. Information for the site can be edited on a laptop tool developed by a university in eastern Cuba, or in an off-line editor. Both of these tools facilitate access and participation to those individuals who do not have permanent access to the network. One of EcuRed's purposes is to ensure that all educational and cultural institutions, research centers, and polyclinics can play a role in managing content related to their sphere of activity. This will allow everyone not only be consumers of information published by others, but to participate in its construction, especially as it pertains to their interests, traditions, and training.

The mass of content and professional skills that Cuba has to provide is great. The challenge is to make the network function under its current conditions by taking advantage of the opportunities offered by a highly educated society where connectivity resources are below their potential. Its paradigm is the participation in the knowledge society, with humans as the main protagonists and beneficiaries of development.

References

Avilés, K. (2012, Febrero 17). Sin biblioteca ni computadoras, más de 50% de las prepas públicas: ASF. *La Journada Viernes,* p.2.

Castro, F. (2005, Julio 26) Discurso pronunciado por Fidel Castro Ruz, Presidente de la República de Cuba, en el acto central por el Aniversario 52 del asalto a los cuarteles Moncada y Carlos Manuel de Céspedes, en el teatro "Carlos Marx". Retrieved April 17, 2012 from www.cuba.cu/gobierno/discursos/2005/esp/f260705e.html

Escalona, Rafael González Galeano, E. (2012) Quiero ser prohibido come el país donde estoy. Noticias, Cultural, CubaDebate: Contra Terrorismo de Mediaticó. January 16. Retrieved April 17, 2012 from
www.cubadebate.cu/noticias/2012/01/16/eduardo-galeano-quiero-ser-prohibido-como-el-pais-donde-estoy/

Miniwatts Marketing Group. (2011). *Internet World Stats: Internet Users in the World by Geographic Regions.* Retrieved from
www.internetworldstats.com.

Parrilla, B. R. (2009). Speech by Cuban Foreign Minister at the Iberoamerican Summit in Estoril, Portugal. Retrieved April 17, 2012 from
www.granma.cu/espanol/2009/diciembre/mar1/la-inovacion.html.

El Uso Social de la Tecnología en la Sociedad del Conocimiento: la Experiencia Cubana

Iroel Sánchez
Oficina para la Informatización, Ministerio de la Informática y las Comunicaciones, Cuba

Internet es una herramienta que tiene hoy un rol protagónico en el acceso a la información que soporta la sociedad del conocimiento. Aunque es innegable que la difusión mundial de las tecnologías de la información y la comunicación (TIC) ha creado nuevas condiciones para el surgimiento de las sociedades del conocimiento, las desigualdades Norte-Sur en este terreno se expresan en el hecho de que Norteamérica y Europa, con un menos de un sexto de la población mundial, tienen un tercio de todos los usuarios y más de tres cuartos de la infraestructura de Internet (Miniwats, 2011). Internet refleja las desigualdades económicas y sociales entre los países del Norte y del Sur y la hegemonía cultural y lingüística que ejercen los países ricos mediante la que los angloparlantes, y especialmente los norteamericanos, controlan la producción cultural.

Cualquier ranking mundial de los medios de comunicación más consultados en Internet revela con más claridad que lo que pudiéramos exponer acá esa situación. Cuba, que ha colocado el conocimiento y la formación de sus recursos humanos como elemento central de su desarrollo desde que en 1961 realizara la Campaña de alfabetización, ha identificado a la innovación y el conocimiento como piezas clave de sus objetivos de justicia social.

La Isla cuenta con más de un millón de profesionales universitarios sobre once millones de habitantes, una infraestructura de más de 200 centros y áreas investigativas, tecnológicas y de innovación, de los cuales 115 son grandes centros de investigación, dedica el uno por ciento de su PIB a la ciencia y tecnología y cuenta con 15 científicos e ingenieros por cada 10 mil habitante. En el 2010 la Unión Internacional de Telecomunicaciones la ubicaba en el cuarto lugar mundial de habilidades para el uso de las TIC, sólo precedida por Finlandia, Grecia y Corea del Sur (Parrilla, 2009).

Un sistema de educación universal y gratuito, que no conoce la exclusión por razones geográficas ni limitaciones físicas y con enseñanza obligatoria hasta los nueve grados está en la base de esos resultados que en el caso de las TIC se acompaña de la enseñanza de la computación desde los primeros grados y una red de más de 600 instalaciones conocidas como Joven Club que abarca todos los municipios del país y gradúa cada año más de 200 000 personas en diferentes cursos relacionados con la Informática. Los 608 Joven Club de Computación y Electrónica prestan servicios los 7 días de la semana durante 82 horas desde más de 9000 Computadoras y han graduado a más de dos millones y medio de personas en diferentes cursos. Imparten una amplia diversidad de programas de clases, tanto en plataforma libre como propietaria y en modalidades presencial, semipresencial y a distancia. Incluyen servicios de superación de las personas con discapacidad, diseño de programas de clases y metodologías para impartir esos contenidos, así como el uso de herramientas específicas, capacitación al personal del Joven Club en lenguaje de señas para la comunicación. Los Joven Club prestan especial atención a la habilitación de competencias en plataformas y aplicaciones de código abierto, y ofrecen una amplia variedad de servicios como tiempo de máquina, acceso a la navegación nacional, consulta de contenidos de Bibliotecas Digitales, acceso a Bancos de Aplicaciones Informáticas, recreación.

La Universidad de las Ciencias Informáticas (UCI), inaugurada en 2001, constituyó un nuevo espacio para la formación de recursos humanos en el terreno de las TIC con más de 11000 estudiantes de pregrado. La UCI vino a sumarse a la formación de ingenieros informáticos que ya realizaban numerosos centros de educación superior de todo el país. Cuenta con 2500 profesores-especialistas, una Red de datos con 12500 puntos de red y otros recursos para la docencia como 12 canales de televisión por cable, e integra los procesos de formación, producción e investigación. Su sentido democratizador se expresa en que sus estudiantes proceden de los 169 municipios del país, con el objetivo de que a su regreso contribuyan a impulsar el desarrollo de estas tecnologías en sus lugares de procedencia.

Aunque el desarrollo de las infraestructuras tecnológicas en Cuba aún es bajo, de las poco más de 783 000 computadoras existentes en el país una tercera parte se encuentra instaladas en sectores sociales como la salud, la ciencia, y la educación y el grueso de los cerca de 622 000 usuarios que se informa cuenta con acceso pleno a Internet también trabaja en esos servicios; es obvio que estas cifran parten del hecho que desde un equipo o punto con acceso se benefician varias personas. Ante las limitaciones ocasionadas en lo fundamental por las restricciones impuestas por el bloqueo norteamericano a la Isla, Cuba ha optado por priorizar el acceso social a Internet y brindar servicios que consumen menos ancho de banda, como el correo electrónico o acceso a la información científica, a más de 1 700 000 personas, utilizando los poco más de 458 mbps con que cuenta para el acceso a la *red de redes* (www.one.cu, 2012). Cuando en países como México el 50% de los 4 544 institutos preuniversitarios atendidos por el estado en ese país no tiene computadoras y el 60% carece de biblioteca (Avilés, 2012), en Cuba todos los Institutos Preuniversitarios tienen biblioteca y laboratorios para el uso educativo de la computación.

Cuba accede hasta el momento a Internet vía satélite -porque EE.UU. le ha impedido servirse de los cables que pasan cerca de sus costas- pero cuando se ponga en operación el cable submarino que se ha tendido desde Venezuela, eso no significará que automáticamente se multipliquen sus posibilidades de acceso. Será necesario ejecutar importantes inversiones en la infraestructura interna de telecomunicaciones e incrementar el ancho de banda a un costo de cerca de dos mil dólares el megabit para aumentar de modo significativo un servicio que en Cuba se brinda en su mayoría gratuitamente o pudiera cobrarse en monedas que no son convertibles en dinero norteamericano.

El Departamento del Tesoro de los Estados Unidos, además de aprobar cada incremento del canal de acceso de Cuba a Internet, impone restricciones para acceder a numerosos servicios. Recientemente, el escritor uruguayo Eduardo Galeano contaba sus vicisitudes para acceder a Internet desde un hotel de La Habana, pesar de ser un invitado de honor de una prestigiosa institución cultural cubana, y describía la respuesta de *forbbiden country* (país prohibido) a su intento de visitar desde una computadora ubicada en la Isla varios sitios propiedad de empresas norteamericanas (Escalona, 2012).

En esas condiciones, Cuba ha debido buscar alternativas para su desarrollo educativo, cultural y científico. Un ejemplo es Infomed (www.infomed.sld.cu), la mayor red cubana, que cuenta con 16 Mbps de acceso a Internet para servir a más de cien mil profesionales de la salud y busca responder a las necesidades de información y superación de los médicos cubanos, reconocidos por su alto nivel en todo el mundo. En diciembre de 2004 el entonces presidente cubano Fidel Castro anunciaba la conclusión de un programa de fortalecimiento de los servicios de salud en la base que incluía la ampliación en ellos del acceso a Internet:

> De los 444 policlínicos existentes, casi la totalidad cuenta ya con electrocardiógrafos, 396 han recibido por primera vez equipos de ultrasonido con tres transductores y 115 cuentan con equipos nuevos de rayos x. En cada uno de ellos se instalará el servicio de endoscopia; cada uno cuenta en la actualidad con 4 computadoras y una biblioteca y 368 han sido ya conectados con *Internet* (Castro, 2005).

Dos principios se aprecian aquí con claridad: el alcance masivo y nacional de las acciones y la prioridad de colocar en primer lugar los beneficios a los seres humanos, en este caso para su salud. Cuando más de cuarenta mil profesionales de la salud cubanos prestan sus servicios en países pobres de Asia, África y América Latina y miles de jóvenes de naciones pobres se forman en Cuba, utilizando estas redes e instalaciones de una manera solidaria y no consumista, se benefician en su formación del uso social de estas tecnologías.

Otra experiencia es el desarrollo de la Enciclopedia Colaborativa Cubana, *EcuRed* (www.ecured.cu), una herramienta que a apenas un año y medio de salir a la luz cuenta ya con más de 86000 artículos y 12000 colaboradores registrados. *EcuRed* recibe más de un millón de visitas mensuales en su mayoría de países como México, España Colombia y Venezuela y aprovecha las capacidades de creación de conocimiento existentes en Cuba desde todos los territorios del país. *EcuRed* surge como un proyecto en la web 2.0. Es cubano en su origen, pero no en sus contenidos, pretende una universalidad de temas lo más amplia posible y se construye colectivamente desde cualquier lugar de Cuba. Aquel cubano que tenga un correo *.cu* se puede registrar en *EcuRed* y poner en ella los contenidos que, dentro de la política editorial publicada y con un perfil enciclopédico, se sienta en condiciones de aportar y en un futuro –cuando las condiciones tecnológicas lo permitan- abrirá la colaboración a cualquier internauta del planeta.

Las bibliotecas y museos existentes en todos los municipios del país han sido, en coordinación con los más de 600 Joven Club, la base para la participación masiva y desde abajo en la creación de contenidos de la más amplia diversidad. En el año 2011 un curso de quince clases transmitido nacionalmente por televisión propició la capacitación de los cubanos para crear contenidos en *EcuRed*. Soluciones como una *EcuRed* portátil, desarrolladas por una Universidad en el Oriente de Cuba, o un editor *off-line*, son alternativas para facilitar el acceso y la participación a quienes no disponen de acceso permanente a la red.

Uno los propósitos con *EcuRed* es que todas las instituciones educativas y culturales, así como los centros de investigación, los policlínicos, colaboren en gestionar contenidos relacionados con su esfera de actividad. No sólo ser consumidores de la información publicada por otros, sino participar en su construcción, sobre todo de aquella que atañe a sus intereses, tradiciones y formación.

Es mucho el contenido y la capacidad profesional que el país tiene disponible, el reto está en llevarlos a la red en las condiciones de Cuba, aprovechando las posibilidades que brinda una sociedad con una alta formación donde los recursos de conectividad están por debajo de las potencialidades. Su paradigma es la participación en la sociedad del conocimiento, con los seres humanos como principales protagonistas y beneficiarios de su desarrollo.

Referencias

Avilés, K. (2012, Febrero 17). Sin biblioteca ni computadoras, más de 50% de las prepas públicas: ASF. *La Journada Viernes,* p.2.

Castro, F. (2005, Julio 26) Discurso pronunciado por Fidel Castro Ruz, Presidente de la República de Cuba, en el acto central por el Aniversario 52 del asalto a los cuarteles Moncada y Carlos Manuel de Céspedes, en el teatro "Carlos Marx". Consultadas el 17 de abril de 2012
www.cuba.cu/gobierno/discursos/2005/esp/f260705e.html

Escalona, Rafael González Galeano, E. (16, January 2012). Quiero ser prohibido come el país donde estoy. Noticias, Cultural, CubaDebate: Contra Terrorismo de Mediaticó. Consultadas el 17 de abril de 2010
www.cubadebate.cu/noticias/2012/01/16/eduardo-galeano-quiero-ser-prohibido-como-el-pais-donde-estoy/
Miniwatts Marketing Group. (2011). *Internet World Stats: Internet Users in the World by Geographic Regions.* Consultado de www.InternetWorldStats.com
Parrilla, B. R. (2009). Speech by Cuban Foreign Minister at the Iberoamerican Summit in Estoril, Portugal. Consultadas el 17 de abril de 2012
www.granma.cu/espanol/2009/diciembre/mar1/la-inovacion.html

The Landscape of Open Access Journals in Cuba: the Strategy and Model for its Development

Ricardo Casate Fernández
Institute of Scientific and Technological Information (IDICT), Havana, Cuba
and
José Antonio Senso Ruiz
University of Granada: School of Communication and Documentation, Granada, Spain

Introduction

Access to scientific information constitutes an essential element in accelerating the implementation of new knowledge, fostering innovation, and contributing to the quality of research (European Commission, 2007; Houghton et al., 2009); as well as the performance of assessment studies supporting the implementation of policies related to science, technology, and innovation.

Scientific journals have been the most frequent channel used by the scientific and academic community for information release (SQW-Limited, 2003); but it must be born in mind that "the advances in information and communication technologies are adversely affecting the traditional models of scientific communication changing in a radical way the capacities of reproduction, distribution, control, and publication of the information" (Houghton, et. al., 2009).

In this regard, the changes experienced in the last few years by the system of scientific communication, with the emergence and rapid development of the open access initiative that promotes free access without barriers to the scientific knowledge, cannot be ignored (Gómez Dueñas, 2005; Melero, 2005).

Open access helps to increase the generation of new knowledge by facilitating on-line access to information. It represents a significant change from the qualitative and quantitative point of view in relation to the traditional model of scientific communication (Alonso, Subirats and Martínez Conder, 2008; Guédon, 2006; Harnad, 2003; Keefer, 2007; Weitzel, 2005; Yiotis, 2005). The strategies and interoperability model proposed by Open Access offer the possibility of using different routes and architectures for building services that contribute to a better organization and visibility of the content produced by the scientific and academic institutions of a territory or country.

One of these strategies (the gold road) deals with the publication in open access journals, referring to those publications that are available in Internet with no restrictions or barriers. These journals allow free on-line access to the full-text of published articles and do not require subscriptions or access fees. Rather, these journals look for other methods to cover their costs and do not use copyright to restrict access and use of published materials (Frandsen, 2009; Houghton, et. al., 2009; Melero, 2005).

A study developed in 2009, based on statistics provided by the Directory of Open Access Journals[1] (DOAJ), as well the regional portals of the open access journals SciELO[2] and Redalyc[3], concluded that Cuba was not exhibiting a favorable situation regarding the development of the gold road to open access due to the low presence of Cuban journals in these portals and directories (Casate Fernández, 2009).

A new project is aimed at increasing access and visibility of scientific and academic information generated by Cuban entities; from the development and implementation of a management model based on the principles, strategies and technological basics of Open Access. This project is coordinated by the Institute of Scientific and Technological Information[4] (IDICT), with the participation of principal actors related to the management of scientific and academic information, and is facilitated through the National System of Scientific and Technological Information[5] (SNICT).

The National Commission for the Development of Open Access was established on October 2009 by SNICT with the main task of coordinating and integrating the existing initiatives and preparing a national strategy for the development of the open access. This Commission consists of a steering committee and four task forces:

1. Digital Repositories
2. Open Access Journals
3. Policies
4. Technological Support

---

1   Directory of Open Access Journals: www.doaj.org.
2   Scientific Electronic Library On-line: www.scielo.org.
3   Scientific Information System and Scientific Journals Network from Latin America and the Caribbean, Spain and Portugal, http://redalyc.uaemex.mx.
4   Institute for Scientific and Technological Information, www.idict.cu.
5   The SNICT has been conceived as a group of related organizations actively interacting amongst themselves in the production and exchange of information goods and services. It consists of information branch systems belonging to State Central Administration Organisms (OACE, Spanish acronym) and to the State Organs (OE, Spanish acronym) integrating the Cuban economy structure.

As a result of the first working meetings of this Commission, it was found necessary to conduct a study in order to assess the conditions and existing capabilities for the development of two roads to open access.

This work will focus on an analysis of the gold road; the aim of which is to understand the state of development of open access journals in the country and to discover the capabilities and attitudes of journal editors in converting to open access.

The purpose of this study was to design a strategy to develop open access journals in the country and to propose the model and architecture for a National Portal of Open Access Journals.

Methodology Used for the Analysis

Research was carried out using a questionnaire as the main methodological tool. Statistical analysis and data processing was done using the IBM SPSS Statistics version 19 software.

Object of Study and Design of the Questionnaire

The content used for this analysis consisted of the journals certified as Scientific and Technological Publications based on the procedure established by the Ministry of Science, Technology and Environment (CITMA, 2003) and other journals which, without being certified, are included in main indexing systems, such as the databases of the *Institute for Scientific Information* (ISI) and Scopus.

In order to receive the Certificate of Scientific and Technological Publication, according to the above-mentioned regulation, the publication in question must meet the following requirements:

1. Registered in the National Registry of Serial Publications.
2. Devoting sixty per cent or more of every edition to the publication of original articles, and the rest to topics linked to the release of science and innovation.
3. Featuring up-to-date information and meeting internationally accepted presentation requirements for the publication of scientific or technological articles; such as regular publication, being indexed, and having permanent identification to mention a few. The above mentioned elements are assessed according to the characteristics and requirements of the specialty.
4. Being arbitrated by the corresponding publisher's team undergoing a rigorous method of selection of the works to be published by an editorial board using the peer review method or any other allowing a rigorous selection.

5. Complying with the frequency and regularity reported at the moment of registration at the National Registry of Serial Publications.
6. Keeping a circulation no lower than three hundred copies for the case of hardcopy publications and one year as a minimum on a web site, with ninety per cent of fulfillment for planned updating in the case of digital version.
7. Providing the Evaluation Commission with information allowing them to assess the impact of the editions, such as: databases in which it has been indexed, distribution channels, national and international exchange and others avenues considered as useful for the assessment in question.

On January 2010, the date of the study, there were 111 Cuban journals meeting at least one of these two requirements. The research was preformed using a questionnaire as the main tool.

The questionnaire was drafted based on the theoretical developments of open access journals and the research problem addressed. Likewise, the questionnaire developed by the Open Access to Science in Spain Research Group[6] was used as a reference in order to understand the publishing policies of the Spanish journals regarding access to their files, their copyrights and how these can affect their subsequent auto-filing in institutional or thematic repositories.

Questions (most of them structured) directed to obtain information about the following variables were included in the questionnaire:

1. Standardization and quality of the publishing processes.
2. Intellectual property policies.
3. Access and options for recovery of the released articles.
4. Interoperability and visibility of the released articles.
5. Capacities to become an open access journal.
6. Disposition and conditions to join to a National Portal of Open Access Journals.

Once prepared, the questionnaire was submitted for consideration by four experts in the subject matter (two Spanish, one Mexican, and one Cuban) and a preliminary test was performed with a sample consisting of nine journals. Based on those results, some adjustments were made to the initial proposal.

The questionnaire was sent to the same persons initially surveyed, who received it through direct delivery or by e-mail. The questionnaire was answered by 77 journals representing 69.4 % of the population.

---

6   Open Access to Science in Spain Research Group, www.accesoabierto.net.

Results of the Analysis on the Situation of Open Access Journals in Cuba

The following is an analysis of the main study results on the situation of open access journals in Cuba.

General Information and Characterization of the Journals

Table 4.1 demonstrates that 95.8 % of the journals answering the survey have been published for five years or more and that most of them were founded between 1990 and 1999; a period matching the Cuban economic crisis that adversely affected journal publication frequency in hardcopy. This fostered the emergence of new titles in electronic format. This is corroborated by data provided in Table 4.2, showing that 77.9 % of the journals have an on-line electronic version, which is an important requirement for open access journals.

Table 4.1. Lifetime of the journals (N=71)

		Frequency	Percentage	Valid Percentage	Cumulative Percentage
Publishing	Less than 5 years	3	3,9	4,2	4,2
	5 to 10 years	12	15,6	16,9	21,1
	11 to 20 years	24	31,2	33,8	54,9
	20 to 30 years	13	16,9	18,3	73,2
	31 to 40 years	6	7,8	8,5	81,7
	41 to 50 years	10	13,0	14,1	95,8
	More than 50 years	3	3,9	4,2	100,0
	Total	71	92,2	100,0	
Missing	0	6	7,8		
Total		**77**	**100,0**		

Table 4.2. Format and support of publication of the journals (N=77)

Characteristic	Frequency	Percentage	Valid percentage	Accumulated percentage
Print format only	16	20.8	20.8	20.8
On-line electronic format only	43	55.8	55.8	76.6
Print and electronic format on-line	17	22.1	22.1	98.7
Print and electronic format in CDROM	1	1.3	1.3	100.0
Total	**77**	**100.0**	**100.0**	

As for thematic coverage, Table 4.3 shows a predominance of Medical Sciences journals (33.8 %), followed by multidisciplinary journals (18.2 %) and Agricultural Sciences journals (10.4 %).

Table 4.3. Thematic coverage of the journals (N=76)

		Frequency	Percentage	Valid Percentage	Cumulative Percentage
Subject	Mathematics	1	1,3	1,3	1,3
	Physics	1	1,3	1,3	2,6
	Chemistry	2	2,6	2,6	5,3
	Life Sciences	2	2,6	2,6	7,9
	Earth and Space Science	2	2,6	2,6	10,5
	Agricultural Sciences	8	10,4	10,5	21,1
	Medical Sciences	26	33,8	34,2	55,3
	Technological Sciences	1	1,3	1,3	56,6
	Anthropology	1	1,3	1,3	57,9
	Law and Legal Sciences	1	1,3	1,3	59,2
	Linguistics	1	1,3	1,3	60,5
	Science of Arts and Letters	2	2,6	2,6	63,2
	Philosophy	1	1,3	1,3	64,5
	Multidisciplinary Social Sciences and Humanities	7	9,1	9,2	73,7
	Multidisciplinary Natural Sciences	2	2,6	2,6	76,3

(continued)

	Frequency	Percentage	Valid Percentage	Cumulative Percentage
Multidisciplinary	14	18,2	18,4	94,7
Information Science	3	3,9	3,9	98,7
Nuclear Science and Technology	1	1,3	1,3	100,0
Total	76	98,7	100,0	
Missing 0	1	1,3		
Total	**77**	**100,0**		

Standardization and Quality of the Publishing Process

This variable was included in the study because all of the scientific journals (open access or not) must meet standardization and publishing quality criteria established for scientific communication.

All journals in this study have defined the roles and responsibilities of the members of their respective editorial committees, and 97.4 % of them include instructions to authors for the presentation of their work. As shown in Table 4.4, most of the journals include instructions to the authors, such as: form of presentation, structure and length of contributions (97.3 %), norms and styles for quotations and bibliographical references (94.6 %) and type of contributions accepted (77.0 %). All journals should incorporate these elements in their instructions to the authors.

Table 4.4. Instructions to authors (N=74)

	N	Frequency	Percentage
Types of Contributions	74	57	77,0
Form of presentation, structure and extent of contribution	74	72	97,3
Standards and styles for citations and references	74	79	94,6

As for the evaluation of article submissions, 15 journals (19.5 %) replied they do not count on a procedure to describe the phases and instructions to be followed in the review process. Only 68 (89.5 %) always perform a peer review of the original articles (see Table 4.5). Journals not performing this type of review will have to work in order to assure that all of the original articles are subjected to a peer review, since this is a compulsory requirement for scientific journals and it is also indispensable to join Redalyc, SciELO, and many other portals and databases.

Table 4.5. Peer review of original articles (N=76)

		Frequency	Percentage	Valid Percentage	Cumultive Percentage
Variable	Always	68	88,3	89,5	89,5
	Occasionally	7	9,1	9,2	98,7
	Never	1	1,3	1,3	100,0
	Total	76	98,7	100,0	
Missing	0	1	1,3		
Total		77	100,0		

Twenty-six (35.1 %) of the 74 journals responded "no" to the question about the use of 'some methodology' for evaluating compliance with required quality standards for scientific publications. The two evaluation models used most often include regulations about the certification system for scientific and technological serial publications of CITMA, and one developed by the Medical Sciences Publishing House.

It is recommended that all journals incorporate a system allowing them to systematically evaluate quality standards and adopt the methodology used by indexing systems. It is important to understand the Redalyc Methodology for journal evaluation, which includes 39 quantitative criteria distributed in two modules: A – Basic admission criteria and B- General criteria for publishing quality. This methodology also proposes a module of publishing criteria which, although it is not scored, is fundamental for the consolidation of any scientific publication.[7]

Access to Released Articles and Economic Model to Recover the Costs of the Publishing Process and Journals Edition

As shown in Table 4.6 (see p. 97), only 11 journals (12.5 % of the answers) are distributed exclusively by subscription. The rest offer some route of free access to the articles published. Most of them (56.63 %) allow immediate, free unrestricted access.

---

7   Redalyc Methodoly for Journals Assessment: www.redalyc.org/media/principal/proyecto/metvalref.html

Table 4.6. Methods to access to full text of articles published by journals

		N	Replies Percentage	Percentage of Cases
Ways to access full-text	Restricted access, subscription only	11	12,5%	14,9%
	Online access with 6 to 12 month embargo	2	2,3%	2,7%
	Free access to online, print by subscription	12	13,6%	16,2%
	Free access to developing countries	7	8,0%	9,5%
	Free access to all issues without restrictions	56	63,6%	75,7%
Total		**88**	**100,0%**	**118,9%**

a. Grouping of dichoctomies Tabulated value 1.

Six out of the eleven journals based on the subscription model offer some form of free access to their published articles.

In accordance with these results, most of the Cuban journals meet the requirement for a journal to be open access. This is possible thanks to the financial support given by the State of Cuba to scientific journals. This is shown in Table 4.7.

Table 4.7. Ways to recover the costs of the editorial process and publication of journals (N=92)

		N	Replies Percentage	Percentage of Cases
Method of Cost Recovery	Income generated by subscriptions	18	19,6%	24,7%
	Payment for access and/or rerints of some articles	1	1,1%	1,4%
	Advertising revenue	1	1,1%	1,4%
	Payments made by authors, their institutions and/or sponsors	1	1,1%	1,4%
	Payments through membership in professional associations	3	3,3%	4,1%
	Public or state funding	62	67,4%	84,9%
	Other economic models	6	6,5%	8,2%
Total		**92**	**100,0%**	**126,0%**

a. Grouping dichotomies Tabulated value 1

When asked about the incorporation of journals into scientific publication portals, only 41 (53.2 %) answered yes. The portals into which the Cuban journals
are incorporated are shown in Table 4.8. The SciELO Portal Cuba[8] has the
most journals; but these only represent 42.1% of the cases. Therefore, it is possible to conclude that Cuban journals are not profiting from these portals by
increasing their visibility and that they should develop a strategy to allow them
to increase their presence in the two largest open access portals journals in the
region: SciELO and Redalyc.

Table 4.8. Portals of scientific publications into which Cuban journals are incorporated

Journal portals [a]	Answers		
	N°	Percentage	Percentage of cases
SciELO portal, Cuba	16	35.6 %	42.1 %
Health Virtual library of Cuba	13	28.9 %	34.2 %
CUBARTE	1	2.2 %	2.6 %
CIAT Colombia	1	2.2 %	2.6 %
DIALNET	2	4.4 %	5.3 %
FAO	2	4.4 %	5.3 %
REDIRIS	1	2.2 %	2.6 %
Portal of Ministry of Higher Education journals	4	8.9 %	10.5 %
Universia	1	2.2 %	2.6 %
Cuban Science Network	2	4.4 %	5.3 %
CLACSO	1	2.2 %	2.6 %
Redalyc	1	2.2 %	2.6 %
Total	**45**	**100.0 %**	**118.4 %**

a. Group of dichotomies. Value 1 tabulated.

Policies of Intellectual Property

The study looked at two aspects of intellectual property policies of these
journals: the control of exploitation rights of released works and reader usage.

This is where the most difficulties were found. As shown in Table 4.9, 12
(16.2 %) journals reported no policy in relation to exploitation rights of the re-

8   SciELO Cuba is a digital library including a selected collection of Cuban scientific journals
    covering all fields of knowledge: http://scielo.sld.cu

leased articles and 10 (13.9 %) do not have a definite policy in relation to the use of the published articles by readers.

Table 4.9. Copyright control of the released articles

		Frequency	Percentage	Valid Percentage	Cumulative Percentage
Variable	Author gives EXCLUSIVE RIGHTS to publisher and is not allowed to publish material in other places	25	32,5	33,8	33,8
	Author gives EXCLUSIVE RIGHTS to publisher; can receive permission to distribute copies of the work	25	32,5	33,8	67,6
	Author does not assign EXCLUSIVE RIGHTS to publisher and may publish work elsewhere under certain conditions	5	6,5	6,8	74,3
	Author does not assign rights to publisher and is free to publish work elsewhere without conditions	7	9,1	9,5	83,8
	No defined control of copyright by publisher	12	15,6	16,2	100,0
	Total	74	96,1	100,0	
Missing	0	3	3,9		
Total		**77**	**100,0**		

Of the respondents, 25 journals ask that the author transfer exclusive rights and do not allow them to distribute copies of their work through other sites. This is a barrier for auto archiving these articles into open access digital repositories. An equivalent number of journals ask the author to transfer exclusive rights, but allows them to distribute copies of their work through other sites with permission of the journal.

Only 12 journals (16.3 %) reported having policies to control exploitation rights favorable to the open access principles, stating that the author transfers his rights with no exclusive rights to the journal and that copies of his work can be distributed through other sites, without asking the journal for permission; but subject to certain conditions (5 journals) or that the author transfers the journal his rights without exclusive rights and that copies of his work can be distributed through other sites, unconditionally, and without asking the journal for permission (7 journals). The condition most demanded is to make reference to the original source where the article was published.

Table 4.10. Licensing restrictions on use of published materials. Permissions related to reader's use of materials

		Frequency	Percentage	Valid Percentage	Cumulative Percentage
Variable	Articles are published with ALL RIGHTS RESERVED	11	14,3	15,3	15,3
	Licensed publication with specific rights for end-users	4	5,2	5,6	20,8
	Public domain publications	47	61,0	65,3	86,1
	No defined policy regarding use of the journal by end-user	10	13,0	13,9	100,0
	Total	72	93,5	100,0	
Missing	0	5	6,5		
Total		**77**	**100,0**		

Regarding the rights of use offered by the journals to its readers (see Table 4.10.), 11 journals (15.3 %) publish their articles with all rights reserved and only 4 (5.6 %) use a license that allows the final user different possibilities for using the content. This is recommended for an open access journal. Some 65.3 % (47 journals) answered that the articles they publish are public domain; nevertheless, when some of these web sites were visited in order to confirm the implementation of this policy, it was found that in most of the cases they do not offer any information in this sense and it should be understood that the content is published with all rights reserved.

This study proves that there is insufficient knowledge of intellectual property and copyright by journal editors. It is recommended that there be a program to educate journal editors on good practices in the field of intellectual property policies for open access journals.

Capacities for the Conversion into Open Access Journals

This section of the questionnaire asked journal editorial teams to conduct self-evaluations about their capabilities with regards to several attributes considered important for an open access journal (skills and infrastructure).

Table 4.11. Capacities of Cuban journals to become open access journals

Capacities		Very bad	Bad	Regular	Good	Very good
Financing or business model allowing to cover the costs (N = 61)	Inventory % of the N of the sub-table	6 9.8 %	7 11.5 %	7 11.5 %	20 32.8 %	21 34.4 %
Skills in standardization and publishing quality (N = 69)	Inventory % of the N of the sub-table	0 0 %	1 1.4 %	7 10.1 %	37 53.6 %	24 34.8 %
Knowledge of policies of intellectual property favorable to the open access (N = 69)	Inventory % of the N of the sub-table	3 4.3 %	6 8.7 %	21 30.4 %	20 29.0 %	19 27.5 %
Programming and/or assimilation of a system for journal on-line publication (N = 69)	Inventory % of the N of the sub-table	2 2.9 %	6 8.7 %	10 14.5 %	29 42.0 %	22 31.9 %
Technological infrastructure (N = 68)	Inventory % of the N of the sub-table	3 4.4 %	12 17.6 %	16 23.5 %	18 26.5 %	19 27.9 %
Connectivity and access to Internet (N = 68)	Inventory % of the N of the sub-table	4 5.9 %	10 14.7 %	19 27.9 %	19 27.9 %	16 23.5 %
Hosting of the web site of journal electronic version (N = 63)	Inventory % of the N of the sub-table	6 9.5 %	6 9.5 %	11 17.5 %	22 34.9 %	18 28.6 %

The results shown in Table 4.11 prove weaknesses in most of the elements assessed and those presenting the biggest difficulties are related to the following aspects:

1. Knowledge of intellectual property policies favorable to open access (33 answers ranging between regular and very bad).
2. Connectivity and access to Internet (33 answers between regular and very bad).
3. Technological infrastructure (31 answers between regular and very bad).
4. Hosting the journal web site for electronic versions (23 answers between regular and very bad).
5. Financing or business model covering the costs (20 answers between regular and very bad).
6. Programming and/or assimilation of a system for the on-line publication of the journal (18 answers between regular and very bad).

This reaffirms the need for a program of support to the publishers in these topics.

The following aspects, upon which it would be necessary to focus in order of priority, are related to questions associated with the availability and access to information and communication technologies. It is important that institutions and organizations publishing journals provide their editorial staff with the necessary technology in order to enhance their publishing process, as well as provide facilities for Internet access, bearing in mind that the open access journals should have an electronic version on-line. Likewise, it would be advisable to provide scientific journals with hosting services in data centers so as to guarantee their access and visibility.

It is worth noting that even though most of Cuban journals are sponsored and financed by the State, which allows them to provide immediate and free access to published articles, we received 20 answers (32.8 %) qualifying their capabilities in relation to the business and financing model between regular and bad. This suggests that editors must acquire the knowledge necessary to understand and assess the possibility of using other financing models, and to develop strategies aimed at reducing the costs of editorial processes and publishing through the use of electronic publication management systems. This is facilitated by the availability of several open source code platforms specifically designed for editorial management and journals publishing such as Open Journal Systems[9], DPubS[10], Hyperjournal[11] and SOPS[12].

Finally, the study demonstrates a weakness in the standardization and quality of the editorial process despite the opinion of editorial staffs to the contrary. Maybe this perception of the editors is determined by their misunderstanding of the standardization and quality requirements demanded by scientific journal editorial processes and therefore this matter should be given the necessary attention.

Disposition and Conditions to Join the National Portal of Open Access Journals

This part of the questionnaire was aimed at gauging the opinion of editorial staffs in incorporating their journals into the National Portal of Open Access Journals as well as their ability to meet the conditions which would be required

9   OJS: Open Journal Systems is a free of charge system for journals and electronic publications management developed by Public Knowledge Project (PKP, http://pkp.sfu.ca) and provided under and open code license known as GNU GPL.
10   DPubS has been developed by Cornell University: http://dpubs.org.
11   Hyperjournal has been developed by a Pisa University task force: www.hjournal.org/.
12   The SOPS has been developed by the Ljubljana University of Slovenia, www.scix.net/sops.htm.

to join. It was also intended to analyze different alternatives for the incorporation of journal contents into the portal based on the specific situation of every journal. This will help provide a suitable design for the model and technological architecture of the portal.

As shown in Table 4.12, most of the editors (97.3 %) showed interest in incorporating their journals to the National Portal of Open Access Journals. Only two (2.7 %) answered they were not sure on this matter. These results prove that there is a need for the above mentioned initiative.

Table 4.12. Willingness and interest of publishers to add their jounals to a National Portal of Open Access Journals

		Frequency	Percentage	Valid Percentage	Cumulative Percentage
Variable	Yes	73	94,8	97,3	97,3
	Not Sure	2	2,6	2,7	100,0
	Total	75	97,4	100,0	
Missing	0	2	2,6		
Total		**77**	**100,0**		

When analyzing the interest and ability to fulfill the conditions established as requirements for the incorporation of journals to the National Portal of Open Access Journals, it was shown that there it should not be difficult for all of these journals to fulfill the certification procedure as scientific and technological publications (see Table 4.13, p. 104). Nevertheless, several journals said that they were facing difficulties meeting the remaining requirements.

Journals with the most flexible licenses for end-use seem to face the greatest difficulties. A total of 23 journals (34.9 %) answered they could not meet this requirement in less than a one year period. This demonstrates, once again, that there is a need for a program to educate journals about this topic.

It was also shown that 9 journals (12.5 %) need support in order to have an on-line version providing free access to the complete text of articles.

Table 4.13. Disposition to meet the requirements established for the incorporation of journals to the National Portal of Open Access Journals

Requirements		It meets this require- ment	At present it does not meet this require- ment; but it can do it in less than a year	It cannot meet this require- ment in less than a year	I am not sure of being able to meet this require- ment
Being certified as Scientific Publication (N = 73)	Inventory % of the N of the sub-table	72 97.3 %	2 2.7 %	0 .0 %	0 .0 %
Online version of the journal offering free access to the com- plete text of the arti- cles (N = 72)	Inventory % of the N of the sub-table	55 76.4 %	8 11.1 %	5 6.9 %	4 5.6 %
Allow auto filing (N = 67)	Inventory % of the N of the sub-table	49 73.1 %	8 11.9 %	2 3.0 %	8 11.9 %
Publishing the articles under licenses allow- ing the final user to make different uses of the articles (N = 66)	Inventory % of the N of of the sub- table	27 40.9 %	16 24.2 %	4 6.1 %	19 28.8 %

Finally, the use of alternative techniques to incorporate journals into the portal was also assessed. These proposals were based on the technological architecture of Open Archives (Barrueco and Coll, 2003; Carpenter, 2003), consisting of the harvesting of metadata from the articles published by the journals by means of the OAI-PMH protocol (Protocol for Metadata Harvesting) and their reuse for the development of a meta-searcher and other value added services.

The results in Table 4.14 show that 22 journals (32.4 %) report using an on-line version as a data provider (using the OAI-PMH protocol); therefore, the metadata of their articles could be harvested through the OAI-PMH. In addition, another 18 journals (26.5 %) possess an on-line version not considered as a data provider (they do not use the OAI-PMH protocol); but they are ready to migrate to an interoperable platform (using the OAI-PMH protocol) if they are provided with the required support.

Only one journal (1.5 %) reported possessing an on-line version that is not a data provider and not prepared to migrate to an interoperable platform. However, it claimed to be ready to incorporate the metadata of its published articles to a metadata repository.

Table 4.14. Incorporation of journals to the National Portal of Open access journals (N = 68)

		Frequency	Percentage	Valid Percentage	Cumulative Percentage
Formats of journals considered for incorporation in the National Portal Journals to Open Access					
Variable	Journal has an oline version and provides metadata	22	28,6	32,4	32,4
	Journal has an oline version but not a data provider, ready to migrate if provided support	18	23,4	26,5	58,8
	Journal has online version which does not provide metadata, but might be ready to do so.	1	1,3	1,5	60,3
	Journal does not have an online version, but is willing to implement one using an interoperable platform if offered the required support	8	10,4	11,8	72,1
	Journal editors unsure of what best fits in their case	19	24,7	27,9	100,0
	Total	68	88,3	100,0	
Missing	0	9	11,7		
Total		**77**	**100,0**		

Another 19 journals (27.9 %) stated that they did not to know which of the proposed alternatives better fits their situation. Therefore, these cases require further study in order to define the best variant to be used.

According to these results it is possible that, in the short term, the metadata from the articles published by 70.7 % of the journals answering the survey can be harvested by using the OAI-PMH protocol. This requires the implementation of a support program for journals in order to develop an on-line version, or to migrate to an interoperable publications management system (compatible with OAI-PMH) such as the OJS. The journals that are unsure about the appropriate alternative could join one of these programs.

Strategy for the Development of the Open Access Golden Road in Cuba

Based on the results of this study, it is possible to propose a strategy for the development of an open access golden road in Cuba. The solutions will be focused on overcoming the difficulties found in this study and increasing the capabilities of Cuban scientific journals to convert to open access.

The strategy includes the following actions:

1. Programs on the importance and benefits of open access; including talks, lectures and seminars oriented to directors, editors, researchers and officials linked to science evaluation and scientific policymaking. As part of this program, from 2010 on, several activities have been carried out in the country during the Open Access World Week. Likewise, open access has been included among the topics addressed both in national and international events organized by Cuba such as the National Library Day[13] and the International Information Congress, INFO[14], which have served to disseminate these findings and exchange views on initiatives and good practices developed in other countries (mainly in the Ibero-American region).
2. Programs and support to enhance the capabilities of journal editorial staffs certified as scientific and technical publications to convert to open access journals. This programming includes the creation of Web hosting services and a variety of consulting actions (courses, workshops, training, advisory and consulting services) on aspects such as:
   a. Intellectual property policies favorable to the open access principles.
   b. Business models to recover the costs of open access journals.
   c. Development of on-line versions of the journals using an interoperable electronic publications management system such as OJS.
3. Programs to improve the publishing quality of scientific journals aimed at increasing their visibility and impact in scientific communication. For the development of this program we have had the cooperation of Redalyc Scientific Information System from the Autonomous University of Mexico (UAEM, Spanish acronym) through the project known as Mexico – Cuba Bilateral Cooperation for the Improvement of Scientific Editorial Process, approved as part of the scientific and technological cooperation agreement between the Science and Technology National

---

13   National Library Day, http://jnb.idict.cu.
14   International Information Congress, INFO: www.congreso-info.cu.

Council of Mexico (CONACYT) and the Ministry of Science, Technology and Environment of Cuba (CITMA).

4. Improvement of the national system for journal certification as the base
for the development of a Cuban journals index.

Proposal of the Model and Architecture for the Development of the National Portal of Open Access Journals

The results of this study prove that there is a need and an ability to develop the
National Portal of Open Access Journals.

Although the initial idea was only based on metadata harvesting so that the
articles published by journals would not be filed in the portal (offering instead a
linkage to access to the articles published in the web site of the journal); the
model shown in Figure 4.1 proposes archiving a copy of the fulltext articles in
the portal.

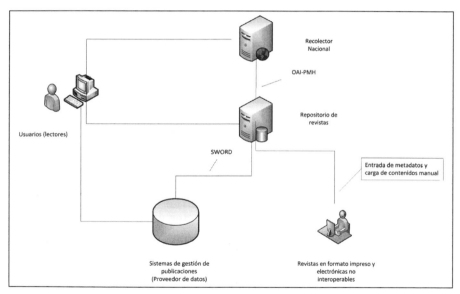

Figure 4.1. Proposal of model and technological architecture for the National Portal of Open
Access

This modification to the initial proposal was based on the following aspects:

1. In this way, access to the articles published by journals publishing only
in hardcopy format is guaranteed.
2. The project developed in cooperation with Redalyc has proved to be
unstable in relation to the visibility of the web sites of many journals.

Thus, this way would guarantee continuous accessibility to the articles published by these journals, even if they are temporarily off line.

3. This solution constitutes an alternative to the preservation of national scientific knowledge production.
4. The metadata can be enriched and standardized and this would allow for other services, such as the development of bibliometric indicators.

The proposed model provides two ways of incorporating the contents of the journals into the portal:

1. Automated transference of the metadata and of the files of the articles to the portal by means of the SWORD protocol (Lewis, de Castro, and Jones, 2012). This would only be possible if the journal uses interoperable systems of publication management, such as the OJS, which already has built-in support for deposit through the SWORD protocol.
2. Entry of metadata and manual load of the article files by the publishers. This would be a variant used by those journals who only publish in hard copy or whose on-line version is not interoperable (not SWORD compatible).

The portal would not only provide access to published articles, but it would also generate other services based on the bibliometric indicators thanks to the standardization and enrichment of metadata. At the same time, it would perform the function of a data provider by contributing harvested metadata via OAI-PMH through a national collector and other international service providers.

The incorporation of the journals to the portal would occur through a selection process based on the following requirements:

1. The journal must volunteer to be incorporated.
2. The journal must be certified as a scientific publication by the certification mechanism existing in Cuba.
3. The journal should allow for immediate and free access to the complete text of published articles, even if it lacks an on-line version.
4. The journal should have an intellectual property policy favorable to open access, both in matters related to the control of exploitation rights and in relation to the uses allowed to readers.

Conclusions

This study allowed the National Commission for the Development of Open Access to gain a better understanding of the situation of open access journals in the country and to recognize both the capabilities and attitudes of scientific journals in their decision to convert to open access publishing.

It was shown that, specifically in the case of Cuba, it is not difficult to finance the editorial and publication process; an aspect which constitutes an important barrier for the development of an open access strategy. Some 67.4 % of Cuban journals are sponsored or financed by the State, making it possible that a large number of journals (56) provide free access to their published articles.

Finally, there is a clear need for all journals to submit original articles to peer review before publication and to implement a system that allows them to systematically evaluate the quality standards of their editorial process. It is recommended that they adopt the evaluation methods used by indexing systems.

Journal editors indicate that the biggest handicaps they face in the conversion to open access include: an insufficient knowledge of how to implement intellectual property policies, limitations related to technological infrastructure capable of supporting the editorial processes, connectivity and access to the Internet, and the electronic journal hosting services.

There is insufficient knowledge of matters related to intellectual property. This suggests that there is a need to develop a program to support and advise editors on good practices and standards in intellectual property policies for open access.

The study shows that the proposal to develop a National Portal of Open Access Journals is welcomed by the majority (97.3 %) of journals; although some of them reported difficulties in meeting some of the requirements for incorporation into the portal. These include problems with intellectual property rights, automatic filing, and publishing on-line versions of the journal that provide free access to the complete text of articles.

Cuban journals do not profit from their incorporation into international journal portals. Therefore, a strategy allowing these journals to increase their presence in the above mentioned portals, particularly in the two largest portals of the region (SciELO and Redalyc) is important.

The research also found that the interoperable model of metadata harvesting proposed for the development of the National Portal of Open Access Journals is feasible. The final proposal was modified in response to the development of the SWORD protocol and the possibility of using it in the OJS system of publications management. Therefore, the portal would also be a repository providing access to articles published by all of the journals, whether or not they have an on-line version, and would contribute to the preservation of the national scientific production in the Cuban journals.

Finally, the study helped begin the process of implementing a strategy for the development of the open access gold road in the country; with a primary focus of overcoming the difficulties found in enhancing the capability of Cuban scientific journals to convert to open access.

References

Alonso, J., Subirats, I., and Martínez Conde, M.L. (2008). Informe APEI sobre acceso abierto. Retrieved November 22, 2008 from http://eprints.rclis.org/15107/1/informeapeiaccesoabierto.pdf.

Barrueco, J. M., & Coll, I. S. (2003). Open archives initiative. Protocol for metadata harvesting (OAI-PMH): descripción, funciones y aplicaciones de un protocolo. *El Profesional de la Información, 12*(2), 99.

Carpenter, L. (2003). *OAI for Beginners – the Open Archives Forum online tutorial.* Retrieved January 11, 2009, from www.oaforum.org/tutorial/index.php.

Casate-Fernández, R. (2009). *Propuesta de perfeccionamiento de los servicios de la Red Cubana de la Ciencia en correspondencia con los principios y fundamentos tecnológicos del Acceso Abierto.* Informe de Investigación Tutelada, Doctorado en Documentación e Información Científica. Universidad de Granada-Universidad de la Habana. La Habana.

European Commission. (2007). Scientific information in the digital age: ensuring current and future access for research and innovation. Retrieved April 26, 2007, from www.europa.eu/rapid/pressReleasesAction.do?reference=IP/07/190&format=PDF&aged=0&language=EN&guiLanguage=en.

Frandsen, T. F. (2009). The integration of open access journals in the scholarly communication system: three science fields. *Information Processing and Management, 45*(1), 131-141. doi: 10.1016/j.ipm.2008.06.001.

Gómez Dueñas, L. F. (2005). La Iniciativa de Archivos Abiertos (OAI): Un nuevo paradigma en la comunicación científica y el intercambio de información. *Códice, 2*(1), 21-48.

Harnad, S. (2003). The research-impact cycle. *Information Services & Use, 23*(2/3), 139-142.

Houghton, J., Rasmussen, B., Sheehan, P., Oppenheim, C., Morris, A., Creaser, C. Gourlay, A. (2009). Economic implications of alternative scholarly publishing models: exploring the costs and benefits. JISC EI-ASPM Project. A report to the Joint Information Systems Committee (JISC). London : JISC.

Keefer, A. (2007). Los repositorios digitales universitarios y los autores. *Anales de Documentación,* (10), 205-214. Retrieved June 23, 2007 from www.um.es/fccd/anales/ad10/ad1011.pdf.

Lewis, S., de Castro, P., & Jones, R. (2012). SWORD: facilitating deposit scenarios. *D-Lib Magazine,* (18), 1-2. Retrieved May 28, 2012 from http://dx.doi.org/10.1045/january2012-lewis.

Melero, R. (2005). Acceso abierto a las publicaciones científicas: definición, recursos, copyright e impacto. *El Profesional de la Información, 14*(4), 255-266.

Resolución No. 53. Reglamento sobre el sistema de certificación de publicaciones seriadas científico-tecnológicas (2003).

SQW-Limited. (2003). *Economic analysis of scientific research publishing. A report commissioned by the Wellcome Trust*. London: The Wellcome Trust. Retrieved June 23, 2007 from
www.wellcome.ac.uk/stellent/groups/corporatesite/@policy_communications/documents/web_document/wtd003182.pdf.

Weitzel, S. R. (2005). *Iniciativa de arquivos abertos como nova forma de comunicação científica*. Paper presented at the III Seminário Internacional Latino-Americano de Pesquisa em Comunicação, São Paulo. Retrieved July 7, 2007 from
http://eprints.rclis.org/archive/00004186/01/Simoneoai.pdf.

Yiotis, K. (2005). The Open Access Initiative: A New Paradigm for Scholarly Communications. *Information Technology & Libraries, 24*(4), 157-162.

El Panorama de las Revistas de Acceso Abierto en Cuba: Estrategia y Modelo para su Desarrollo

Ricardo Casate Fernández
Instituto de Información Científica y Tecnológica (IDICT), La Habana, Cuba
y
José Antonio Senso Ruiz
Universidad de Granada: Facultad de Comunicación y Documentación, Granada, España

Introducción

El acceso a los resultados de la ciencia constituye un elemento esencial para acelerar la aplicación de los nuevos conocimientos generados, impulsar la innovación y contribuir a la calidad de la investigación (European Commission, 2007; Houghton et al., 2009); así como para la realización de estudios de evaluación de la ciencia que apoyen la elaboración de políticas en ciencia, tecnología e innovación.

Las revistas científicas han constituido el canal más empleado por la comunidad científica y académica para la comunicación de sus resultados (SQW-Limited, 2003); pero debe tenerse en cuenta que "los avances en las tecnologías de la información y la comunicación están afectando los modelos tradicionales de comunicación científica, cambiando de forma radical las capacidades de reproducción, distribución, control, y publicación de la información" (Houghton, et. al., 2009).

En este sentido no se pueden obviar los cambios experimentados en los últimos años en el sistema de comunicación científica, con el surgimiento y rápido desarrollo del Acceso Abierto, iniciativa que promueve el acceso gratuito y sin barreras al conocimiento científico (Gómez Dueñas, 2005; Melero, 2005).

El Acceso Abierto contribuye a incrementar el ciclo de generación de nuevos conocimientos, al facilitar el acceso en línea a la información y representa un cambio notorio, desde el punto de vista cualitativo y cuantitativo, con respecto al modelo tradicional de comunicación científica (Alonso, Subirats and Martínez Conder, 2008; Guédon, 2006; Harnad, 2003; Keefer, 2007; Weitzel, 2005; Yiotis, 2005). Las estrategias y el modelo de interoperabilidad que propone ofrecen la posibilidad de utilizar diferentes vías y arquitecturas para construir servicios que propicien una mejor organización y visibilidad de los contenidos producidos por las instituciones científicas y académicas de un territorio o país.

Una de estas estrategias (la vía dorada) consiste en la publicación en revistas de acceso abierto, refiriéndose a aquellas publicaciones que están disponibles en Internet si ninguna restricción o barrera. Estas revistas permiten el acceso en línea de manera gratuita al texto completo de los artículos que publican, no cobran derechos de suscripción o acceso, sino que buscan otros métodos para cubrir sus costos y no utilizan el *copyright* para restringir el acceso y uso de los materiales que publican (Frandsen, 2009; Houghton, et. al., 2009; Melero, 2005).

En un estudio desarrollado en el año 2009, basado en las estadísticas ofrecidas por el Directorio de Revistas de Acceso Abierto[1] (DOAJ), así como por los portales regionales de revistas de acceso abierto SciELO[2] y Redalyc[3], se valoró que Cuba no mostraba una situación favorable en cuanto el desarrollo de la ruta dorada del acceso abierto debido a la baja presencia de revistas cubanas en estos portales y directorios (Casate Fernández, 2009).

A partir de ese momento se inició un proyecto con el objetivo de incrementar el acceso y la visibilidad de los contenidos científicos y académicos generados por las entidades científicas y académicas cubanas, a partir del desarrollo e implementación de un modelo de gestión basado en los principios, estrategias y fundamentos tecnológicos del Acceso Abierto. Este proyecto es coordinado por el Instituto de Información Científica y Tecnológica[4] (IDICT), con la participación de los principales actores (organismos e instituciones) relacionados con la gestión de los contenidos científicos y académicos en el país, lo cual se ha facilitado a través del Sistema Nacional de Información Científica y Tecnológica[5] (SNICT).

Por acuerdo del Consejo de Coordinación del SNICT fue constituida, en el mes de octubre del año 2009, la Comisión Nacional para el Desarrollo del Acceso Abierto como órgano para coordinar e integrar las diferentes iniciativas existentes y elaborar una estrategia nacional para el desarrollo del acceso abierto. Esta Comisión está compuesta por un Comité Directivo y 4 grupos de trabajo:

---

1   Directory of Open Access Journals: www.doaj.org.
2   Scientific Electronic Library On-line: www.scielo.org.
3   Redalyc: Sistema de Información Científica y Red de Revistas Científicas de América Latina y el Caribe, España y Portugal, http://redalyc.uaemex.mx.
4   IDICT: Instituto de Información Científica y Tecnológica, www.idict.cu.
5   El SNICT está concebido como un conjunto de organizaciones relacionadas entre sí que interactúan activamente en la producción y el intercambio de bienes y servicios de información. El mismo está compuesto por los sistemas ramales de información de los Organismos de la Administración Central del Estado (OACE) y de los Órganos Estatales (OE) en que está estructurada la economía cubana.

1. Grupo de Repositorios Digitales
2. Grupo de Revistas de Acceso Abierto
3. Grupo de Políticas
4. Grupo de Soporte Tecnológico

Como resultado de las primeras reuniones de trabajo de esta Comisión se valoró la necesidad de realizar un diagnóstico que permitiera conocer y evaluar las condiciones y capacidades existentes en el país para el desarrollo de las dos vías del acceso abierto.

Este trabajo se centrará en el diagnóstico referido a la ruta dorada, cuyo objetivo fue caracterizar el estado de desarrollo de las revistas de acceso abierto en el país y conocer las capacidades y actitudes de las organizaciones que editan revistas científicas para su conversión a revistas de acceso abierto.

El propósito de este estudio era diseñar una estrategia para desarrollar las revistas de acceso abierto en el país y proponer el modelo y arquitectura para un Portal Nacional de Revistas de Acceso Abierto.

Metodología empleada para el diagnóstico

La investigación se realizó a través del método de la encuesta, utilizando como instrumento el cuestionario. El procesamiento y análisis estadístico de los datos se realizó utilizando el software IBM SPSS Statistics versión 19.

Objeto de estudio y diseño del cuestionario

La población objeto de análisis estaba compuesta por las revistas certificadas como Publicación Seriada Científico Tecnológica, mediante el procedimiento establecido por el Ministerio de Ciencia, Tecnología y Medio Ambiente (CITMA, 2003) y otras revistas, que sin haber sido certificadas se encuentran incluidas en los principales sistemas de indización, tales como las bases de datos del *Institute for Scientific Information* (ISI) y Scopus.

Para que a una publicación le sea otorgada la Certificación de Publicación Científico-Tecnológica, de acuerdo con el referido reglamento, ésta debe reunir los requisitos siguientes:

1. Estar inscrita en el Registro Nacional de Publicaciones Seriadas.
2. Dedicar el sesenta por ciento o más del volumen de cada edición a la publicación de artículos originales, y el resto a temas vinculados con la divulgación de la ciencia y la innovación.
3. Contener información actualizada y cumplir los requisitos de presentación aceptados internacionalmente para la publicación de artículos científicos o tecnológicos; entre ellos, mantener la periodicidad, haber sido

indizada y poseer identificación permanente. Dichos elementos se tendrán en cuenta de acuerdo las características y requerimientos de la especialidad.

4. Ser arbitrada por el equipo de editores correspondiente y haber sido sometida, por el Consejo Editorial, a un riguroso método de selección de los trabajos a publicar ya sea por el método de arbitraje/oponencia por pares u otro que garantice dicho rigor.

5. Cumplir con la frecuencia y regularidad prevista en la inscripción en el Registro Nacional de Publicaciones Seriadas.

6. Tener una tirada no inferior a trescientos ejemplares para el caso de las publicaciones en soporte papel; y en las electrónicas haber permanecido, como mínimo, un año en un sitio web con un noventa por ciento de cumplimiento de actualización planificada.

7. Aportar a la Comisión Evaluadora la información que permita evaluar el impacto de las ediciones, como son: repertorios en los que ha sido indizada, canales de distribución, canje nacional e internacional y otros que se consideren de utilidad para dicha evaluación.

En enero de 2010, fecha en que se realizó el estudio, existían un total de 111 revistas cubanas que cumplían alguno de estos dos requisitos.

La investigación se realizó a través del método de la encuesta, utilizando como instrumento el cuestionario.

El cuestionario se elaboró teniendo como base los desarrollos teóricos sobre las revistas de acceso abierto y el problema de investigación planteado. También se utilizó como referencia el cuestionario desarrollado por el Grupo de Investigación Acceso Abierto a la Ciencia de España[6] para conocer las políticas editoriales de las revistas españolas respecto al acceso a sus archivos, los derechos de copyright sobre los mismos y cómo estos pueden afectar a su posterior auto-archivo en repositorios institucionales o temáticos.

En el cuestionario se incluyeron preguntas (la mayoría de ellas estructuradas) dirigidas a obtener información sobre las siguientes variables:

1. Normalización y calidad de los procesos editoriales.
2. Políticas de propiedad intelectual.
3. Acceso y opciones de recuperación de los artículos publicados.
4. Interoperabilidad y visibilidad de los artículos publicados.
5. Capacidades para convertirse en revista de acceso abierto.
6. Disposición y condiciones para incorporarse a un Portal Nacional de Revistas de Acceso Abierto.

---

6   Grupo de Investigación Acceso Abierto a la Ciencia de España: www.accesoabierto.net.

Una vez elaborado, el cuestionario fue sometido a la consideración de 4 expertos en el tema (2 españoles, 1 mexicano y 1 cubano) y se realizó una prueba preliminar con una muestra de 9 revistas, a partir de cuyos resultados se realizaron ajustes a la propuesta inicial.

El cuestionario fue aplicado por los mismos encuestados, que lo recibieron mediante entrega directa o por correo electrónico. El mismo fue respondido por 77 revistas, que representan el 69.4% de la población.

Resultados del diagnóstico sobre la situación de las revistas de acceso abierto en Cuba

A continuación se muestran y analizan los principales resultados obtenidos en el diagnóstico sobre la situación de las revistas de acceso abierto en Cuba.

Datos generales y caracterización de las revistas

En la Tabla 4.1 se observa que el 95.8% de las revistas que respondieron la encuesta tienen 5 o más años de haberse comenzado a editar, y la mayoría de ellas se fundaron entre 1990 y 1999, etapa que coincide con un período de crisis económica en Cuba que afectó la frecuencia de publicación de las revistas en soporte impreso, lo que estimuló el surgimiento de nuevos títulos en formato electrónico. Esto se corrobora con los datos ofrecidos en la Tabla 4.2, que muestran que el 77.9 % de las revistas poseen una versión electrónica en línea, lo cual es un requisito importante para las revistas de acceso abierto.

Tabla 4.1. Tiempo de vida de las revistas (N=71)

		Frecuencia	Porcentaje	Porcentaje válido	Porcentaje acumulado
Válidos	Menos de 5 años	3	3,9	4,2	4,2
	De 5 a 10 años	12	15,6	16,9	21,1
	De 11 a 20 años	24	31,2	33,8	54,9
	De 20 a 30 años	13	16,9	18,3	73,2
	De 31 a 40 años	6	7,8	8,5	81,7
	De 41 a 50 años	10	13,0	14,1	95,8
	Más de 50 años	3	3,9	4,2	100,0
	Total	71	92,2	100,0	
Perdidos	0	6	7,8		
Total		**77**	**100,0**		

Tabla 4.2. Formato y soporte de publicación de las revistas (N=77)

		Frecuencia	Porcentaje	Porcentaje válido	Porcentaje acumulado
Válidos	Formato impreso solamente	16	20.8	20.8	20.8
	Formato electrónico en línea solamente	43	55.8	55.8	76.6
	Formato impreso y electrónico en línea	17	22.1	22.1	98.7
	Formato impreso y electrónico en CD-ROM	1	1.3	1.3	100.0
	Total	**77**	**100.0**	**100.0**	

En cuanto a la cobertura temática, en la Tabla 4.3 se muestra que existe un predominio de las revistas de Ciencias Médicas (33.8%) y luego le siguen las revistas multidisciplinarias (18.2%) y de Ciencias Agrarias (10.4%).

Tabla 4.3. Cobertura temática de las revistas (N=76)

		Frecuencia	Porcentaje	Porcentaje válido	Porcentaje acumulado
Válidos	Matemáticas	1	1,3	1,3	1,3
	Física	1	1,3	1,3	2,6
	Química	2	2,6	2,6	5,3
	Ciencias de la Vida	2	2,6	2,6	7,9
	Ciencias de la Tierra y del Espacio	2	2,6	2,6	10,5
	Ciencias Agrarias	8	10,4	10,5	21,1
	Ciencias Médicas	26	33,8	34,2	55,3
	Ciencias Tecnológicas	1	1,3	1,3	56,6
	Antropología	1	1,3	1,3	57,9
	Ciencias Jurídicas y Derecho	1	1,3	1,3	59,2
	Lingüística	1	1,3	1,3	60,5
	Ciencias de las Artes y de las Letras	2	2,6	2,6	63,2
	Filosofía	1	1,3	1,3	64,5
	Multidisciplinaria de Ciencias Sociales y Humanidades	7	9,1	9,2	73,7
	Multidisciplinaria de Ciencias Naturales y Exactas	2	2,6	2,6	76,3

(continuar)

	Frecuencia	Porcentaje	Porcentaje válido	Porcentaje acumulado
Multidisciplinaria	14	18,2	18,4	94,7
Ciencias de la Información	3	3,9	3,9	98,7
Ciencias y Tecnologías Nucleares	1	1,3	1,3	100,0
Total	76	98,7	100,0	
Perdidos 0	1	1,3		
Total	**77**	**100,0**		

Normalización y calidad de los procesos editoriales

Esta variable fue incluida en el estudio puesto que todas las revistas científicas (sean o no de acceso abierto) deben cumplir con criterios de normalización y calidad editorial establecidos en la comunicación científica.

La totalidad de las revistas estudiadas tienen definidos los roles y responsabilidades de los diferentes miembros de sus respectivos Comités Editoriales y el 97.4% cuentan con instrucciones a los autores para la presentación de contribuciones. Como se muestra en la Tabla 4.4, la mayoría de las revistas incluyen en las instrucciones a los autores aspectos tales como: forma de presentación, estructura y extensión de las contribuciones (97.3%), normas y estilos para citas y referencias bibliográficas (94.6%) y tipo de contribuciones que aceptan (77.0%). Sería recomendable que todas las revistas incorporaran todos estos elementos en sus instrucciones a los autores.

Tabla 4.4. Aspectos incluidos en las instrucciones a los autores (N=74)

	N	Frecuencia	Porcentaje
Tipo de contribuciones	74	57	77,0
Forma de presentación, estructura y extensión de las contribuciones	74	72	97,3
Normas y estilos para citas y referencias bibliográficas	74	79	94,6

En cuanto a la evaluación de las contribuciones que reciben, 15 revistas (19.5%) respondieron que no cuentan con un procedimiento donde se describan las etapas y las instrucciones a seguir en el proceso de revisión de los manuscritos y solamente 68 (89.5%) realizan siempre una revisión por pares de los artículos originales (véase Tabla 4.5). Las revistas que aún no lo hacen, deberán trabajar para asegurar que todos los artículos originales, antes de ser publicados, sean sometidos a un proceso de revisión por pares, pues esté es un indicador de obligatorio cumplimiento para las revistas científicas y es indispensable para poder incorporarse a Redalyc, SciELO y muchos otros portales y bases de datos.

De las 74 revistas que respondieron a la pregunta relacionada con la utilización de alguna metodología para evaluar el que cumplen con estándares de calidad exigidos a las publicaciones científicas, 26 (35.1%) lo hicieron de forma negativa. Las metodologías de evaluación que más se utilizan son el reglamento sobre el sistema de certificación de publicaciones seriadas científico-tecnológicas del CITMA y la desarrollada por la Editorial de Ciencias Médicas.

Tabla 4.5. Revisión por pares de los artículos originales (N=76)

		Frecuencia	Porcentaje	Porcentaje válido	Porcentaje acumulado
Válidos	Siempre	68	88,3	89,5	89,5
	En ocasiones	7	9,1	9,2	98,7
	Nunca	1	1,3	1,3	100,0
	Total	76	98,7	100,0	
Perdidos	0	1	1,3		
Total		**77**	**100,0**		

En relación con este aspecto se recomienda que todas las revistas incorporen un sistema que les permita evaluar de forma sistemática el cumplimiento de esos estándares de calidad, y que preferentemente adopten la metodología empleada por algún sistema de indización. Se sugiere tener en cuenta la Metodología Redalyc de valoración de revistas, que incluye 39 criterios cuantitativos distribuidos en dos módulos: A (criterios básicos de admisión) y B (criterios generales de calidad editorial). Esta metodología propone además un módulo de criterios editoriales, que si bien no tienen puntaje, su cumplimiento es fundamental para la consolidación de todo órgano científico de difusión.[7]

Acceso a los artículos publicados y modelo económico para recuperar los costos del proceso editorial y de publicación de las revistas

Como se muestra en la Tabla 4.6, solamente 11 revistas (12.5% de las respuestas) se distribuyen exclusivamente mediante suscripción. El resto ofre-

---

7   Metodología Redalyc de Evaluación de Revistas: www.redalyc.org/media/principal/pro yecto/metvalref.html

cen alguna vía de acceso gratuito a los artículos que publican y la mayoría de ellas (56, 63.9%) permiten el acceso gratuito inmediato y sin restricciones.

Tabla 4.6. Vías para acceder al texto completo de los artículos publicados por las revistas (N =88)

		Respuestas		Porcentaje de casos
		N°	Porcentaje	
Vías para acceder al texto completo[a]	Acceso restringido, solamente por suscripción	11	12,5%	14,9%
	Acceso en línea después de un período de embargo de 6 a 12 meses	2	2,3%	2,7%
	Acceso gratuito a la versión en línea y la versión impresa se distribuye por suscripción	12	13,6%	16,2%
	Acceso gratuito a países en vías de desarrollo	7	8,0%	9,5%
	Acceso gratuito inmediato y sin restricciones	56	63,6%	75,7%
Total		**88**	**100,0%**	**118,9%**

a. Agrupación de dicotomías. Tabulado el valor 1.

De las 11 revistas basadas exclusivamente en el modelo por suscripción, 6 manifestaron su disposición para ofrecer alguna forma de acceso gratuito a los artículos que publican.

De acuerdo con estos resultados, la mayoría de las revistas cubanas cumplen con este requisito, indispensable para que una revista sea de acceso abierto. Esto es posible por el apoyo financiero que reciben las revistas científicas en Cuba por parte del Estado, lo que se muestra en la Tabla 4.7.

Tabla 4.7. Vías para recuperar los costos del proceso editorial y de publicación de las revistas (N = 92)

| | | Respuestas | | |
		N°	Porcentaje	Porcentaje de casos
Vías para recuperar los costos[a]	Ingresos generados por las suscripciones	18	19,6%	24,7%
	Pagos por el acceso y/o reprint de determinados artículos	1	1,1%	1,4%
	Ingresos por publicidad	1	1,1%	1,4%
	Pagos realizados por los autores, sus instituciones y/o patrocinadores	1	1,1%	1,4%
	Pagos incluidos en las cuotas de afiliación de sociedades profesionales	3	3,3%	4,1%
	Patrocinio y/o financiamiento por parte del Estado u otras organizaciones públicas	62	67,4%	84,9%
	Otros modelos económicos	6	6,5%	8,2%
Total		**92**	**100,0%**	**126,0%**

a. Agrupación de dicotomías. Tabulado el valor 1.

Al indagar sobre la incorporación de las revistas en portales de publicaciones científicas, solo 41 (53.2%) respondieron de forma afirmativa. En la Tabla 4.8 se muestran los portales en los que están incorporadas las revistas cubanas. El Portal SciELO Cuba[8] es el que más revistas tiene incorporadas; pero éstas solo representan el 42.1% de los casos. Se puede concluir entonces, que las revistas cubanas no están aprovechando las posibilidades que le ofrecen estos portales de incrementar su visibilidad y que deberían desarrollar una estrategia que les permita incrementar su presencia en los mismos, particularmente en los dos portales de revistas de acceso abierto más consolidados en la región: SciELO y Redalyc.

---

8   SciELO Cuba es una biblioteca electrónica que incluye una colección seleccionada de revistas científicas cubanas en todas las áreas del conocimiento, http://scielo.sld.cu.

Tabla 4.8. Portales de publicaciones científicas en los que están incorporadas las revistas cubanas

		Respuestas		
		N°	Porcentaje	Porcentaje de casos
Portales de revistas[a]	Portal SciELO Cuba	16	35.6 %	42.1 %
	Biblioteca Virtual de Salud de Cuba	13	28.9 %	34.2 %
	CUBARTE	1	2.2 %	2.6 %
	CIAT Colombia	1	2.2 %	2.6 %
	DIALNET	2	4.4 %	5.3 %
	FAO	2	4.4 %	5.3 %
	REDIRIS	1	2.2 %	2.6 %
	Portal de revistas del MES	4	8.9 %	10.5 %
	Universia	1	2.2 %	2.6 %
	Red Cubana de la Ciencia	2	4.4 %	5.3 %
	CLACSO	1	2.2 %	2.6 %
	Redalyc	1	2.2 %	2.6 %
Total		**45**	**100.0 %**	**118.4 %**

a. Agrupación de dicotomías. Tabulado el valor 1

Políticas de propiedad intelectual

El estudio incluyó dos aspectos vinculados con las políticas de propiedad intelectual de las revistas. El primero se refiere al control de los derechos de explotación de los trabajos publicados y el segundo al uso que pueden hacer los lectores de estos trabajos.

Este fue uno de los aspectos en los que más dificultades se encontraron. Como se observa en la Tabla 4.9, de las 72 respuestas recibidas, un total de 12 revistas (16.2%) afirmaron no poseer ninguna política relacionada con el control de los derechos de explotación de los artículos publicados y 10 (13.9%) no tienen definida una política en relación con el uso de los artículos publicados por parte de los lectores.

Hay un total de 25 revistas que exigen que el autor les ceda EN EXCLUSIVO todos los derechos y no le permiten distribuir copias de su trabajo en otros sitios, lo cual es una barrera para que los mismos sean depositados en repositorios digitales de acceso abierto. Igual número de revistas tienen como política que el autor cede EN EXCLUSIVO todos los derechos; pero le permiten distribuir copias de su trabajo en otros sitios si solicita el permiso para ello, bajo determinadas condiciones.

Tabla 4.9. Control de los derechos de explotación los artículos publicados (N=72)

		Frecuencia	Porcentaje	Porcentaje válido	Porcentaje acumulado
Válidos	El autor cede EN EXCLUSIVO a la revista todos los derechos y no se le permite distribuir copias de su trabajo en otros sitios	25	32,5	33,8	33,8
	El autor cede EN EXCLUSIVO a la revista todos los derechos; pero se le permite distribuir copias de su trabajo en otros sitios si solicita el permiso para ello, bajo determinadas condiciones	25	32,5	33,8	67,6
	El autor realiza una cesión de derechos NO EXCLUSIVA a la revista, puede distribuir copias de su trabajo en otros sitios, sin tener que pedir permiso a la revista; pero sujeto a determinadas condiciones	5	6,5	6,8	74,3
	El autor realiza una cesión de derechos NO EXCLUSIVA a la revista, puede distribuir copias de su trabajo en otros sitios, sin tener que pedir permiso a la revista y sin ningún condicionamiento	7	9,1	9,5	83,8
	La revista no tiene definida una política en relación con el control de los derechos de autor	12	15,6	16,2	100,0
	Total	74	96,1	100,0	
Perdidos	0	3	3,9		
Total		**77**	**100,0**		

Solamente 12 revistas (16.3%) manifestaron poseer políticas de control de derechos de explotación favorables a los principios del acceso abierto, al plantear que el autor realiza una cesión de derechos NO EXCLUSIVA a la revista y que puede distribuir copias de su trabajo en otros sitios, sin tener que pedir permiso a la revista; pero sujeto a determinadas condiciones (5 revistas) o que el autor realiza una cesión de derechos NO EXCLUSIVA a la revista y que puede distribuir copias de su trabajo en otros sitios, sin tener que pedir permiso a la revista y sin ningún condicionamiento (7 revistas).

Tabla 4.10. Uso que pueden hacer los lectores de los artículos publicados (N=72)

		Frecuencia	Porcentaje	Porcentaje válido	Porcentaje acumulado
Válidos	Los artículos se publican con TODOS LOS DERE-CHOS RESERVADOS	11	14,3	15,3	15,3
	Los artículos son publi-cados utilizando una licencia que permite al usuario final diferentes posibilidades de uso del contenido	4	5,2	5,6	20,8
	Los artículos publicados en la revista son de dominio público	47	61,0	65,3	86,1
	La revista no tiene definida una política en relación con el uso de los artículos publi-cados	10	13,0	13,9	100,0
	Total	72	93,5	100,0	
Perdidos 0		5	6,5		
Total		**77**	**100,0**		

La condición que más se exige es hacer referencia a la fuente original donde fue publicado el artículo.

En cuanto a los derechos de uso que las revistas ofrecen a sus lectores (véase Tabla 4.10), 11 revistas (15.3%) publican sus artículos con todos los derechos reservados y solamente 4 (5.6%) utilizan una licencia que permite al usuario final diferentes posibilidades de uso del contenido, lo cual sería lo re-comendado para una revista de acceso abierto. El 65.3% (47 revistas) respondió que los artículos que publican son de dominio público; sin embargo, cuando se realizó una visita a los sitios web de varias de estas revistas para confirmar la existencia de esta política, se evidenció que en la mayoría de los casos no ofre-cen ninguna información que así lo indique, por lo que en ausencia de ella, se debe interpretar que esos contenidos son publicados con todos los derechos re-servados.

Los resultados del diagnóstico demuestran un insuficiente conocimiento de los editores de las revistas en relación con estos temas y sugieren la convenien-cia de desarrollar un programa de apoyo y asesoramiento sobre buenas prácticas en políticas de propiedad intelectual para las revistas de acceso abierto.

Capacidades para la conversión de las revistas a revistas de acceso abierto

Esta sección del cuestionario pretendía que los equipos editoriales de las revistas hicieran una evaluación de sus capacidades en varios aspectos (relacionados con competencias e infraestructura) considerados importantes para una revista de acceso abierto.

Los resultados mostrados en la Tabla 4.11 evidencian que hay debilidades en la mayoría de los elementos valorados, y que los de mayor dificultad están relacionados con los siguientes aspectos:

1. Conocimiento de políticas de propiedad intelectual favorables al acceso abierto (33 respuestas entre regular y muy mal).
2. Conectividad y acceso a Internet (33 respuestas entre regular y muy mal).
3. Infraestructura tecnológica (31 respuestas entre regular y muy mal).
4. Hospedaje del sitio web de la versión electrónica de la revista (23 respuestas entre regular y muy mal).
5. Financiamiento o modelo de negocios que permita cubrir los costos (20 respuestas entre regular y muy mal).
6. Programación y/o asimilación de un sistema para la publicación en línea de la revista (18 respuestas entre regular y muy mal).

Tabla 4.11. Capacidades de las revistas cubanas para convertirse en revistas de acceso abierto

Capacidades		Muy mala	Mala	Regular	Buena	Muy buena
Financiamiento o modelo de negocios que permita cubrir los costos (N=61)	Recuento	6	7	7	20	21
	% del N de la subtabla	9.8 %	11.5 %	11.5 %	32.8 %	34.4 %
Competencias en normalización y calidad editorial (N=69)	Recuento	0	1	7	37	24
	% del N de la subtabla	0 %	1.4 %	10.1 %	53.6 %	34.8 %
Conocimiento de políticas de propiedad intelectual favorables al acceso abierto (N=69)	Recuento	3	6	21	20	19
	% del N de la subtabla	4.3 %	8.7 %	30.4 %	29.0 %	27.5 %
Programación y/o asimilación de un sistema para la publicación en línea de la revista (N=69)	Recuento	2	6	10	29	22
	% del N de la subtabla	2.9 %	8.7 %	14.5 %	42.0 %	31.9 %
Infraestructura tecnológica (N=68	Recuento	3	12	16	18	19
	% del N de la subtabla	4.4 %	17.6 %	23.5 %	26.5 %	27.9 %

(continuar)

Capacidades		Muy mala	Mala	Regular	Buena	Muy buena
Conectividad y acceso a Internet (N=68)	Recuento	4	10	19	19	16
	% del N de la subtabla	5.9 %	14.7 %	27.9 %	27.9 %	23.5 %
Hospedaje del sitio web de versión electrónica de la revista (N=63)	Recuento	6	6	11	22	18
	% del N de la subtabla	9.5 %	9.5 %	17.5 %	34.9 %	28.6 %

Los aspectos a los que habría que prestarle atención, en orden de prioridad, están relacionados con cuestiones asociadas a la disponibilidad y acceso a las tecnologías de la información y las comunicaciones. Se requiere que las instituciones y organizaciones que editan revistas faciliten a sus equipos editoriales la infraestructura tecnológica necesaria para garantizar la adecuada realización de sus procesos editoriales, así como facilidades para el acceso a Internet, teniendo en cuenta que las revistas de acceso abierto deberían contar con una versión electrónica en línea. De igual modo sería recomendable poner a disposición de las revistas científicas servicios de *hosting* en centros de datos que dispongan de las condiciones adecuadas para garantizar el acceso y la visibilidad de las mismas.

Llama la atención que aun cuando la mayoría de las revistas cubanas reciben patrocinio o financiamiento estatal, que les permite ofrecer acceso gratuito e inmediato a los artículos que publican se hayan recibido 20 respuestas (32.8%) que valoraron entre regular y mal sus capacidades relacionadas con el financiamiento o modelo de negocios que permita cubrir sus costos. Ello sugiere que se debe apoyar a los editores para que conozcan y valoren la posibilidad de utilizar además otros modelos de financiamiento y para que desarrollen estrategias dirigidas a la reducción de los costos de los procesos editoriales y de publicación, fundamentalmente mediante el empleo de sistemas de gestión de publicaciones electrónicas, aspecto éste que se facilita por la disponibilidad de varias plataformas de código abierto diseñadas específicamente para la gestión editorial y la publicación de revistas, tales como *Open Journal Systems*[9] (OJS), DPubS[10], Hyperjournal[11] y SOPS[12].

---

9   OJS: Open Journal Systems, es un sistema gratuito para la gestión de revistas y publicaciones electrónicas en general, desarrollado por el Public Knowledge Project (PKP, http://pkp.sfu.ca) y suministrado bajo licencia de código abierto GNU GPL.

10   DPubS es desarrollado por la Universidad de Cornell, http://dpubs.org.

11   Hyperjournal es desarrollado por un grupo de trabajo de la Universidad de Pisa, www. hjournal.org/

12   SOPS es desarrollado por la Universidad de Ljubljana en Eslovenia, www.scix.net/sops.htm.

Por último; aunque en opinión de los equipos editoriales, pareciera que no existen muchas dificultades en las competencias relacionadas con la normalización y calidad de los procesos editoriales, los resultados discutidos en la sección relacionada con la normalización calidad de los procesos editoriales. Pudiera ser que esta percepción de los editores estuviera determinada por el desconocimiento de los requerimientos de normalización y estándares de calidad exigidos a los procesos editoriales de las revistas científicas, por lo que este tema no debería descuidarse.

Disposición y condiciones para incorporarse a un portal nacional de revistas de acceso abierto

Este apartado del cuestionario estaba orientado a conocer la disposición de los equipos editoriales para incorporar sus revistas a un Portal Nacional de Revistas de Acceso Abierto, así como para cumplir con un grupo de condiciones que se prevé incluir entre los requisitos para ingresar al portal. También se pretendía valorar la pertinencia de la utilización de diferentes alternativas para la incorporación de los contenidos de las revistas a este portal en dependencia de la situación específica de cada revista, lo cual permitiría proponer un adecuado diseño del modelo y arquitectura tecnológica para el mismo.

Como se evidencia en la Tabla 4.12, la mayoría de los editores (97.3%) mostraron disposición e interés para que sus revistas sean integradas a un Portal Nacional de Revistas de Acceso Abierto. Solo dos (2.7%) manifestaron no estar seguros al respecto. Estos resultados demuestran la necesidad y factibilidad de realización de dicha iniciativa.

Tabla 4.12. Disposición e interés de los editores para incorporar sus revistas a un Portal Nacional de Revistas de Acceso Abierto (N=75)

		Frecuencia	Porcentaje	Porcentaje válido	Porcentaje acumulado
Válidos	Sí	73	94,8	97,3	97,3
	No estoy seguro	2	2,6	2,7	100,0
	Total	75	97,4	100,0	
Perdidos	0	2	2,6		
Total		**77**	**100,0**		

Al analizar la disposición para cumplir las condiciones previstas como requisitos a evaluar para la incorporación de las revistas al Portal Nacional de Revistas de Acceso Abierto, se demostró que no deben existir dificultades para que todas las revistas cumplan con el procedimiento de certificación como publicación científico-tecnológica establecido en el país y explicado anteriormente. Sin embargo, varias revistas manifestaron tener dificultades para cumplir con el resto de los requisitos.

La condición de publicar los artículos utilizando licencias que permitan al usuario final diferentes posibilidades de uso de los mismos es la que parece tener mayores dificultades. Un total de 23 revistas (34.9%) respondieron no poder cumplirla en un plazo no mayor de un año o no estar seguras de poder cumplirla. Esto evidencia, una vez más, la necesidad de un programa de asesoramiento a las revistas en este tema.

Se mostró además que 9 revistas (12.5%) requieren de apoyo para lograr disponer de una versión en línea que ofrezca el acceso gratuito al texto completo de los artículos.

Tabla 4.13. Disposición para el cumplimiento de los requisitos previstos para la incorporación de las revistas al Portal Nacional de Revistas de Acceso Abierto

Requisitos		Cumple con este requisito	No cumple con este requisito; pero está en condiciones de hacerlo en un plazo no mayor de un año	No está en condiciones de cumplir con este requisito en un plazo no mayor de un año	No estoy seguro de poder cumplir con este requisito
Estar certificada como Publicación Científica (N=73)	Recuento	72	2	0	0
	% del N de la subtabla	97.3%	2.7%	.0%	.0%
Versión en línea de la revista que ofrezca el acceso gratuito al texto completo de los artículos (N=72)	Recuento	55	8	5	4
	% del N de la subtabla	76.4%	11.1%	6.9%	5.6%
Permitir el auto-archivo (N=67)	Recuento	49	8	2	8
	% del N de la subtabla	73.1%	11.9%	3.0%	11.9%
Publicar los artículos utilizando licencias que permitan al usuario final diferentes posibilidades de uso de los mismos (N=66)	Recuento	27	16	4	19
	% del N de la subtabla	40.9%	24.2%	6.1%	28.8%

Finalmente se evaluó la factibilidad de la utilización de diferentes alternativas para la incorporación de las revistas al portal. Las propuestas estuvieron basadas en la arquitectura tecnológica de Archivos Abiertos (Barrueco and Coll, 2003; Carpenter, 2003), que consiste en la recolección de los metadatos de los artículos publicados por las revistas a través del protocolo OAI-PMH (*Protocol for Metadata Harvesting*) y su reutilización para el desarrollo de un metabuscador y otros servicios de valor agregado.

Los resultados expuestos en la Tabla 4.14 muestran que existen 22 revistas (32.4%) que plantean disponer de una versión en línea que es un proveedor de datos (utiliza el protocolo OAI-PMH), por lo que los metadatos de sus artículos pudieran ser recolectados vía OAI-PMH. Además de ello, otras 18 revistas (26.5%) poseen una versión en línea que no es un proveedor de datos (no utilizan el protocolo OAI-PMH); pero están dispuestas a migrar para una plataforma que sea interoperable (que utilice el protocolo OAI-PMH) si se les ofrece el soporte requerido, y 8 revistas (11.8%) no poseen una versión en línea; pero están dispuestas a implementarla utilizando una plataforma interoperable si se les ofrece el soporte requerido.

Una sola revista (1.5%) manifestó poseer una versión en línea que no es un proveedor de datos y no estar dispuesta a migrar para una plataforma interoperable; sin embargo si está dispuesta a incorporar los metadatos de los artículos que publica a un repositorio de metadatos.

Tabla 4.14. Variantes previstas para la incorporación de las revistas al Portal Nacional de Revistas de Acceso Abierto (N=68)

		Frecuencia	Porcentaje	Porcentaje válido	Porcentaje acumulado
Válidos	La revista posee una versión en línea y es un proveedor de datos	22	28,6	32,4	32,4
	La revista posee una versión en línea, no es un proveedor de datos y está dispuesta a migrar para una plataforma que sea proveedor de datos si se le ofrece el soporte requerido	18	23,4	26,5	58,8
	La revista posee una versión en línea, no es un proveedor de datos, no está dispuesta a migrar; pero si a incoporar los metadatos en un repositorio	1	1,3	1,5	60,3
	La revista no posee una versión en línea; pero está dispuesta a implementarla utilizando una plataforma interoperable si se le ofrece el soporte requerido	8	10,4	11,8	72,1

(continuar)

	Frecuencia	Porcentaje	Porcentaje válido	Porcentaje acumulado
No se cuál de estas variantes se adecua mejor a las condiciones de mi revista	19	24,7	27,9	100,0
Total	68	88,3	100,0	
Perdidos 0	9	11,7		
Total	**77**	**100,0**		

Otras 19 revistas (27.9%) expresaron no saber cuál de las alternativas propuestas se adecua mejor a sus condiciones, por lo que en estos casos se requiere un análisis particular para definir la variante a utilizar.

De acuerdo con estos resultados se evidencia que es posible que en un corto plazo se puedan recolectar, mediante el protocolo OAI-PMH, los metadatos de los artículos publicados por el 70.7% de las revistas que respondieron la encuesta, para lo cual se requiere implantar un programa de apoyo a las revistas que lo necesitan, para desarrollar una versión en línea o migrar a un sistema de gestión de publicaciones interoperable (compatible con OAI-PMH), como lo es OJS. A éstas pudieran sumarse algunas de las revistas que manifestaron no conocer la alternativa más adecuada para sus condiciones.

Estrategia para el desarrollo de la vía dorada del acceso abierto en Cuba

A partir de los resultados de este diagnóstico fue posible elaborar y comenzar a implantar una estrategia para el desarrollo de la ruta dorada del acceso abierto en el país, cuyas principales acciones están centradas en superar las dificultades detectadas y en crear capacidades que permitan la conversión de las revistas científicas cubanas a revistas de acceso abierto.

La estrategia elaborada incluyó las siguientes acciones:

1. Programa de sensibilización sobre la importancia y las ventajas del acceso abierto, el cual incluye charlas, conferencias y seminarios sobre el tema dirigidos a directores y editores de revistas, investigadores y funcionarios vinculados a la evaluación de la ciencia y la elaboración de políticas científicas. Como parte de este programa, desde el año 2010 se han celebrado diferentes actividades en el país durante la Semana Mundial del Acceso Abierto. También se ha incluido el acceso abierto entre las temáticas tratadas en eventos nacionales e internacionales organi-

zados en el país, tales como la Jornada Nacional Bibliotecaria[13] y el Congreso Internacional de Información INFO[14], lo que ha servido para difundir los resultados obtenidos y conocer e intercambiar sobre iniciativas y buenas prácticas desarrolladas en otros países, fundamentalmente del área iberoamericana.

2. Programa de asesoramiento y apoyo para mejorar las capacidades de los equipos editoriales de las revistas certificadas como publicación científicotécnica para su conversión a revistas de acceso abierto. Este programa incluye la creación de capacidades para ofrecer *servicios de hosting* en condiciones preferenciales a las revistas que no cuenten con capacidades propias para el hospedaje de sus sitios web y diferentes acciones de asesoramiento (cursos, talleres, entrenamientos, asesorías y consultorías) en aspectos tales como:

   a. Políticas de propiedad intelectual favorables a los principios del acceso abierto.

   b. Modelos de negocio para la recuperación de los costos en revistas de acceso abierto.

   c. Desarrollo de versiones en línea de las revistas utilizando un sistema de gestión de publicaciones electrónicas interoperable como OJS.

3. Programa para mejorar la calidad de la edición de las revistas científicas con la finalidad de incrementar su visibilidad e impacto, y con ello contribuir al fortalecimiento de la comunicación científica. Para el desarrollo de este programa se ha contado con la colaboración del Sistema de Información Científica Redalyc, de la Universidad Autónoma del Estado de México (UAEM) a través del proyecto Cooperación bilateral México-Cuba para el mejoramiento de procesos editoriales científicos, aprobado en el marco del acuerdo de colaboración científica y tecnológica entre el Consejo Nacional de Ciencia y Tecnología de México (Conacyt) y el Ministerio de Ciencia, Tecnología y Medio Ambiente de Cuba (CITMA).

4. Perfeccionamiento el sistema nacional de certificación de revistas como base para el desarrollo de un índice de revistas cubanas.

Propuesta de modelo yarquitectura para el desarrollo del portal nacional de revistas de acceso abierto

Los resultados del diagnóstico demostraron la necesidad y la factibilidad de la propuesta de desarrollo de un Portal Nacional de Revistas de Acceso Abierto y permitieron además contar con los elementos para realizar una propuesta de modelo y arquitectura tecnológica para el desarrollo de dicho portal.

13   Jornada Nacional Bibliotecaria, http://jnb.idict.cu.
14   Congreso Internacional de Información INFO, www.congreso-info.cu.

Aunque la idea inicial estaba basada solamente en la recolección de metadatos, de modo que en el portal no se archivarían los artículos publicados por las revistas, sino que desde el mismo se ofrecería un enlace para acceder al artículo publicado en el sitio web de la revista; en el modelo mostrado en la Figura 4.1 se propone que en el portal se archive una copia de los artículos.

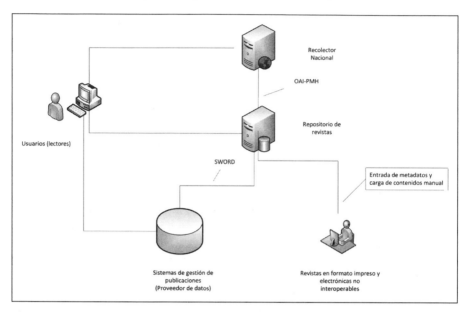

Figura 4.1. Propuesta de modelo y arquitectura tecnológica para el Portal Nacional de Revistas de Acceso Abierto

Esta modificación a la propuesta inicial se basó en los siguientes aspectos:

1. De esta forma se garantiza que se pueda acceder a los artículos publicados por aquellas revistas que solamente se publican en formato impreso.
2. La experiencia del proyecto desarrollado en colaboración con Redalyc ha demostrado inestabilidad en la visibilidad de los sitios web de muchas revistas.
3. De esta forma se garantizaría que siempre se pueda acceder a los artículos publicados por estas revistas, independientemente de que sus sitios web se encuentren temporalmente fuera de línea.
4. Esta solución constituye una alternativa que contribuye a la preservación de la producción científica nacional.
5. Los metadatos pueden ser enriquecidos y normalizados, lo que permitiría generar otros servicios, tales como indicadores bibliométricos.

El modelo propuesto contempla dos formas de incorporar los contenidos de las revistas al portal:

1. Transferencia automatizada de los metadatos y de los archivos de los artículos al portal mediante el protocolo SWORD[15] (Lewis, de Castro, and Jones, 2012). Esto sería posible solamente en el caso en que la revista utilicen sistemas de gestión de publicaciones interoperables, tales como el OJS, que ya tiene incorporado soporte para el depósito a través del protocolo SWORD.
2. Entrada de metadatos y carga manual de los archivos de los artículos por parte de los editores. Esta sería una variante a utilizar por aquellas revistas que o bien solamente se publican en formato impreso o que cuentan con una versión en línea; pero que no es interoperable (no compatible con SWORD).

El portal podría ofrecer no solamente el acceso a los artículos publicados por las revistas, sino que a través del mismo se podrían generar otros servicios basados en indicadores bibliométricos, a partir de la normalización y el enriquecimiento de los metadatos. A su vez éste haría la función de proveedor de datos, pues suministraría los metadatos de los artículos para que sean recolectados vía OAI-PMH por un recolector nacional y otros proveedores de servicios internacionales.

La incorporación de las revistas al portal se haría a partir de un proceso de selección, basado en los siguientes requisitos:

1. Voluntariedad.
2. Estar certificada como Publicación Científica a través del mecanismo de certificación existente en el país.
3. Permitir el acceso gratuito inmediato al texto completo a los artículos publicados; aun cuando no cuenten con una versión en línea.
4. Contar con una política de propiedad intelectual favorable al acceso abierto, tanto en las cuestiones relacionadas con el control de los derechos de explotación, como en las referidas a los usos permitidos a los lectores.

---

15 SWORD (Simple Web-service Offering Repository Deposit). El protocolo SWORD es una aplicación de APP (Atom Publishing Protocol) que contiene las características necesarias para el depósito de material entre repositorios, http://swordapp.org.

Conclusiones

El estudio realizado permitió a la Comisión Nacional para el Desarrollo del Acceso Abierto disponer de un mejor conocimiento del estado de desarrollo de las revistas de acceso abierto en el país y de las capacidades y actitudes de las organizaciones que editan revistas científicas para su conversión a revistas de acceso abierto.

Se demostró que en el caso de Cuba no existen grandes dificultades con el financiamiento de los costos de los procesos editoriales y de publicación de las revistas, aspectos que constituyen una importante barrera para el desarrollo de esta estrategia del acceso abierto. El 67.4% revistas cubanas reciben patrocinio o apoyo financiero por parte del Estado, lo que posibilita que una cifra importante de revistas (56) ofrezcan acceso gratuito inmediato a los artículos que publican.

Se evidenció la necesidad de que todas las revistas sometan siempre a revisión por pares los artículos originales que publican y dispongan de un sistema que les permita evaluar de forma sistemática el cumplimiento de los estándares de calidad de sus procesos editoriales, para lo cual se recomienda la adopción de metodologías de evaluación empleadas por sistemas de indización.

De acuerdo con la percepción de los equipos editoriales de las revistas las mayores barreras que enfrentan para convertir sus revistas a revistas de acceso abierto son el insuficiente conocimiento para adoptar políticas de propiedad intelectual que sean favorables a los principios que promueve el movimiento y limitaciones en aspectos relacionados con la infraestructura tecnológica disponible para la realización de los procesos editoriales y las posibilidades de conectividad y acceso a Internet y de hospedaje del sitio web de versión electrónica de la revista.

Se mostró que existe un insuficiente conocimiento de los temas de propiedad intelectual, lo que sugiere la necesidad de desarrollar un programa de apoyo y asesoramiento sobre buenas prácticas en políticas de propiedad intelectual para las revistas de acceso abierto que incluya los aspectos asociados al control de los derechos de explotación de los trabajos publicados y al uso que pueden hacer los lectores de estos trabajos.

El estudio evidenció que la propuesta de desarrollar un Portal Nacional de Revistas de Acceso Abierto es bien acogida por la mayoría (97.3%) de las revistas; aunque varias manifestaron tener dificultades para cumplir algunas de las condiciones presentadas como requisitos para la incorporación al portal, tales como publicar los artículos utilizando licencias que permitan al usuario final diferentes posibilidades de uso de los mismos, permitir el autoarchivo y disponer de una versión en línea de la revista que ofrezca el acceso gratuito al texto completo de los artículos.

Las revistas cubanas no aprovechan adecuadamente las posibilidades que le ofrece su incorporación a portales internacionales de revistas para incrementar su visibilidad. Se requiere desarrollar una estrategia que les permita incrementar su presencia en los mismos, particularmente en los dos portales de revistas de acceso abierto más consolidados en la región: SciELO y Redalyc.

La investigación también demostró la viabilidad del modelo de interoperabilidad basado en la recolección de metadatos propuesto para el desarrollo del Portal Nacional de Revistas de Acceso Abierto; aunque su propuesta final fue modificada teniendo en cuenta las facilidades que ofrece el desarrollo logrado en los últimos años por el protocolo SWORD y la posibilidad de su utilización en el sistema de gestión de publicaciones OJS. De esta forma el portal sería además un repositorio que posibilitaría el acceso a los artículos publicados por todas las revistas, independientemente de que tengan o no una versión en línea, y contribuiría a la preservación de la producción científica nacional en las revistas cubanas.

Por último se puede afirmar que el diagnóstico permitió elaborar e implantar una estrategia para el desarrollo de la ruta dorada del acceso abierto en el país, cuyas principales acciones están centradas en superar las dificultades detectadas y en crear capacidades que permitan la conversión de las revistas científicas cubanas a revistas de acceso abierto.

Referencias

Alonso, J., Subirats, I., and Martínez Conde, M.L. (2008). Informe APEI sobre acceso abierto. Extraído el 11 Noviembre 2008 desde http://eprints.rclis.org/15107/1/informeapeiaccesoabierto.pdf.

Barrueco, J.M., & Coll, I. S. (2003). Open archives initiative. Protocol for metadata harvesting (OAI-PMH): descripción, funciones y aplicaciones de un protocolo. *El Profesional de la Información, 12*(2), 99.

Carpenter, L. (2003). *OAI for Beginners – the Open Archives Forum online tutorial.* Extraído el 11 enero 2009, desde www.oaforum.org/tutorial/index.php.

Casate-Fernández, R. (2009). *Propuesta de perfeccionamiento de los servicios de la Red Cubana de la Ciencia en correspondencia con los principios y fundamentos tecnológicos del Acceso Abierto.* Informe de Investigación Tutelada, Doctorado en Documentación e Información Científica. Universidad de Granada-Universidad de la Habana. La Habana.

European Commission. (2007). Scientific information in the digital age: ensuring current and future access for research and innovation. Extraído el 26 abril 2007 desde www.europa.eu/rapid/pressReleasesAction.do?reference=IP/07/190&format=PDF&aged=0&language=EN&guiLanguage=en

Frandsen, T. F. (2009). The integration of open access journals in the scholarly communication system: three science fields. *Information Processing and Management, 45*(1), 131-141. Extraído el 20 mayo 2009 doi: 10.1016/j.ipm.2008.06.001

Gómez Dueñas, L. F. (2005). La Iniciativa de Archivos Abiertos (OAI): Un nuevo paradigma en la comunicación científica y el intercambio de información. *Códice, 2*(1), 21-48.

Harnad, S. (2003). The research-impact cycle. *Information Services & Use, 23*(2/3), 139-142.

Houghton, J., Rasmussen, B., Sheehan, P., Oppenheim, C., Morris, A., Creaser, C., Gourlay, A. (2009). Economic implications of alternative scholarly publishing models: exploring the costs and benefits. JISC EI-ASPM Project. A report to the Joint Information Systems Committee (JISC). London : JISC,.

Keefer, A. (2007). Los repositorios digitales universitarios y los autores. *Anales de Documentación,* (10), 205-214. Extraído el 23 junio 2007 desde www.um.es/fccd/anales/ad10/ad1011.pdf.

Lewis, S., de Castro, P., & Jones, R. (2012). SWORD: facilitating deposit scenarios. *D-Lib Magazine,* (18), 1-2. Extraído de 28 mayo 2012 desde http://dx.doi.org/10.1045/january2012-lewis.

Melero, R. (2005). Acceso abierto a las publicaciones científicas: definición, recursos, copyright e impacto. *El Profesional de la Información, 14*(4), 255-266.

Resolución No. 53. Reglamento sobre el sistema de certificación de publicaciones seriadas científico-tecnológicas (2003).

SQW-Limited. (2003). *Economic analysis of scientific research publishing. A report commissioned by the Wellcome Trust.* London: The Wellcome Trust. Extraído el 23 julio 2007 desde www.wellcome.ac.uk/stellent/groups/corporatesite/@policy_communications/documents/web_document/wtd003182.pdf.

Weitzel, S. R. (2005). *Iniciativa de arquivos abertos como nova forma de comunicação científica.* Paper presented at the III Seminário Internacional Latino-Americano de Pesquisa em Comunicação, São Paulo. Extraído el 7 julio 2007desde http://eprints.rclis.org/archive/00004186/01/Simoneoai.pdf.

Yiotis, K. (2005). The Open Access Initiative: A New Paradigm for Scholarly Communications. *Information Technology & Libraries, 24*(4), 157-162.

Repository for Doctoral Thesis from the National Health System of Cuba

Dinorah Sánchez Remón
National Information Center of Medical Sciences, Havana, Cuba
and
Nancy Sánchez Tarragó
National Bureau of Epidemiology, Ministry of Public Health, Havana, Cuba

Introduction

In his work, *Cuba: The shaping of science and technology policies and their transitions,* Emilio Garcia Capote suggests that although there is no clear evidence of how and when the senior policy leaders of the Cuban revolution aligned themselves with the concept of the importance of science and technology for development, the truth is that they understood the importance of the early creation of a national science and technology policy (2005). This occured both for the endogenous generation of knowledge and for its application to the appropriation of the knowledge generated exogenously.

Therefore, from the early years of the triumph of the Cuban Revolution, efforts were directed to make profound changes in political, economic and social development. One of the main goals of the revolution was to achieve economic independence and cultural development by creating citizens who were educated, cultured, and scientific thinking. On January 15, 1960 during a ceremony to commemorate the twentieth anniversary of the Speleological Society of Cuba, Fidel Castro (1960) stated: "[...] the future of our country must necessarily be a future of men of science, has to be a future of men of thought [...]".

Cuban researcher Núñez Jover (2007) stresses that policies and strategies of our country have had the purpose of elevating our ability to produce, disseminate and apply knowledge and to advance social development based upon that knowledge. This development is based, in turn, on quality mass education and capacity building in scientific, technology, and innovation. The existence of this "social politics of knowledge" is what enables a broad process of social appropriation of this asset. The benefits of social appropriation of knowledge are not only technologically productive but can be fully seen as addressing social development (education, culture, justice, equity).

In this area, the training of researchers has been seen as a key strategy in achieving scientific and technical advances in areas such as public health, biotechnology, agricultural science, and technology, among others, since the early years of the Cuban Revolution. Obtaining scientific degrees (Doctor of Science in a specialty and Doctor of Science) is therefore seen as an indicator of development of human resources devoted to research.

Moreover, Cuban health policy was articulated in harmony with social policy, education policy and scientific and technological policy; and rests upon the pillars of universal coverage, free services, centralization and decentralization, integration of services, popular participation, international cooperation and linking of scientific and technical advances into practice (Macias Llanes, 2007). This three-pronged program has been aimed at creating a just and equitable social program with an eye on social development.

As highlighted in a report of the United Nations Development Programme (UNDP, 2003) the national generation of science and technology in Cuba has, above all, taken into account the deeply rooted humanist priority given to public health and its scientific and technological support.

The National Health System (SNS) has organized research development and technological innovation through the presentation of projects at the national, branch, and territorial levels to explore priorities related to major health problems of the country. Likewise, the topics of the doctoral thesis must correspond with the research priorities of the country.

A doctoral thesis is a synthesis of research and scientific achievements presented by the applicant to qualify for the title of Doctor of Science. It is the document that closes the cycle of research and learning of the scholar. As an information resource, these documents have several benefits: they are highly specialized original works that provide new knowledge in a subject area which points to new lines of research. They are usually accompanied by a comprehensive literature review that forms the theoretical basis of a particular topic. In addition, they are useful for the development of new research and scientific productivity for future tutors (Fuentes Pujol & Arguimbau Vivó, 2010).

The NHS produces about 120 doctoral theses annually. These were scattered, inaccessible, and invisible in the Library Network of National Medical Sciences Information (SNICM). As a result, this negatively affected their dissemination and use. Therefore, since 2007 the National Information Center of Medical Sciences has been working on the design and implementation of a space in which to share these resources and increase their visibility and accessibility.

The limited accessibility and visibility of doctoral theses presented in health sciences was due, firstly, to the lack of policies established by higher eduation medical institutions to require authors to leave at least one copy of their digital theses in the libraries of the institutions to which they belong. Secondly, accessibility was limited by the absence of a digital space to preserve and provide information services for these documents.

The aim of this paper is to present the design, implementation and current status of the doctoral theses repository; and as a result, the scientific and intellectual heritage of National Health System (NHS) professionals. Documentation regarding the design of such a repository was reviewed to discover the international strategies of the Movement for Open Access to Information including the origin and evolution of open access repositories. Repositories of doctoral theses were emphasized in the process. We reviewed guidelines and methodologies for creating open access repositories and digital products, including *How to create an institutional repository: LEADIRS WORKBOOK* (Barton & Waters, 2007) and *Planning, design and development of digital information services* (Estaban Navarro, 2006).

In addition, interviews with specialists provided information from the Ministry of Public Health (MINSAP), Institute of Scientific and Technological Information (IDICT), and Ministry of Higher Education (MES), who had worked on projects of digital repositories and shared experiences.

Antecedents of the Theses Repository National Health System in Cuba

Document files, open repositories, or digital files emerged as a response by academia to the inaccessibility of published scientific production. This was often due to escalating inflation in the prices of scientific journals and the need for institutions to store, preserve and place the results of an institutions's research at the disposal of its own community (Diaz Rodriguez & Sanchez Tarrago, 2010). As defined by Lopez Medina (2007), document repository is:

> a network system consisting of hardware, software, data and procedures with [the following] features: [it] contains digital objects and metadata, ensures persistent identification of the object through a persistent unique identifier, offers functions of management, archiving and preservation of objects and provides controlled easy access and standardized objects.

Document files are one of the strategies of the Open Access Movement for Information to achieve equitable access without economic or legal barriers to scientific and technical literature.

An issue raised by Melero (2008) is that an institution, through its repository, becomes a content provider through the dissemination of its research results, leading to greater visibility, sharing, reuse and preservation. Currently, scholarly theses are the most abundant types of documents in institutional repositories, followed by scientific articles (Open DOAR, 2012).

According to the chronology of Diaz Rodriguez and Sanchez Tarrago (2010) the first steps in the so-called Movement for Electronic Theses and Dissertations began in 1987 when they met representatives of several U.S. universities to discuss how to use the SGML format in preparing electronic theses. In 1996, Virginia Tech University students were mandated to deposit their theses in electronic-only format. This project spread internationally and created the Networked Digital Library of Theses and Dissertations (NDLTD), in order to increase dissemination and preservation of theses and to reduce the costs associated with print (NDLTD, 2012). Other partnerships between institutions in order to share and increase the visibility of their theses are Tesis Doctorales en Red (TDR), the Consortium of Academic Libraries of Catalonia Cybertheses, a program of international cooperation between universities initiated by the University of Montreal and University of Lyon, and the Australian Digital Theses Program (ADT).

In the case of Cuba, issues related to broad and equitable access to knowledge and information have been at the center of social development policies of the country as tools for achieving scientific progress to enhance the economic and cultural life of the nation. A number of initiatives had been developed, particularly in the health sector, even before the official formalization of the Open Access Movement (Sánchez Tarragó, Fernandez Molina, & Caballero Rivero, 2012a).

In the same vein, the National Information Center of Medical Sciences has been developing Infomed networks and knowledge flows that allow linking knowledge to solve health problems.

In addition to developing the collection of open-access biomedical journals available in the Virtual Health Library of the Scientific Electronic Library Online (SciELO), since 2007 the idea had been brewing in the National Information Center of Medical Sciences-Infomed (CNICM) of

> developing a service whereby network users can share, at an early stage, doctoral theses and other scientific content, including images, lessons, courses, pre-prints and others, so that we [can] move towards the open construction of a 'national digital archive of scientific production in health' (Kouri, 2007).

Since then, several national research works have contributed with the development of the theoretical and policy frame of the project of the Repository of Doctoral Theses, which was led by a team from CNICM to include open access to doctoral theses and other contents. Policies related to this effort have been articulated in the following resources. *Open access to documents: institutional repositories* (Flores Cuesta & Sanchez Tarrago, 2007) enunciated some principles for the implementation of institutional repositories. The *Proposed Policy for an Institutional Repository of Cuban Authors in Health Sciences* of the Ministry of Public Health (Amado Picaso, 2008) formed the basis for drafting the management policies for dissertation repositories. The *Proposal for the design of a repository of doctoral theses for the health sector in Cuba* (Diaz Rodriguez & Sanchez Tarrago, 2010) presented the methodological aspects of design services and the dissertation repository. *The Policy for open access to scientific output of the National Health System of Cuba* (Sánchez Tarragó, Fernandez Molina & Caballero Rivero, 2012b) sets out a general policy of open access which includes doctoral theses generated by members of the National Health System of Cuba.

The Repository of Doctoral Theses in Cuba is part of the strategy of the Virtual Health Library (BVS) for the dissemination of Cuban scientific research. It also collaborates with the National Commission of Scientific Degrees (CNGC), the commission attached to the Council of Ministers of the Republic of Cuba for the planning, organization, development and control of this activity in the country.

The Repository of Doctoral Theses in Cuba: Design, Implementation and Current Status

The main objective of the Repository of Doctoral Theses in Cuba is to make full-text doctoral thesis of Cuban authors in the health sciences available. This will ensure their visibility and facilitate contact between researchers, academics and health professionals. Additionally, the promotion, dissemination and discussion of research results; the increase in author citations, and the growth in competition among health institutions are also important objectives.

The main functions of the repository are:

Provide access to doctoral theses of Cuban authors in the health sector.
Provide doctoral theses in open access, with unrestricted permissions or permits.
Serve the registration and control of scientific professionals in the health sector.
Ensure the long-term preservation of doctoral theses.
Provide a mechanism to facilitate the evaluation of research activity and scientific production of institutions.
Support quality scientific information for the solution of major health problems affecting the country.

Furthermore, the creation of the repository is intended to encourage the following:

Familiarity with the strategies of the Open Access Movement for Information and conscious participation by scientific and academic institutions in the NHS.

Access to and visibility of the research work of the authors in health sciences and related fields.

The generation and use of Cuban scientific production.

This repository should include all PhD theses by Cuban authors in the health sector at the national level on issues that span medical specialties: clinical, surgical, diagnostic, basic, dental, health sciences, infectious and tropical diseases and social sciences applied to health.

Its design is based on a model of collaborative and decentralized management that facilitates the reuse and dissemination of doctoral theses. It is coordinated by CNICM and fed in a decentralized manner by the network of Provincial Information Departments of Medical Science and Medical Libraries of Cuba. It is supported by administrative structures at national, provincial, and institutional levels. It is the responsibility of CNICM to maintain the Infomed central storage technology platform and repository services. Provincial Information Centers and information units of the institutions have the responsibility to organize the deposit of the theses through human and technical resources.

In an early stage, it is envisioned that the deposit of theses be mediated by information professionals. In addition, the self-archiving or deposit of theses by authors will be encouraged and promoted. However, it should be noted that the doctoral theses will be published if they are approved as a legal document (resolution) of the National Commission of Scientific Degrees of Cuba.

The Eprints technology platform was chosen because it is a free and open software, easy to install with user-friendly web-based interfaces and uses the OAI-PMH metadata harvesting protocol and ensures interoperability with other repositories and services.

A series of services have been designed for the Repository including:

Navigation by author, title, subject, year of defense, doctoral specialty, type of thesis (Ph.D. in a specialty or Doctor of Science), research project, province of the author and authorizing institutions.

Access to other available full text doctoral theses.

Access to help documentation.

Links to related sites.

Alerts on the incorporation of new theses through an RSS feed or email.

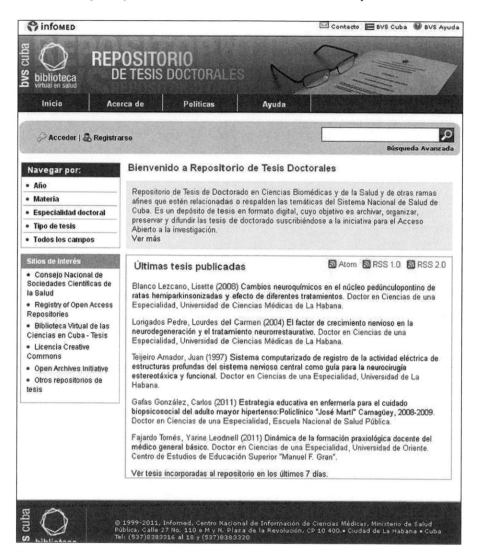

Figure 5.1. Homepage of the The Repository of Doctoral Theses in Cuba

The Repository highlights the search and recovery of thesis research projects (Figure 5.2). These respond to strategies and programs prioritized for research in each area of the country, providing for the availability of accurate and authoritative information along these lines.

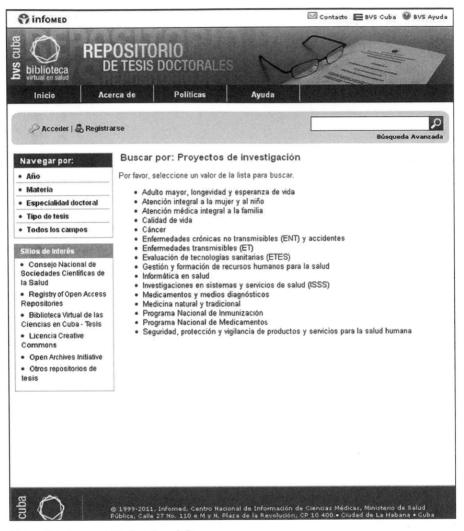

Figure 5.2. Research Project Search Page

The management of institutional repositories recognizes a set of policies to ensure proper operation. These include: collection development policies, digital preservation of document delivery procedures, use, quality and standardization of metadata and intellectual property. These policies have been defined for the Doctoral Theses Repository at http://tesis.repo.sld.cu/policies. html.

In addition, policies that guide behavior in the document repository are referred to as self-archiving policies, and more recently, open access policies, a term that encompasses any type of policy to regulate behavior to make available open access arrangements.

International experience in developing digital repositories indicates that spontaneous deposition on the part of researchers occurs only 15% of the time. At this time, the deposit of theses is predominantly mediated by information professionals. It is interesting to note that the registration and deposit of the theses of the NHS is made by taking into account the principles set forth in the proposed text of Policy for Open Access to Scientific Production of the National Health System (Sánchez-Tarragó, Fernández-Molina, & Caballero Rivero 2012b). It argues that "This policy states the obligation to register, deposit and ensure, where possible, open access to the full texts of published scientific articles, dissertations and master's [theses] and books on biomedical and health [topics] by Cuban authors belonging to institutions of the NHS."

This policy is governed by the provisions of the Internal System of Intellectual Property, Ministry of Public Health, in force since 2005; and the Cuban Law on Copyright (1977), which provides that the Ministry and its institutions are holders of rights (public communication, reproduction, processing and distribution) of scientific and technical works created under its employment. It is therefore proposed that: "The institutions of the NHS are entitled to require the availability of open access articles, books and dissertations and master's theses generated by members of the NHS, taking into account the specifications for each type of document that have been established." The growth of the repository is a key step to promoting its use. In this sense we have developed a set of activities which include:

Advertising the commissioning of the repository of doctoral theses in health sciences, and providing general information on services offered and the benefits on the website of CNICM-Infomed.

Contacting the academic staff and doctoral students of higher medical education institutions in order to explain the benefits of the repository.

Providing lectures in the faculties of medical higher education centers, aiming to educate authors on issues related to open access.

Characterization of the Theses Deposited

As of June 2012 there had been 327 doctoral theses deposited. The disclosure of the advantages of publishing theses in the repository are reflected in the increase of the records in the last months of 2012. The increased deposit of theses defended in the same year gives greater opportunity and immediate visibility to this content (Figure 5.3).

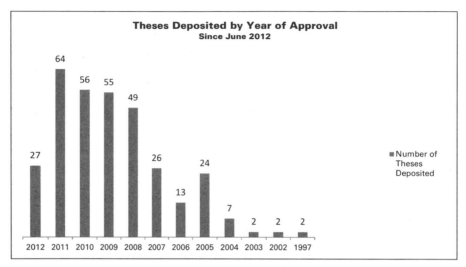

Figure 5.3. Number of theses deposited in the repository

Doctoral theses mostly correspond to priority programs of the Ministry of Public Health. An analysis of research projects shows a predominant number of theses that address Chronic Diseases (68 theses), which corresponds to the epidemiological picture of the country, followed by the fundamental interests of Communicable Diseases (54 theses), Human Resources Management and Training (38) and Safety and Security products and services (38) (Figure 5.4).

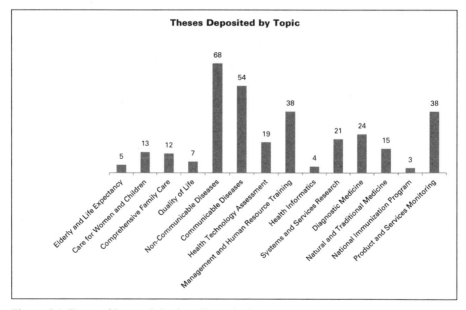

Figure 5.4. Types of Research Projects Deposited

Figure 5.5 shows the number of doctoral theses deposited according to specialty. It shows that of the 62 Medical Clinical Sciences theses, 17 are classified as Neurology, while the rest are distributed among 15 other specialties. The next in representation is Infectious Sciences and Tropical Diseases with 53 theses, dominated by Virology (21) and Bacteriology-Mycology (12). Within the Surgical Clinical Sciences (51 theses) the most commonly represented specialties are General Surgery (12) and Ophthalmology (9).

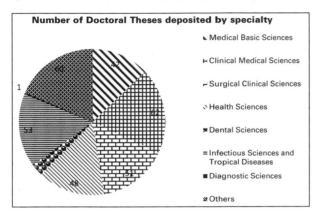

Figure 5.5: Number of Doctoral Theses deposited by specialty

Finally, in an analysis of provinces where deposits from specific institutions and their affilitated authors originate, one can observe a gap between the deposits of theses authored by institutions in Havana with the rest of the country. This data shows that more work must still be done on the mechanisms for decentralization of deposits by provincial institutions and authors.

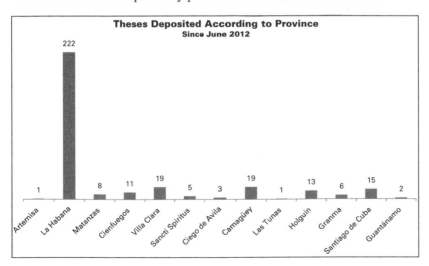

Figure 5.6: Deposits of doctoral theses by author's province

Conclusion

The design and implementation of the repository of doctoral theses for the Cuban National Health System is framed along the strategic lines of the Virtual Health Library. It is seen as a space for the integration of information sources and services that provide greater accessibility and visibility to Cuban scientific research. This is consistent with the principles of universal and equitable access to information and knowledge that is at the core of the Cuban strategies of socioeconomic development.

From its commissioning in 2010 until June 2012 there have been 327 dissertations deposited. An increase in deposits in the first half of 2012 reveals the immediacy with which the thesis is deposited once defended and approved by the National Commission for Scientists. The data reflected here also confirms that the repository has permitted valuable research visibility and retrieval corresponding with major health problems of the country.

The future of the repository relies upon a greater participation of doctoral students and their institutions in the timely deposit of these theses, as well as promotion of the use of this source of information from the scientific community in the country.

Among the lines of development that are emerging is the harmonious integration of the repository of doctoral theses with other information products and services. All of these materials support the teaching and learning as the Virtual University of Health and the coordination mechanisms for managing and evaluating the science in medical education centers, research institutions and others. In addition, we have to face the challenges of digital preservation and incorporation of new services to complement, and make more attractive and useful, this information resource with a view to the social benefit of the Cuban population.

References

Amado Picaso, M. (2008). Propuesta de política para el Repositorio Institucional de Autores Cubanos en Ciencias de la Salud del Ministerio de Salud Pública. [Trabajo de diploma]. La Habana: Facultad de Comunicación.

Barton, M.R., Waters, M. (2007). Creating an Institutional Repository: LEADIRS Workbook. Retrieved October 11, 2011, from www.dspace.org/implement/leadirs.pdf.

Castro, F. (1960, January 15). Discurso pronunciado por el comandante Fidel Castro Ruz, primer ministro del gobierno revolucionario, en el acto celebrado por la sociedad espeleologica de cuba, en la academia de ciencias, el 15 de enero de 1960. Retrieved June 3, 2011, from www.cuba.cu/gobierno/discursos/1960/esp/f150160e.html.

Diaz Rodriguez, Y. & Sanchez Tarrago, N. (2010). Propuesta para el diseño de un reposito-rio de tesis doctorales para el sector Salud en Cuba. ACIMED. 2010 Sep; 21(3): 283-207. Retrieved February 23, 2012, from
http://scielo.sld.cu/scielo.php?script=sci_arttext&pid=S1024943520100000300003&lng=es.

Esteban Navarro, M.A. (2006). Planificación, diseño y desarrollo de servicios de informa-ción digital. En: Tramullas J, Garrido P (eds.). *Software libre para servicios de infor-mación digital* (23-42). Madrid: Pearson Prentice-Hall. Retrieved February 20, 2012, from
http://eprints.rclis.org/bitstream/10760/7495/1/Cap%C3%ADtulo2.pdf.

Flores Cuesta, G. & Sanchez Tarrago, N. (2007). Los repositorios institucionales: análisis de la situación internacional y principios generales para Cuba. *Acimed, (16)*6. Retrieved February 12, 2012, from
http://scielo.sld.cu/pdf/aci/v16n6/aci061207.pdf.

Fuentes Pujol, E. & Arguimbau Vivó, L. (2010). Las tesis doctorales en España (1997-2008): análisis, estadísticas y repositorios cooperativos. *Revista Española de Documen-tación Científica 33*(1), 63-89.

Garcia Capote, E. (2005). Cuba: La conformación de las políticas de ciencia y tecnología y sus transiciones. Unpublished document, Havana, Cuba.

Kouri Cardella, G.(2007). infoMED TesisDr: ¿un servicio o un repositorio? *Acimed 16*(6). Retrieved June 20, 2012,
from http://bvs.sld.cu/revistas/aci/vol16_6_07/aci0101207.htm.

Ley de Derecho de autor, 14. Cuba. Retrieved June 20, 2012, from
www.cenda.cult.cu/doc/leyNo14.pdf.

López Medina, Alicia. Guía para la puesta en marcha de un repositorio institucional, 2007. Retrieved June 20, 2012,
from www.cenda.cult.cu/php/loader.php?cont=legis.php&tipo=2.

Macias Llanes, M.E. (2007). Tensiones en el tratamiento epistemológico de la salud. La política de salud cubana y valores sociales. In: J. Núñez Jover & M.E. Macías Lláne (Eds), Reflexiones sobre ciencia, tecnología y sociedad: lecturas escogidas. La Habana: Editorial Ciencias Médicas. Retrieved December 7, 2009,
from www.bvs.sld.cu/libros_texto/reflexiones_ciencia/completo.pdf.

Melero, R. (2008). El paisaje de los repositorios institucionales open access en España. *BiD: textos universitaris de biblioteconomia i documentació, juny, núm. 20*. Retrieved February 25, 2012, from
http://www.ub.edu/bid/20meler4.htm.

Núñez Jover, J. (2006). Conocimiento y sociedad: pensando en el desarrollo. In: J. Núñez Jover & M.E. Macías Llánes (Eds.). Reflexiones sobre ciencia, tecnología y sociedad: lecturas escogidas. La Habana: Editorial Ciencias Médicas.

NDLTD, (2012). Networked Digital Library of Theses and Dissertations. Retrieved October 16, 2011, from
http://www.ndltd.org

Open DOAR. (2012). Retrieved June 16, 2012, from www.opendoar.org.

Sánchez Tarragó, N. Fernández Molina, J.C. & Caballero Rivero, A. (2012a). Reflexiones en torno al acceso abierto a la información en el contexto cubano: el caso del sector Sa-lud. *Informação & Sociedade: Estudo, 22* (2). Retrieved Sept. 5, 2012, from
www.ies.ufpb.br/ojs2/index.php/ies/article/view/10499/1151

Sánchez Tarragó, N, Fernández Molina, J.C. & Caballero Rivero, A. (2012b). An open access policy for the scientific output of Cuba's National Health System. *Libri*. 62 (3): 211-221. DOI: 10.1515/libri-2012-0017

UNDP. (2003). Investigación sobre ciencia, tecnología y desarrollo humano en Cuba. Retrieved June 13, 2012, from
www.undp.org.cu/idh cuba/cap2.pdf.

Repositorio de Tesis Doctorales para el Sistema Nacional de Salud de Cuba

Dinorah Sánchez Remón
Centro Nacional de Información de Ciencias Médicas-Infomed,
La Habana, Cuba
y
Nancy Sánchez Tarragó
Dirección Nacional de Epidemiología, Ministerio de Salud Pública,
La Habana, Cuba

Introducción

El especialista cubano en Ciencia y Tecnología Emilio García Capote, en su trabajo *Cuba: La conformación de las políticas de ciencia y tecnología y sus transiciones* (García Capote, 2005) plantea que aunque no existe evidencia clara de cómo y en qué momento los principales líderes políticos de la revolución cubana hacen suya la concepción de la importancia de la ciencia y la tecnología para el desarrollo, lo cierto es que comprenden tempranamente la importancia de la creación de una base nacional en ciencia y tecnología, tanto para la generación endógena de conocimientos y su aplicación como para la apropiación del conocimiento generado exógenamente.

Por ello, desde los primeros años del triunfo de la Revolución cubana sus pasos estuvieron encaminados a realizar profundas transformaciones en el orden político, económico y social. Uno de los principales objetivos de la Revolución sería lograr la autonomía económica y cultural del país y convertir a sus hombres y mujeres en personas instruidas, cultas y con un pensamiento científico. El 15 de enero de 1960 durante el acto en conmemoración del XX Aniversario de la Sociedad Espeleológica de Cuba, Fidel Castró (1960) expresó: "[…] el futuro de nuestra patria tiene que ser necesariamente un futuro de hombres de ciencia, tiene que ser un futuro de hombres de pensamiento […]"

El investigador cubano Nuñez Jover (2007) destaca que las políticas y estrategias de nuestro país han tenido como propósito elevar nuestra capacidad de producir, difundir y aplicar conocimientos para avanzar hacia un desarrollo social basado en conocimiento. Este desarrollo descansa en una educación masiva de calidad y en la creación de capacidad científica, tecnológica e innovativa. La existencia de esta "política social de conocimiento" es lo que hace posible un amplio proceso de apropiación social de este activo. Los beneficios de la apropiación social del conocimiento no solo son tecnoproductivos sino que atienden al desarrollo social visto integralmente (educación, cultura, justicia, equidad).

En esta línea, la formación de investigadores ha sido desde los primeros años de la Revolución cubana una estrategia clave en el logro de los avances científico-técnicos en sectores como la salud pública, la biotecnología, las ciencias agrícolas, técnicas, entre otras. La obtención de Grados Científicos (Doctor en Ciencias de una especialidad y Doctor en Ciencias) se considera por tanto un indicador del desarrollo de los recursos humanos dedicados a la investigación.

Por otra parte, la política cubana de salud se articuló armoniosamente con la política social, la política educacional y la política científica tecnológica, descansando en los pilares de cobertura universal, gratuidad de los servicios, centralización y descentralización, integralidad de los servicios, participación popular, colaboración internacional y vinculación de los avances científico-técnicos a la práctica (Macías Llanes, 2007). Como destaca esta autora, esta tríada programática ha estado encaminada a crear un proyecto social justo y equitativo, con la vista puesta en el desarrollo social.

Tal como destaca el informe del Programa de las Naciones Unidas para el Desarrollo (UNDP, 2003) la generación nacional de conocimientos científicos y tecnológicos en Cuba ha tenido muy en cuenta, sobre todo, la prioridad de honda raíz humanista dada a la salud pública y a su soporte científico y tecnológico.

El Sistema Nacional de Salud (SNS) tiene organizadas las actividades de investigación-desarrollo e innovación tecnológica mediante la presentación de proyectos, en programas nacionales, ramales y territoriales que tributan a prioridades investigativas vinculadas a los principales problemas de salud del país. De la misma forma, los temas de las tesis de doctorado deben corresponderse con las prioridades investigativas del país.

Una tesis de doctorado es una síntesis de la investigación realizada y de los logros científicos alcanzados que presenta el aspirante para optar por el título de Doctor en Ciencias. Constituye el documento que cierra el ciclo de investigación-aprendizaje de este investigador.

Como recurso de información posee varios valores: son trabajos originales y muy especializados que aportan nuevos conocimientos en su área, por lo que señalan nuevas líneas de investigación; suelen acompañarse de una exhaustiva revisión bibliográfica que conforma el marco teórico o estado del arte de determinado tema. Además, resultan útiles para calibrar el potencial de formación de nuevos investigadores de un sistema, así como la productividad científica de los tutores (Fuentes Pujol y Arguimbau Vivó, 2010).

Las tesis de doctorado de los profesionales del Sistema Nacional de Salud, unas 120 anualmente, se encontraban dispersas, inaccesibles e invisibles en la red de Bibliotecas del Sistema Nacional de Información en Ciencias Médicas

(SNICM) lo que influía negativamente en su socialización y utilización. Por ello, desde el año 2007 el Centro Nacional de Información de Ciencias Médicas ha trabajado en el diseño e implementación de un espacio para compartir estos recursos y elevar su visibilidad y accesibilidad.

La escasa accesibilidad y visibilidad que presentaban las tesis doctorales en ciencias de la salud se debía, por una parte, a la falta de políticas establecidas por parte de los centros de educación médica superior que obligara a los autores a dejar al menos una copia en formato digital de sus tesis en las bibliotecas de las instituciones a las cuales pertenecen y por otra, a la ausencia de un espacio digital que permitiera preservarlas y ofrecer servicios de información a partir de estos documentos.

El objetivo de este trabajo es presentar el diseño, implementación y estado actual del Repositorio de Tesis Doctorales, como patrimonio científico e intelectual de los profesionales del Sistema Nacional de Salud.

Para el diseño del repositorio se realizó una revisión documental sobre las estrategias internacionales del Movimiento de Acceso Abierto a la Información, así como el origen y evolución de los repositorios de acceso abierto, con énfasis en los repositorios de tesis doctorales. Se revisaron guías y metodologías para la creación de repositorios de acceso abierto y de productos digitales, entre ellos Cómo crear un repositorio institucional: Manual Leaders (Barton y Waters, 2007) y Planificación, diseño y desarrollo de servicios de información digital (Estaban Navarro, 2006).

Además se desarrollaron entrevistas con especialistas de información pertenecientes al Ministerio de Salud Pública (MINSAP), Instituto de Información Científica y Tecnológica (IDICT) y Ministerio de Educación Superior (MES), que habían trabajado en proyectos de repositorios digitales y que compartieron experiencias.

Antecedentes del Repositorio de Tesis Doctorales del Sistema Nacional de Salud de Cuba

Los repositorios documentales, depósitos abiertos o archivos digitales, surgen como una respuesta de las instituciones académicas a la inaccesibilidad a la producción científica publicada, debido a la escalada inflacionaria de los precios de las revistas científicas y a la necesidad de las instituciones de almacenar, preservar y colocar a disposición de su propia comunidad los resultados de sus investigaciones (Díaz Rodríguez y Sánchez Tarragó, 2010). Según la definición de López Medina (2007) repositorio documental es:

un sistema en red formado por hardware, software, data y procedimientos, con las características: contiene objetos digitales y metadatos, asegura la identificación persistente del objeto mediante un identificador único persistente, ofrece funciones de gestión, archivo y preservación de los objetos y proporciona un acceso fácil, controlado y estandarizado de los objetos.

Los repositorios documentales constituyen una de las estrategias del Movimiento de Acceso Abierto a la información para lograr el acceso equitativo y sin barreras económicas o legales a la literatura científico- técnica.

Tal como plantea Meleros (2008) una institución, a través de su repositorio, se convierte en un proveedor de contenidos a través de la comunicación de sus resultados investigativos, lo que implica mayor visibilidad, uso compartido, reutilización y preservación.

Actualmente, las tesis son la tipología de documentos que más abunda en los repositorios institucionales, después de los artículos científicos (Open DOAR, 2012).

Según el recorrido histórico de Díaz Rodríguez y Sánchez Tarragó (2010) los primeros pasos en el denominado Movimiento de Tesis y Disertaciones Electrónicas datan del año 1987 cuando se reunieron representantes de varias universidades norteamericanas para discutir cómo utilizar el formato SGML en la preparación de tesis electrónicas. Ya en 1996 la Virginia Tech University indicó a sus alumnos la obligatoriedad de entregar solo en formato electrónico todas las tesis generadas a partir ese año. Este proyecto se difundió internacionalmente y se creó la Biblioteca Digital en Red de Tesis y Disertaciones (NDLTD, siglas en inglés), con el propósito de aumentar su difusión y preservación y disminuir los costos asociados al formato impreso (NDLTD, 2012). Otras alianzas entre instituciones con el objetivo de compartir y aumentar la visibilidad de las tesis son Tesis Doctorales en Red (TDR), del Consorcio de Bibliotecas Universitarias de Cataluña; Cibertheses, programa de cooperación internacional entre universidades, iniciado por la Universidad de Montreal y la Universidad de Lyon, y el Programa de Tesis Digitales Australianas (ADT, siglas en inglés).

En el caso de Cuba, los aspectos relacionados con el acceso amplio y equitativo al conocimiento y la información han estado en el centro de las políticas de desarrollo social del país, como instrumentos para lograr el avance científico, económico y cultural de la nación. Un conjunto de iniciativas se han desarrollado, particularmente en el sector de la salud, incluso antes de la formalización oficial del Movimiento de Acceso Abierto (Sánchez Tarragó, Fernández Molina y Caballero Rivero, 2012a).

En este mismo sentido, el Centro Nacional de Información de Ciencias Médicas-Infomed ha estado desarrollando redes y flujos de conocimiento que han permitido vincular el conocimiento a la solución de problemas de salud.

Además del desarrollo de la colección de revistas biomédicas de acceso abierto disponible en la Biblioteca Virtual de Salud y la Biblioteca Digital

Electrónica SciELO, desde el 2007 fue gestándose en el Centro Nacional de Información de Ciencias Médicas-Infomed la idea de

> desarrollar un servicio por medio del cual los usuarios de la red puedan compartir, en una primera etapa, las tesis doctorales y más adelante otros contenidos científicos, entre ellos: imágenes, lecciones, cursos, pre-prints y otros; de modo que avancemos hacia la construcción abierta de un "archivo digital nacional de la producción científica en salud (Kourí, 2007).

A partir de entonces, varias investigaciones nacionales tributaron completa o parcialmente al proyecto de Repositorio de Tesis Doctorales que lideró un equipo de trabajo del CNICM, entre ellas, *El acceso abierto a los documentos: Los repositorios institucionales* (Flores Cuesta y Sánchez Tarragó, 2007) que enunció algunos principios para la implementación de repositorios institucionales; *Propuesta de Política para el Repositorio Institucional de Autores Cubanos en Ciencias de la Salud del Ministerio de Salud Pública* (Amado Picaso, 2008) que sirvió de base para la redacción de las políticas de gestión del repositorio de tesis doctorales; *Propuesta para el diseño de un repositorio de tesis doctorales para el sector Salud en Cuba* (Díaz Rodríguez y Sánchez Tarragó, 2010) donde se presentaron los aspectos metodológicos del diseño de los servicios del repositorio de tesis doctorales y *Política para el acceso abierto a la producción científica del Sistema Nacional de Salud de Cuba* (Sánchez Tarragó, Fernández Molina y Caballero Rivero, 2012b) que enuncia una política general de acceso abierto donde se incluyen las tesis doctorales generadas por los miembros del Sistema Nacional de Salud de Cuba.

El Repositorio de Tesis Doctorales en Cuba forma parte de la estrategia de la Biblioteca Virtual en Salud (BVS) para la divulgación de la producción científica cubana. Además, cuenta con la aprobación y colaboración de la Comisión Nacional de Grados Científicos (CNGC) que es el órgano adscrito del Consejo de Ministros de la República de Cuba para la planificación, organización, desarrollo y control de esta actividad en el país.

El Repositorio de Tesis Doctorales: diseño, implementación y estado actual

El Repositorio de Tesis Doctorales (http://tesis.repo.sld.cu/) tiene como objetivo principal hacer accesibles a texto completo las tesis doctorales realizadas por los autores cubanos en las ciencias de la salud, garantizar su visibilidad y facilitar el contacto entre investigadores, académicos y profesionales del sector de la salud en Cuba; la promoción, difusión y discusión de los resultados de investigación; el aumento de las citas de un autor y por ende su reconocimiento en el sector y el crecimiento de la competitividad y relevancia de las instituciones del sector de la salud.

Entre las funciones principales del repositorio están:

Proveer acceso a las tesis doctorales de los autores cubanos en el sector de la salud.

Ofrecer acceso abierto, sin restricciones económicas ni de permisos, a las tesis doctorales.

Servir de registro y control de la producción científica de los profesionales del sector de la salud.

Garantizar la preservación a largo plazo de las tesis doctorales.

Proveer de un mecanismo que facilite la evaluación de la actividad investigativa y la producción científica de las instituciones.

Respaldar con información científica de calidad, la solución de los principales problemas de salud que afectan el país.

Además, la creación del repositorio tiene el propósito de incentivar los siguientes aspectos:

La familiarización con las estrategias del Movimiento de Acceso Abierto a la información y la participación conciente y responsable en este del personal científico y académico de las instituciones del Sistema Nacional de Salud.

El acceso y visibilidad del trabajo de investigación de los autores en ciencias de la salud y ramas afines.

La generación y el uso de la producción científica cubana.

Este repositorio debe incluir todas las tesis doctorales realizadas por autores cubanos del sector de la salud a nivel nacional, en las temáticas que abarcan las especialidades clínico-médicas, clínico-quirúrgicas, diagnósticas, básicas, estomatológicas, en ciencias de la salud, en ciencias infectológicas y enfermedades tropicales y en ciencias sociales aplicadas a la salud.

Su diseño se basa en un modelo de gestión colaborativo y descentralizado que facilita la reutilización y difusión de las tesis de doctorado. Está coordinado por el Centro Nacional de Información de Ciencias Médicas (CNICM) y alimentado de manera descentralizada por la red de Centros Provinciales de Información de Ciencias Médicas y Bibliotecas Médicas de Cuba. Está apoyado por las estructuras administrativas correspondientes tanto a nivel nacional, provincial, como institucional. Es responsabilidad del CNICM-Infomed mantener el servidor central de la plataforma tecnológica de almacenamiento y los servicios del Repositorio. Los Centros Provinciales de Información y las unidades de información de las instituciones tienen la responsabilidad de organizar el depósito de las tesis, a través de sus recursos humanos y técnicos.

Aún cuando en una primera etapa se ha previsto que el depósito esté mediado por los profesionales de la información, se incentiva y promueve el auto-archivo o depósito de las tesis por sus propios autores. No obstante, debe tenerse en cuenta que se ha establecido que las tesis doctorales se harán públicas siempre que estén aprobadas por el documento legal (resolución) de la Comisión Nacional de Grados Científicos de Cuba.

Se optó por la plataforma tecnológica Eprints por ser un software libre y gratuito, fácil de instalar, que usa interfaces amigables basadas en la web y el protocolo de recolección de metadatos OAI-PMH, lo que garantiza su interoperabilidad con otros repositorios y servicios.

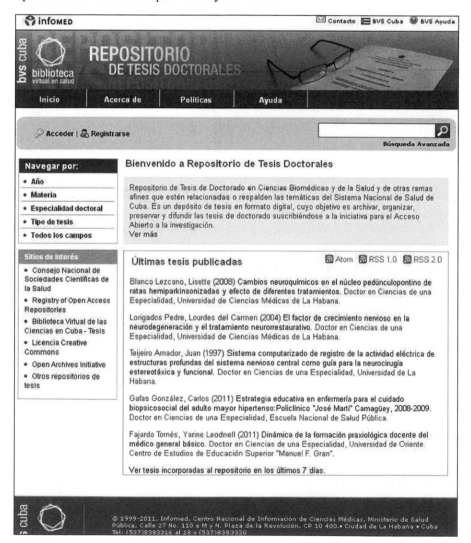

Figura 5.1. Página de inicio del Repositorio de Tesis Doctorales

Para el repositorio de Tesis Doctorales se han diseñado una serie de servicios entre los que se encuentran:

Navegación por autor, título, materia, año de defensa, especialidad doctoral, tipo de tesis (Doctor en Ciencias de una especialidad o Doctor en Ciencias), Proyectos de investigación, Provincia del autor e Instituciones autorizadas.

Acceso al texto completo de las tesis doctorales disponibles.

Acceso a documentación de ayuda.

Enlaces a otros sitios relacionados

Alertas sobre la incorporación de nuevas tesis mediante un canal RSS o por correo electrónico

En el Repositorio se destaca la búsqueda y recuperación de las tesis por *Proyectos de Investigación* (Figura 5.2, p. 159). Estos responden a estrategias y programas priorizados del área investigativa del país, lo que brinda la posibilidad de disponer de información veraz y autorizada sobre estas líneas priorizadas.

En la gestión de los repositorios institucionales se reconocen un conjunto de políticas encaminadas a garantizar su correcto funcionamiento. Entre ellas se encuentran: política de desarrollo de colecciones, de preservación digital, de procedimientos de envío de documentos, de uso, calidad y normalización de metadatos y de propiedad intelectual. Estas políticas han sido definidas para el Repositorio de Tesis Doctorales http://tesis.repo.sld.cu/policies.html.

Por otra parte, las políticas que guían comportamientos de depósito de documentos en un repositorio se han denominado políticas de auto-archivo, y más recientemente, políticas de acceso abierto, término que engloba a cualquier tipo de política que regule comportamientos para hacer disponible información en modalidades de acceso abierto.

La experiencia internacional en el establecimiento de repositorios digitales indica que el depósito espontáneo por parte de los investigadores sólo comprende al 15% de las investigaciones producidas. Por tanto, aún cuando en estos momentos en el Repositorio de Tesis Doctorales predomina el depósito mediado por los profesionales de la información, sí resulta de interés que el registro y depósito de las tesis doctorales del Sistema Nacional de Salud se realice teniendo en cuenta los principios que se establecen en el texto propuesto de la Política para el Acceso Abierto a la producción científica del Sistema Nacional de Salud (Sánchez Tarragó, Fernández Molina y Caballero Rivero, 2012b). Allí se plantea que:

Esta política indica la obligatoriedad de registrar, depositar y garantizar, siempre que sea posible, el acceso abierto a los textos completos de los artículos científicos publicados, tesis de doctorado y maestría y libros de ciencias biomédicas y de la salud de autores cubanos pertenecientes a instituciones del Sistema Nacional de Salud.

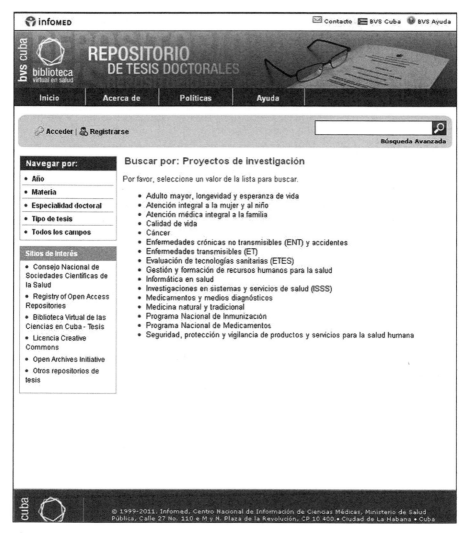

Figura 5.2. Página de Búsquedas por Proyectos de Investigación

Esta Política se rige por las estipulaciones del Sistema Interno de Propiedad Intelectual del Ministerio de Salud Pública vigente desde el 2005 y la Ley Cubana de Derecho de Autor (1977), las cuales disponen que dicho Ministerio y sus instituciones son titulares de los derechos patrimoniales (comunicación pública, reproducción, transformación y distribución) de las obras científicas y técnicas creadas en el marco del empleo. Por ello se plantea que:" Las instituciones del Sistema Nacional de Salud tienen derecho a exigir la disponibilidad en acceso abierto de los artículos, libros y tesis de doctorado y maestría generados por los miembros del Sistema Nacional de Salud, teniendo en cuenta las especificaciones para cada tipo de documento que han sido establecidas".

La difusión del repositorio es un paso clave para promover su utilización. En este sentido se han desarrollado un grupo de actividades entre las que se encuentran:

Anunciar en la página Web del CNICM-Infomed la puesta en funcionamiento del repositorio de tesis doctorales en ciencias de la salud, y proporcionar información general sobre los servicios que ofrece y los beneficios que aporta.

Contactar con el personal académico y los doctorandos de los centros de educación médica superior con el objetivo de explicarles las ventajas del repositorio.

Impartir conferencias en las facultades de los centro de educación médica superior, con el objetivo de educar a los autores en los temas relacionados con el acceso abierto.

Caracterización de las Tesis Depositadas

Hasta junio del 2012 se han depositado 327 tesis doctorales. La divulgación en diferentes foros de las ventajas de hacer pública las tesis en el repositorio se refleja en el incremento de los registros en los últimos meses del 2012 y en el incremento del depósito de tesis defendidas en el propio año 2012, lo que le confiere mayor oportunidad y visibilidad inmediata a estos contenidos (Figura 5.3).

Figura 5.3. Cantidad de tesis depositadas en el Repositorio de Tesis Doctorales

Las Tesis Doctorales responden en su mayoría a programas priorizados del Ministerio de Salud Pública. Un análisis por Proyectos de investigación permite observar que predominan las tesis que abordan las Enfermedades Crónicas No Transmisibles (68 tesis), lo que se corresponde con el cuadro epidemiológico del país; le siguen como intereses fundamentales las Enfermedades transmisibles (54 tesis), la Gestión y Formación de recursos humanos (38) y la Seguridad y Vigilancia de productos y servicios de salud (38) (Figura 5.4).

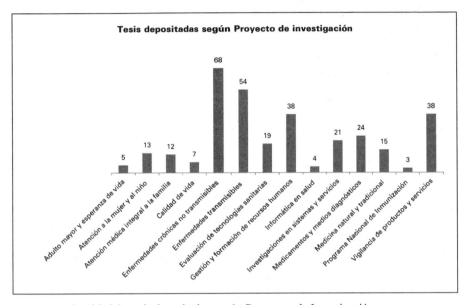

Figura 5.4. Cantidad de tesis depositadas según Proyectos de Investigación

La Figura 5.5 muestra la cantidad de tesis depositadas según Especialidad doctoral. Puede observarse que predominan las Ciencias Clínicas Médicas con 62 tesis; de ellas, 17 tributan a Neurología, mientras que el resto está distribuido entre otras 15 especialidades. Le siguen en representatividad las Ciencias Infectológicas y Enfermedades Tropicales con 53 tesis, donde destacan la Virología (21) y la Bacteriología-Micología (12). Dentro de las Ciencias Clínico Quirúrgicas (51 tesis) las especialidades más representadas son la Cirugía General (12) y la Oftamología (9).

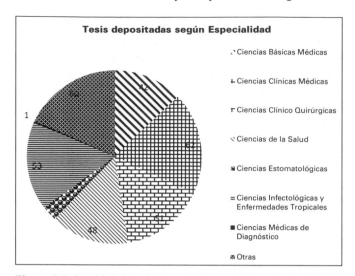

Figura 5.5. Cantidad de tesis depositadas en el Repositorio de Tesis Doctorales según especialidad doctoral

Por último, si se analizan los depósitos según provincias donde están enclavadas las instituciones a las que están afiliados los autores, puede observarse una desproporción entre los depósitos de tesis cuyos autores son de instituciones de La Habana con respecto al resto del país. Estos datos evidencian que aún debe trabajarse más en los mecanismos de descentralización de los depósitos por parte de las instituciones provinciales y los propios autores.

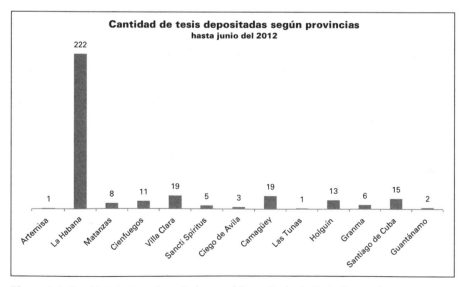

Figura 5.6. Cantidad de tesis depositadas en el Repositorio de Tesis Doctorales por provincia de sus autores

Conclusiones

El diseño e implantación del Repositorio de Tesis Doctorales para el Sistema Nacional de Salud cubano se encuentra enmarcado en las líneas estratégicas de la Biblioteca Virtual de Salud como espacio de integración de fuentes y servicios de información que ofrezcan mayor accesibilidad y visibilidad a la producción científica cubana, consecuentes con los principios de acceso universal y equitativo a la información y el conocimiento que se encuentran en la base de las estrategias cubanas de desarrollo socioeconómico.

Desde su puesta en funcionamiento en el año 2010 hasta la junio del 2012 se han depositado 327 tesis de doctorado y se ha observado un incremento del depósito en el primer semestre del 2012, así como de la inmediatez con la que se depositan las tesis una vez defendidas y aprobadas por la Comisión Nacional de Grados Científicos. Los datos aquí reflejados también corroboran que el repositorio ha permitido hacer visibles y recuperables valiosas investigaciones que corresponden con los principales problemas de salud del país.

El futuro del repositorio está en una mayor participación de los doctorandos y sus instituciones en el depósito oportuno de estas tesis, así como en la promoción de la utilización de esta fuente de información por parte de la comunidad científica del país.

Entre las líneas de desarrollo que se vislumbran está la integración armónica del Repositorio de Tesis Doctorales con otros productos y servicios de información que apoyan los procesos de enseñanza-aprendizaje como la Universidad Virtual de Salud; su articulación a los mecanismos de gestión y evaluación de la ciencia en los centros de educación médica superior, instituciones de investigación y otras. Por otra parte, tendrá que enfrentar los retos de la preservación digital y la incorporación de nuevos servicios que complementen y hagan más atractivo y útil este recurso de información con miras hacia el beneficio social de la población cubana.

Referencias

Amado Picaso, M. (2008). Propuesta de política para el Repositorio Institucional de Autores Cubanos en Ciencias de la Salud del Ministerio de Salud Pública. [Trabajo de diploma]. La Habana: Facultad de Comunicación.

Barton MR, Waters M. Creating an institutional repository: LEADIRS workbook. Extraído el 11 octubre 2011, desde
www.dspace.org/implement/leadirs.pdf.

Castro F. (15 de enero de 1960). Discurso pronunciado por el comandante Fidel Castro Ruz, primer ministro del gobierno revolucionario, en el acto celebrado por la sociedad espeleologica de cuba, en la academia de ciencias. Extraído el 3 junio 2011, desde www.cuba.cu/gobierno/discursos/1960/esp/f150160e.html.

Díaz Rodríguez, Y. y Sánchez Tarragó, N. (2010). Propuesta para el diseño de un repositorio de tesis doctorales para el sector Salud en Cuba. Acimed, 21(3), 283-207. Extraído el 23 febrero 2012, desde http://scielo.sld.cu/scielo.php?script=sci_arttext&pid=S1024-94352010000300003&lng=es.

Esteban Navarro, M.A. (2006). Planificación, diseño y desarrollo de servicios de información digital. En: J. Tramullas J, P. Garrido (Eds.). Software libre para servicios de información digital (23-43). Madrid: Pearson Prentice-Hall. Extraído el 20 febrero 2012, desde http://eprints.rclis.org/bitstream/10760/7495/1/Cap%C3%ADtulo2.pdf.

Flores Cuesta, G. y Sánchez Tarragó, N. (2007). Los repositorios institucionales: análisis de la situación internacional y principios generales para Cuba. Acimed, 16(6). Extraído el 12 febrero 2012, desde http://scielo.sld.cu/pdf/aci/v16n6/aci061207.pdf.

Fuentes Pujol, E. y Arguimbau Vivó, L. (2010). Las tesis doctorales en España (1997-2008): análisis, estadísticas y repositorios cooperativos. Revista Española de Documentación Científica, 33(1) 63-89.

García Capote, E. (2005). Cuba: La conformación de las políticas de ciencia y tecnología y sus transiciones. Documento np publicado, La Habana,Cuba

Kourí Cardellá, G. (2007). InfoMED TesisDr: ¿un servicio o un repositorio? Acimed, 16(6). Extraído el 20 jun 2012, desde http://bvs.sld.cu/revistas/aci/vol16_6_07/aci0101207.htm.

Ley del Derecho de Autor, 14. Cuba. (1977). Extraído el 20 jun 2012, desde www.cenda.cult.cu/doc/leyNo14.pdf

López Medina, A. (2007). Guía para la puesta en marcha de un repositorio institucional. Extraído el 12 mayo 2012, desde http://espacio.uned.es/fez/eserv.php?pid=bibliuned:469&dsID=presentacionALICIA.pdf.

Macías Llánes, M.E. (2007). Tensiones en el tratamiento epistemológico de la salud. La política de salud cubana y valores sociales. En: J. Núñez Jover & M.E. Macías Llánes (Eds), Reflexiones sobre ciencia, tecnología y sociedad: lecturas escogidas. La Habana: Editorial Ciencias Médicas. Extraído el 7 diciembre 2009, desde www.bvs.sld.cu/libros_texto/reflexiones_ciencia/completo.pdf.

Melero, R. (2008).El paisaje de los repositorios institucionales open access en España. BiD: textos universitaris de biblioteconomia i documentació, jun (20). Extraído el 25 febrero 2012, desde www.ub.edu/bid/20meler4.htm.

Nuñez Jover, J. (2006). Conocimiento y sociedad: pensando en el desarrollo. En: J. Núñez Jover & M.E. Macías Llánes (Eds.), Reflexiones sobre ciencia, tecnología y sociedad: lecturas escogidas. La Habana: Editorial Ciencias Médicas.

NDLTD, (2012). Networked Digital Library of Theses and Dissertations. Extraído el 16 octubre 2011, desde www.ndltd.org/.

Open DOAR, (2012). Extraído el 16 junio 2012, desde www.opendoar.org.

Sánchez Tarragó, N. Fernández Molina J.C. & Caballero Rivero, A. (2012a). Reflexiones en torno al acceso abierto a la información en el contexto cubano: el caso del sector Salud. Informação & Sociedade: Estudos 22 (2). Extraído el 5 septiembre 2012, desde www.ies.ufpb.br/ojs2/index.php/ies/article/view/10499/1151

Sánchez Tarragó, N. Fernández Molina J.C. & Caballero Rivero, A. (2012b). An open access policy for the scientific output of Cuba's National Health System. Libri.

UNDP. (2003). Investigación sobre ciencia, tecnología y desarrollo humano en Cuba. Extraído el 12 junio 2012, desde www.undp.org.cu/idh%20cuba/cap2.pdf.

The Repository of the Cuban Press:
A Feasibility Study for a New Project

Lenay Barceló Soto
Information Center for the Press (CIP), Havana, Cuba
and
Liudmila Báez Sánchez
Information Center for the Press (CIP), Havana, Cuba

Introduction

The final declaration of the first World Summit on the Information Society (WSIS) held in Geneva in 2003 emphasized the social nature of access to information and knowledge. The Declaration of Principles stated:

> our common desire and commitment to build a people-centered, inclusive and development-oriented Information Society, where everyone can create, access, utilize and share information and knowledge, enabling individuals, communities and peoples to achieve their full potential in promoting their sustainable development and improving their quality of life, premised on the purposes and principles of the Charter of the United Nations and respecting fully and upholding the Universal Declaration of Human Rights (WSIS, 2003).

This requires epistemological positions promoting a culture that celebrates sharing, collaboration and understanding of the dynamics of knowledge and the continuous improvements being introduced into society. This is not achieved by the amount of knowledge collected and stored, or by the associated technological artifacts, but rather by the rational, critical and efficient way it is used and the consequences of such use in the social practices of the actors involved.

In that sense, Rodriguez (2004) states that the construction of an Information Society must be collective and, more than ever, must contribute to the identification of models fitted to historical and cultural conditions, corresponding to the opportunities offered by technological developments and ensuring pluralism and the inclusion of all stakeholders.

This is an essentially social process, which promotes a socio-ethical view of man as an active participant and central to deliberations and collective decision-making in the search for greater well-being. Therefore, "ultimately, the issue is settled not by technology per se, but by the establishment of policies that express the responsibility and the right of stakeholders in access and use of information" (Baez, 2011).

As a scenario consisting of the daily practices imbued with common values and beliefs, and traversed by numerous conflicts, the technology-centered approach gives prominence to the activities performed by culturally-mediated social actors through which they interpret, understand and re-signify reality (Bruner, 1999). This new style of communication involves a change in the rational approach to the relationship between senders and receivers and as a result there are emerging multi-models, where sender and receiver have one role or another, depending upon the specific situation (Herreros, 2008).

Open Access Repositories: A Social Perspective

An alternative to this model of scientific communication is posed by the movement for Open Access (OA) which the Berlin Declaration[1] defines as information that is

> available free to the public Internet, allowing users to read, download, copy, distribute, print, search or link to the entire contents (...), collect them for indexing, pass them as data to software or use them for any other legitimate purpose, without financial barriers, legal or technical, other than those involving access to the Internet. The only constraint on reproduction and distribution, and the only role for copyright in this domain, should be to give authors control over the integrity of their work and the right to be properly acknowledged and cited.

Although this initiative had its genesis in academia in relationship to the production of scientific literature, the Berlin Declaration broadens the scope of OA content including not only the results of original scientific research, but also the raw data, the materials sources, metadata, digital representations of pictorial and graphical materials and scholarly multimedia material.

It is prudent to note that when talking about the OA movement, it is a philosophy that promotes free access to knowledge; while the Open Archives Initiative (OAI) points to the technology required for the implementation of

---

1   The Open Access movement is outlined by three fundamental statements made in a period of two years. These are: the Declaration of Budapest (Budapest Open Access Initiative, 2002), the Bethesda Statement (Bethesda Statement on Open Access Publishing, 2003) and the Declaration of Berlin (Berlin Declaration on Open Access to Knowledge in the Sciences and Humanities, 2003).

OA. The common denominator then lies in their underlying purpose: the interoperability between the files, the long-term preservation and universal access to information.

Thus, the essential contribution of OA is that it helps to increase the cycle of generation of new knowledge and to facilitate online access to information. This represents a marked change from the point of both quality and quantity in the scholarly communication model (Casate, 2009). The active involvement of all stakeholders is further implied.

One of the main mechanisms for publication within the OA initiative that is gaining more popularity is the self-archiving or open access repository, based in many ways on the FTP servers used before the emergence of the web to store and facilitate access to information resulting from human activity. An open access repository is a collection of web-based digital materials, produced by one or more members of an institution or institutions according to clearly defined policies. Among the most important features of these repositories is the capacity for self-archiving, interoperability, accessibility and free long-term preservation (Casate, 2009). Thus, self-archiving provides the possibility for the content of any information resource to be deposited by the creator, owner or third party on their behalf, making available all of the results of its intellectual and creative activity, without detrimental effects to copyright law and the integrity of the work.

To emphasize this last point in particular, note that the main concerns focus on the dilemma between open access to information and issues related to the violation of copyright. It is therefore vitally important to establish policies related to compliance with international laws as well as those of each country, and the recognition of author's rights. This is an issue which continues to call for deep analysis and timely solutions. Furthermore, in order to truly enable the transfer and exchange of such information, different systems should be interoperable. This concept is defined as,

> the ability of an information system to communicate and share data, information, documents and digital objects in an effective manner (with minimal or no loss of value and functionality), with one or several information systems (these systems being generally quite heterogeneous, distributed and geographically distant), with a free interface, which operates automatically and transparently while using the system interface itself (Guajardo, 2010).

Also, these repositories should allow universal access to information without unreasonable economic barriers, legal or technical, and ensure the sustainability of content over time for future generations.

In each of these characteristics rests the philosophy of this initiative which calls for socio-ethical weighted values of cooperation, promotes progress, stimulates innovation and the preservation and sustainability of the universal cultural heritage.

Therefore, according to Casate (2009) this movement is particularly important especially for developing countries, helping to remove barriers that impede the flow of knowledge between the South and the North and vice versa (Ahmed, 2007), while it helps make knowledge accessible and visibly endogenous.

We have begun to develop some initiatives in the region of Latin America and the Caribbean, which include two very important efforts in the field of academic journals. These initiatives include the digital repositories Redalyc and SciELO. In the specific case of Cuba, as noted by Casate (2009), the development of these initiatives is still nascent and the Program for Cuban Science Network is currently the leader in promoting the principles of OA.

To date, there are only five Cuban repositories listed in the Directory of Open Access Repositories (OpenDOAR) and Registry of Open Access Repositories (ROAR) including:

EcuRed Virtual Library (repository of educational resources)
EHDT Institutional Repository (School of Hospitality and Tourism of
    Camagüey)
Repository Cuba Health Legislation
Repository of Doctoral Theses in Biomedical Sciences and Health in Cuba
Scientific Electronic Library Online – Cuba (SciELO – Cuba)

While development is evident, it is slow and has been impacted by economic and technological conditions affecting the region and Cuba in particular. Despite this, the experiment has begun and is expanding and gaining ground in different fields of knowledge.

Press Repositories in Light of the Open Access Movement

With this technological revolution as well as the movements, incentives and downsizing initiatives that have been felt by all, the documents and information in the press take on new possibilities and prospects, and projects are based on a more collaborative and integrated model.

The transition from traditional journalism to online journalism, the new vision of integrated newsrooms, and the advent of social networks as a setting for communication and expression of knowledge pose new challenges and a require a bolder look at the prevailing paradigms. For the medium of the press, a specific set of methodologies and technologies have been developed for the communication sector that includes integrated systems and electronic document management.

Codina (2000) identifies two entries into the news production system related to journalistic principles: real-time information[2] and retrospective and/or prospective information. The first can be obtained from the interaction with social actors or by consultation of systems for the selective dissemination of news[3] whereas the retrospective and/or prospective information exists in documentary information systems such as databases, archives, digital newspaper archives or press repositories.

A continual transit exists during this time of great possibilities for the documentation provided by the open access initiative, and many benefits may be provided for journalism. Because of this, news services have been experiencing changes following the transition brought about by the development of information and communication technologies (ICT's) which are most apparent in newsroom routines.

Content storage for digital media today, both real-time and retrospective, allows increased opportunities for use. Due to these opportunities, Guallar (2011) points out that digital newspaper archives permit consultation and search in large retrospective repositories and in this way make it possible to contextualize the news and link file documents from the newspaper or other external sources as well as create products and documents with relevant information that can include anniversaries, timelines, or so-called "Special" items.

Other services or products that can be developed using the retrospective view might be tracking press items (DSI), press kits (press-clipping), syndication on the web (Intranets or portals) or press releases (by e-mail), all with very informative and important impact to support the work of journalists in the media as well as for decision-making bodies with political and social responsibilities.

However, traditional practices resist and undermine altruistic projects that promote access to information without restrictions. These practices are based on closed systems and centralization and models that limit collaboration, reuse and exchange of information. Commercial interests of large media monopolies may lack clear policies and initiatives and may combine with "feudalistic" attitudes about information to enhance these restrictions. In the same way, the principles supporting immediacy of the news and the opportunity to provide truly timely information on the web are violated, highly taxing the delivery of quality journalism. Media repositories have traditionally been merely large collections of each media outlet, organized by their own criteria, often without considering the standards established for each type of information resource.

---

2   This according to Codina is produced more or less synchronously with the events and reception.
3   For example: The Informant, Individual or MyNewsOline.

They do not guarantee interoperability or it is rare, and access is not completely free due to the restrictions set for consulting materials.

A systematic practice in the traditional large digital media is to restrict access to their newspaper archives for old collections or "freeze" content to allow consultation of those materials published only after a predetermined period of time. Because of the importance journalists give to the collection of information resources stored in the media database, access is costly. This traditional model supports expensive subscriptions that require down payments at fixed rate or, sometimes, based upon the number of documents consulted.

In contrast to this panorama, there are several useful and valued initiatives that can be seen in the new scenario that emphasizes digital repositories. These new models point toward compromise, rationalization and thinking about better communication strategies, and greater ability to cooperate and to disseminate knowledge.

While the major directories such as OpenDOAR do not show much initiative for including the field of the press and mass media, an investigation yielded web sites that intentionally approach the philosophy of open access for these sources. A large number of these are concentrated in Spain where such projects as the portal of the Network of Anadalusian Publications[4] and the Historical Virtual Press[5] stand out. The latter is a major cooperative project created in Spain that brings together several institutions with the fundamental aim "to preserve bibliographic materials that by the very nature of this support, are found to be more endangered each day and, second, to disseminate as widely as possible information about these resources that are in demand by researchers and citizens" (Historical Virtual Press, 2011).

As referred to on the Historical Virtual Press website, this had to be carried out by the digitization of materials through a process of developing data and metadata to facilitate the use of search and retrieval of information in a virtual environment. In this case, the repository also employs Open Archives Initiative-Protocol Metadata Harvesting (OAI-PMH) which makes it detectable by major collectors and thus it appears as an OAI data provider within OAISter[6].

Furthermore, the structure of OAI-PMH and Dublin Core allows for the establishment of SiteMaps, with search engines like Google or Yahoo providing high visibility to each of the records in the database of the Virtual Library of Historical Newspapers. These records can be easily collected directly by the search engines.

---

4   Network of Andalusian Publications: www.juntadeandalucia.es/cultura/ba/revistaselectro nicas/index.php.

5   Virtual Library of the Historical Press: http://prensahistorica.mcu.es/es/cms/elemento.cmd? idRoot=estaticos&id=estaticos/paginas/presentacion2.html.

6   OAISter: www.oaister.org/viewcolls.html.

Building a Press Repository: The Cuban Experience with a Vision for Open Access

The development of open access initiatives in Cuba can be a significant element to improve access and increase the visibility of Cuban publications and the knowledge generated in the country. By its inherent value as memory, evidence of the life of a nation, and as totally public material, reporting is one of the largest information resources with potential for inclusion in OA repositories. Country level policies also favor the practice in order to advocate for the establishment of collaborative initiatives and open access. Finally, it is also seen as a structural model that allows for cooperation and exchange.

As the governing body for the information units of the media across the country, the Information Center for the Press (CIP) has as part of its mission the role of leadership in the development of projects for the computerization of the Press and thus automation of processes associated with this production. On this basis, one of the projects in which it is immersed is the implementation of the Cuban Press catalog. Although this cannot be classified as an open access repository in every sense, the principles and philosophy under which it was conceived lay the groundwork for future developments towards the OA initiative.

The Catalog of the Cuban Press

The catalog of the Cuban Press is a web application that allows the management, processing and subsequent recovery of materials published in the Cuban media. The materials on which this content is based are available to journalists, communication specialists, managers and other professionals whose work is related to the press. The system itself is conceived as a specialized repository of materials published in the Cuban press, whose collection is openly available for journalists, students and other professionals in the press and communication in Cuba (See Figure 6.1, p. 172).

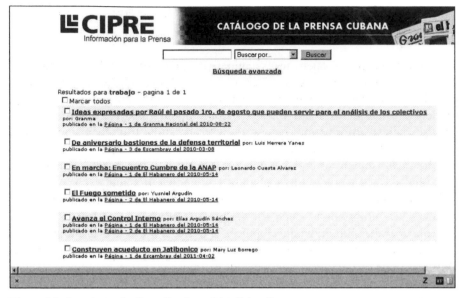

Figure 6.1. Search results from Catalog of the Cuban Press

Background

The database of the press, run by the Information Centre for Media and managed by each of the units of information from the media, contains about 310,000 records for materials published in Cuban print media since 1995 in full text. In 2011 this repository was running on the Microisis system and its resources were described by the ECLAC format. In the second half of the 1990s, the priority had been to not only describe the materials, but also include the full text back to the primary sources. The purpose was to support research processes and to support the historical documentation of its own newsroom. An adaptation of the Microisis system was developed that permitted incorporation of full text of the materials in the CEPAL format.

In 2009 the database system started having difficulty functioning, principally due to the amount of full text information contained within it. The system was not originally conceived to handle this amount of full text. Microisis also did not provide a feature that would allow open access to online materials from the databases. In addition, it did not support interoperability with other related systems developed for journalists and communications, such as the Controlled Vocabulary of the Press. Since then research has been done resulting in the development and implementation of a new system for processing, storage and subsequent recovery of journalistic materials: the Catalog or Repository of the Press.

This system provides a standardized model to describe materials wherein the basic journalistic standards of PRISM and Dublin Core are combined. In this way it is possible to describe the journalistic material from their semantics and physical format. The application is based on the development of open source technologies and on materials created especially for the newspapers of the Cuban press, but is equally applicable to other documentary material, hence the data model can be reused by other applications. The Catalog of the Press is therefore considered to have as its key feature, interoperability with related systems to reuse the structure or resources. Resources can also be used from outside the system platform.

Metadata Model of the Databases of the Cuban Press

The management of information objects requires the identification of a set of metadata that represent the resource during its life cycle. Documents that are managed for the digital environment have metadata characteristics. The system metadata in digital resources will allow not only the representation and subsequent recovery of materials, but can be reused by other information systems which have standards with related metadata representation. Dublin Core (DC) is one of the best known metadata systems. This system was created in 1995 and has become one of the most widely used metadata schemes for describing digital resources. Among the advantages of DC is the fact that its structure easy to understand and use for the description of digital documents.

However, press materials are structures that make them particularly different from other information resources, and some of these structures cannot be represented by the traditional metadata systems such as MARC and Dublin Core. This has led the suppliers of media content to engage in the adaptation of metadata to media resources and the development of specific markup languages for representing journalistic materials. Among the markup languages that have been developed specifically for newspaper companies are: PRISM, NITF and IPTC.

PRISM has been used in the particular case of the Catalog of the Cuban Press because it "provides the ability to include semantic descriptions, whether external (in documents other than those other originals that are described) or markedly below (within the same document that it describes, at the beginning or end of the document or a particular component), this is possible because the data structures reuses of semantic markup languages such as RSS, RDF and Dublin Core" (Gonzalez, 2010). In addition, thought was given to building the metadata model analysis for journalistic material from the viewpoint of Reyes (2005) when he defined the physical representation of the message given the journalistic addition within the content of resources, and also the body that included paratextual, textual and intertextual elements.

The selection of the markup language PRISM is mainly based on the fact that it can be used to represent such elements of the press materials that include multiple themes, physical or geographic precedence of documents, etc. The issue of multiple themes refers to the fact that the press can address aspects of any branch of knowledge, while the physical or geographical origin of the document refers to the fact that press materials are sometimes not in the original medium itself, but taken from agencies or other sources, information elements that are important to define. This should also be observed with respect to the journalistic genres and other elements associated with each material relationship within the system. It is not possible to describe the generality of these elements using only traditional metadata system, and it is therefore essential to describe these with systems such as PRISM, mainly looking for relevance and importance in the search results.

PRISM alone was not enough to represent all of the defined metadata press materials, and it was therefore necessary to define a metadata system that combined elements of PRISM and Dublin Core. This was necessary to achieve the complete description of the materials without ignoring the standard models. The resulting system was developed to represent the Cuban press materials from the physical perspective and content as well as from the semantics implicit in the relationship between material, context and other related information resources (other articles, images, charts, graphs, tables, etc...).

System databases developed for the press allows users to do several actions in the first version, as follows:

Contents:

> Retrieve full text information materials published in the national print media from 1995 to present.
>
> Export only the plain texts of the newspaper articles that are retrieved by a given subject.
>
> Access the pages of the printed version to identify the position of the material on the sheet, the typography of the headline and summary, as well as resources that accompanied the text graphics (images, tables, graphs, etc...).

Management of materials:

> Allow editing, processing and incorporation into the repository individually by each unit of the media outlet concerned. This means that each outlet manages its resources and facilitates its accessibility to the rest of the media.
>
> Diversify and optimize the search and retrieval of materials allowing free search in all areas of the system and, in addition provide an advanced search in the major fields of representation of the material.

Improve the management system of materials within the press repository following the logic of the identity elements in processing units of information – that is, processed edition, page where the material is found, as well as journalistic material itself.

Integrate a management module of controlled vocabulary for journalistic material that contains terms that have been entered into the documentation for representation of the themes treated in the materials. This will allow control of the index terms that are the same allowing for more effective recovery.

Accessibility

Ensure free access to full text of all materials, without restriction of any kind for the newspaper industry.

Establish policies for access and use for other sectors of society.

Information systems

Integrate this system into others developed for the Cuban press and providing the capability to reuse resources thanks to the standard representation and data model defined.

System availability in a web application with access for professionals without discrimination toward the Cuban press media in which they work.

Long-term conservation

Allow the preservation of information for future generations.

Facilitate the processes of migration for changes in technology.

Extend the life of the original materials of the printing press.

Challenges in Achieving Open Access

Having described the characteristics and peculiarities of the draft catalog of the press, and considering the guidelines governing the OAM, there are some aspects which hinder the design and realization of an Open Access Repository for the Cuban Press. The first point to note is that the Cuban Press catalog would have to consider a technology architecture based on the model proposed by OAI to develop their services. It will also be necessary to allow a higher level of integration at higher levels of aggregation, which is essential interoperability, through the use of protocols such as OAI-PMH. Moreover, the current system only sees free access to information for members of the press sector, not for the entire universe of Web users. The ideal would be to make public information and knowledge available to everyone. Finally, we must establish appropriate policies for access and use of information resources, so as to take maximum advantage of its availability and while respecting the rights of all parties involved.

Conclusions

The topics discussed above underline the importance of deepening and incorporating knowledge of the latest models and integrations that are part of the current scenario. This raises the challenge of finding answers and proposing alternatives consistent with the times in which we live, and responding to the statement of principles with which this paper begins. The challenge applies to all players in this society as we move down the path to achieving an information society that is more just, plural and inclusive and where the Open Access movement is presented as an essential option to achieve that goal. Meanwhile, the Information Center for the Press (CIP), as rector of an ambitious movement, has taken the first step on a long journey towards making available to all the memory of the Cuban nation gathered by the press through the years.

References

Abadal, Ernest. (1995). "Diseño y creación de una base de datos en un medio de comunicación". En: Fuentes, S, M. Eulàlia (Eds.). *Manual de Documentación periodística.* Marid: Síntesis, p. 19

Ahmed, A. (2007). Open access towards bridging the digital divide: policies and strategies for developing countries. *Information Technology for Development, 13* (4), 337-361.

Alonso, J. (2008). Informe APEI sobre acceso abierto. Gijón. Asociación profesional de Especialistas en información.

Alòs-Moner, A. (2009). Repositorios digitales: un concepto, múltiples visiones. Retrieved March 12, 2012,
    from www.thinkepi.net/repositorios-digitales-un-concepto-multiples-visiones.

Báez, L. (2011). *Evaluación de resultados de Sistemas de Información desde la perspectiva ecosistémica.* (Tesis de pregrado). Facultad de Comunicación, Universidad de La Habana.

Berlin Declaration on Open Access to Knowledge in the Sciences and Humanities. (2003). Retrieved March 12, 2012
    from www.zim.mpg.de/openaccess-berlin/berlin_declaration.pdf.

Bethesda Statement on Open Access Publishing. (2003) Retrieved Marcg 12m 2012
    from www.earlham.edu/~peters/fos/bethesda.htm.

Bruner, J. (1999). *La Educación puerta de la cultura.* (Edit). Paidos. Bs. As.

Budapest Open Access Initiative. (2002). Retrieved March 12, 2012 from
    www.soros.org/openaccess/read.

Canella, R. (2007). La propuesta de Acceso Abierto como paradigma emergente. Retrieved March 12, 2012
from www.tecnociencia.es/e-revistas/proyecto/proyecto.jsp.

Casate, R. (2009). *Proposal for the improvement of services of the Cuban Science Network in line with the principles and technological foundations of Open Access.* (Research Report). Universidad de La Habana, Universidad de Granada.

Codina, L. (2000). La Documentación en los medios de comunicación: situación actual y perspectivas de futuro. Retrieved March 12, 2012,
from www.lluiscodina.com/articulos/congrv2.doc.

Codina L. (2008). Bases de Datos de Prensa. Retrieved March 12, 2012, from www.lluiscodina.com/BasesDatosPrensa2008.ppt.

Pastor, F. (1993). El profesional de la información y las bases de datos. Comunicación y Sociedad. Universidad de Navarra. *Comunicación y Sociedad, 6*(1). Retrieved April 5, 2012, from
www.unav.es/fcom/comunicacionysociedad/es/articulo.php?art_id=247.

Fuentes, M. E. (1984). *Servicio documental en la prensa diaria: análisis y orientaciones.* Barcelona: Mitre.

Guajardo, A. (2010). Z39.50 and OAI-PMH: Transfer Protocols and Information Retrieval. Retrieved May 16, 2012 from
www.bibliotecarios.cl/descargas/2010/11/guajardo_z3950.pdf.

Guallar, J. (2011). La documentación en la prensa digital. Nuevas tendencias y perspectivas. III Congreso Internacional de Ciberperiodismo y Web 2.0. Retrieved May 16, 2012, from http://eprints.rclis.org/bitstream/10760/16326/1/ciberpebi2011_guallar_documentacion%20prensa%20digital.pdf.

Herreros, M. (2008). La Web 2.0 como red social de comunicación e información. Retrieved May 16, 2012, from
http://revistas.ucm.es/inf/11341629/articulos/ESMP0808110345A.PDF.

Martínez, M.J. (1986). Estructura de los bancos y bases de datos de prensa. *Documentación de las Ciencias de la Información, 10*, pp. 213. Retrieved May 16, 2012, from http://revistas.ucm.es/index.php/DCIN/article/view/DCIN8686110159A/20443.

Polledo Domínguez, I. (2011) Catálogo de la prensa cubana: Gestión, Búsqueda y Recuperación de los Materiales Periodísticos Impresos. Trabajo de diploma para obtener el grado de Licenciado en Ciencia de la Computación. Facultad de Matemática y Computación, Universidad de la Habana.

Rodríguez, Gladys. (2004). Gobierno Electrónico: Hacia la modernización y transferencia de la gestión pública. *Revista de Derecho Universidad del Norte Barranquilla, 21,* 12-20. Colombia.

Rodríguez, R. & Pedraza, R. (2009). Prensa digital y Web 2.0. Retrieved May 16, 2012, from www.upf.edu/hipertextnet/numero-7/prensa-digital.html.

Rubio, M. (2005). Nuevos tiempos para la documentación informativa en el periodismo digital: viejas y nuevas funciones del servicio de documentación digital. *Comunicación y Sociedad, 18*(1), 153-168. Retrieved May 16, 2012, from http://eprints.rclis.org/bitstream/10760/16327/3/articulocys.pdf.

Vanderlinder, I. M. (2011). Sociedad de la información. Proceso de transfo mación hacia la protección de los derechos de autor. *Telos, 13(*3) 13, 297-311.

Virtual Library of the Historical Press (2012). Ministry of Education, Spain. Retrieved March 12, 2012 from
http://prensahistorica.mcu.es/es/cms/elemento.cmd?idRoot=estaticos&id=estaticos/paginas/presentacion2.html.

WSIS. (2003). World Summit on the Information Society. *Declaration of Principles: Building the Information Society: a global challenge in the new millennium*. Retrieved March 12, 2012 from
www.itu.int/wsis/docs/geneva/official/dop.html.

Appendix 1

Elements associated with the printed newspaper materials were defined in the Data Model for Databases of the Cuban Press and cited by Polledo (2011)

> Title: Title of MPI.
> Date: Date published the MPI.
> Section: Part of the newspaper in which the MPI is published.
> Descriptors: Subject addressed in the MPI, keywords.
> Type: Specifies the type of MPI itself (photo report, Report, Editorial, Information Note, Interview, Criticism, etc.).
> Received from: MPI is taken from another source and published as such.
> Posted on page(s): Pages for the MPI, the site belongs to a specific edition of a newspaper.
> Part of: Relationship between the MPI processing and other resources (image and other items).
> File .rtf of MPI: Full text of the article.
> Language: Language is written in MPI.

Reference: Reference to other sources of information or queries used in the implementation of MPI.

Coverage: Time and space covering a particular topic.
Section: The area or space of a page that is often habitual or regularly allocated to a class of works or materials (national, international, cultural, etc.). The space of a columnist is also considered a section. Each media outlet has its own sections. A section can contain many items, but an article can only belong to one section.
Sources: The organs of the press in which the material is published newspaper. A source may contain several MPIs, but an MPI cannot belong to more than one source.

The MPI information depending on its nature is classified as:

Information Article
Opinion Article

The news items have a news character, revealing certain facts, and its main intention is to disseminate information. Each informative article ranked MPI, has an associated summary, with a synthesis of subject matter.

The information articles include:

Stories – works in which the author reports extensively on a current topic, providing data, analyzing causes and consequences of a fact. May be a version of MPI from another source, in which case this is taken and subsequently amended and published.

Information note – a news story reporting a fact, situation or concrete reality. Its main feature is that it provides basic data about an event and attempts to be objective. Likewise, the story may be another version of MPI.

Photoreport – a sequence of iconic planes which are characterized by their inter-relationship and overall sense. It should match the author and the subject represented. If it covers an event, the location and date should match.

The opinion article is a critical assessment or an author's argument about a particular topic.

Articles of opinion can be classified as:

Chronicle – news expanded upon by the author who brings his personal vision. Includes first-hand data collected either by having witnessed the event or immediately after he picked up the information because of its proximity. Almost always made by correspondents and special envoys.

Interview – a report in which the value is not the quantity or currency of the information, but in its depth. These can be individual interviews (of opinion, information through experts and biographical) or group interviews (group surveys, widely used in investigative journalism). Press conferences are located within this entity.

Review – this informs guides and educates the public in the art world, scientific-technological, etc. It also carries the personal imprint of the writer.

Column – this is a signed newspaper article that appears from time to time, offering an opinion or viewpoint on a topical issue or simply a reflection of the author.

Editorial – this is an anonymous article that contains the comment, judgment or official opinion of the publication on a current issue. It is not signed because it is assumed to be the responsibility of the director of the newspaper. In this case the author of the MPI would be the press or the agency that produces it.

El Repositorio de la Prensa Cubana: Un Proyecto en Ciernes o Estudio de Factibilidad

Lenay Barceló Soto
Centro de Información para la Prensa (CIP), La Habana, Cuba
y
Liudmila Báez Sánchez
Centro de Información para la Prensa (CIP), La Habana, Cuba

Introducción

La declaración final de la primera Cumbre Mundial de la Sociedad de la Información, celebrada en Ginebra en 2003 enfatizó en el carácter social del acceso a la información y el conocimiento. Su texto precisaba,

> "nuestro deseo y compromiso comunes son los de construir una Sociedad de la Información centrada en la persona, integradora y orientada al desarrollo, en la que todos puedan crear, consultar, utilizar y compartir la información y el conocimiento para que las personas, las comunidades y los pueblos puedan emplear plenamente sus posibilidades en la promoción de su desarrollo sostenible y en la mejora de su calidad de vida, sobre la base de los propósitos y principios de la Carta de las Naciones Unidas y respetando y defendiendo plenamente la Declaración Universal de los Derechos Humanos" (WSIS, 2003).

Para ello es necesario adoptar posturas epistemológicas promotoras de una cultura que celebre el intercambio, la colaboración y la comprensión de que la dinamización del conocimiento en las mejoras continuas que se introducen en la sociedad no se logra por la cantidad de conocimientos que se consigan reunir y almacenar, ni por los artefactos tecnológicos asociados; sino más bien por el uso racional, crítico y eficiente que se haga de él y las consecuencias de dicho uso en las prácticas sociales de los actores involucrados.

En ese sentido, Rodríguez (2004) manifiesta que la construcción de una Sociedad de la Información debe ser colectiva y más que nunca debe coadyuvar a la identificación de modelos ajustados a las condicionantes históricas y socioculturales, en correspondencia con las oportunidades que ofrece el desarrollo tecnológico, y garantizando la pluralidad y la inclusión de todos los actores.

Se trata de un proceso esencialmente social, que promueve una visión socio-ética del ser humano como actor activo y protagonista en las deliberaciones y en la toma de decisiones colectivas en la búsqueda de un mayor bienestar. De ahí qué, "en última instancia, la cuestión se dirime no por la tecnología *per se,* sino por el establecimiento de políticas que expresen la responsabilidad y el derecho de los actores sociales en cuanto al acceso y uso de la información" (Báez, 2011).

Al ser un escenario constituido por las prácticas cotidianas imbuidas de valores y creencias comunes, atravesadas por conflictos múltiples, supera la postura centrada en la tecnología, para darle protagonismo a la actividad que desarrollan los actores sociales mediados culturalmente a través de las cuales interpretan, comprenden y re-significan la realidad (Bruner, 1999).

Esta nueva situación comunicativa implica un cambio en el enfoque racional de la relación entre emisores y receptores; emergiendo modelos multidireccionales, donde cada uno de ellos cumple una función u otra en dependencia del rol que adopten en situaciones específicas (Herreros, 2008).

Repositorios de Acceso Abierto: Una Perspectiva Social

Una alternativa a este modelo de comunicación científica la plantea el movimiento por el "acceso abierto (OA, por sus signas en inglés, Open Access)", que como refiere la declaración de Berlín[1], con "acceso abierto" se quiere pautar que la información esté "disponible gratis para el público en Internet, permitiendo a los usuarios su lectura, descarga, copia, distribución, impresión, búsqueda o enlazado a los contenidos completos (…), recolectarlos para su indexación, pasarlos como datos para software o utilizarlos para cualquier otro propósito legítimo, sin más barreras financieras, legales o técnicas que aquellas que supongan acceder a Internet. La única restricción a la reproducción y distribución, y el único rol para el copyright en este dominio, debería ser dar a los autores el control sobre la integridad de su trabajo y el derecho a ser debidamente reconocido y citado".

Si bien esta iniciativa tuvo su génesis en el ámbito académico relacionado con la producción de literatura científica, la declaración de Berlín amplía el alcance de los contenidos en Acceso Abierto abarcando no solo los resultados de la investigación científica original, sino además los datos primarios, los materiales fuentes, los metadatos, las representaciones digitales de materiales gráficos y pictóricos, y los materiales eruditos en multimedia.

---

1   El Movimiento de Acceso Abierto se perfiló mediante tres declaraciones fundamentales realizadas en un período de dos años. Estas son: La Declaración de Budapest (Budapest Open Access Initiative, 2002); la Declaración de Bethesda (Bethesda Statement on Open Access Publishing, 2003) y la Declaración de Berlín (Berlin Declaration on Open Access to Knowledge in the Sciences and Humanities, 2003).

Es prudente señalar que cuando se habla del Movimiento de Acceso Abierto se trata de una filosofía que promueve el acceso libre a los conocimientos; más la Iniciativa de Archivos Abiertos (AOI: Open Archives Initiative) apunta a la tecnología necesaria para implementar el Acceso Abierto. El denominador común radica entonces en la finalidad que persiguen; siendo esta la interoperabilidad entre los archivos, la preservación a largo plazo y el acceso universal a la información.

Por ende, el aporte esencial del Acceso Abierto es que contribuye a incrementar el ciclo de generación de nuevos conocimientos, al facilitar el acceso en línea a la información y representa un cambio notorio, desde el punto de vista cualitativo y cuantitativo, con respecto al modelo tradicional de comunicación científica (Casate, 2009). Supone entonces el compromiso activo de todos los actores involucrados.

Uno de los mecanismos principales de la publicación bajo la iniciativa de acceso abierto y que cada vez gana más auge es el Autoarchivo o Repositorio de acceso abierto; cuyos antecedentes remiten a los servidores FTP utilizados aún antes del surgimiento de la Web para almacenar y facilitar el acceso a la información resultante de la actividad del hombre.

Un repositorio de acceso abierto es una colección de objetos digitales basada en la Web, producidos por los miembros de una institución (o varias), con una política definida; donde, entre sus características más importantes se destacan la capacidad de auto-archivo, la interoperabilidad, la libre accesibilidad y la preservación a largo plazo (Casate, 2009).

Así, el auto-archivo es la capacidad para que el contenido de cualquier recurso de información pueda ser depositado por el creador, propietario o una tercera parte en su nombre, poniendo a disposición de todos los resultados de su actividad intelectual y creadora; sin que ello vaya en detrimento de sus derechos de autor y de la integridad de la obra.

Realizando un paréntesis sobre este último aspecto en particular, solo señalar que las mayores preocupaciones se centran en el dilema entre el acceso abierto a la información y los aspectos relacionados con la violación de los derechos de autor. Por ello, es de vital importancia el establecimiento de políticas, el cumplimiento de las leyes internacionales y de cada país y el conocimiento por parte de los autores de los derechos que conservan y seden. Este es un tema controvertido que aún demanda de análisis profundos y soluciones oportunas.

Por otro lado, con el fin de posibilitar la transferencia e intercambio de dicha información los diferentes sistemas deben resultar interoperables, lo cual está dado por

la capacidad de un sistema de información de comunicarse y compartir datos, información, documentos y objetos digitales de forma efectiva (con una mínima o nula pérdida de su valor y funcionalidad), con uno o varios sistemas de información (siendo generalmente estos sistemas completamente heterogéneos, distribuidos y geográficamente distantes), mediante una interconexión libre, automática y transparente, sin dejar de utilizar en ningún momento la interfaz del sistema propio (Guajardo, 2010).

Asimismo, estos repositorios deben permitir el acceso universal a la información sin que medien barreras de orden económico, legal o técnico; y garantizar la perdurabilidad de los contenidos a lo largo del tiempo para las futuras generaciones.

En cada una de estas características gravita la filosofía de esta iniciativa que propugna un enfoque socio-ético que pondera valores de cooperación, promueve el progreso, estimula la innovación y la preservación y sostenibilidad del patrimonio cultural universal.

Por ello, como refiere Casate (2009) este movimiento cobra especial relevancia sobre todo para los países en desarrollo, pues ayuda a eliminar las barreras que impiden el flujo de conocimientos entre el Sur y el Norte y viceversa (Ahmed, 2007), al mismo tiempo que contribuye a hacer accesibles y visibles sus conocimientos endógenos.

Así, se han comenzado a desarrollar algunas iniciativas en la región de América Latina y el Caribe, entre las que destacan dos muy importantes experiencias en el ámbito de las revistas académicas. Se trata de los repositorios digitales SciELO y Redalyc.

En el caso específico de Cuba, como señalara Casate (2009), el desarrollo de estas iniciativas es aún incipiente y el Programa de la Red Cubana de la Ciencia es quien promueve los principios del Acceso Abierto.

En los directorios OpenDOAR y ROAR aparecen inscritos solo cinco repositorios cubanos hasta la fecha:

Biblioteca Virtual de la EcuRed (repositorio de recursos educativos)
EHTC Repositorio Institucional (Escuela de Hotelería y Turismo de Camagüey)
Repositorio de Legislación en Salud de Cuba
Repositorio de Tesis de Doctorado en Ciencias Biomédicas y de la Salud de Cuba
Scientific Electronic Library Online – Cuba (SciELO – Cuba)

Si bien el desarrollo evidenciado es gradual y ha estado permeado por las condicionantes económicas y tecnológicas que afectan a la región y a Cuba en particular, las experiencias ya comienzan a expandirse apreciándose cómo cada vez ganan más terreno en diferentes campos del conocimiento.

Repositorios de Prensa a la Luz del Acceso Abierto

En esta revolución de las tecnologías y de movimientos, iniciativas y redimensionamientos que todo ello trae aparejado, la documentación informativa en la Prensa adquiere nuevas tendencias y perspectivas y se proyecta en función de una relación más colaborativa e integrada.

Así, el tránsito del periodismo tradicional hacia el periodismo digital, la nueva visión de Redacciones Integradas, el advenimiento de las redes sociales como escenario de comunicación y expresión del conocimiento; suponen nuevos retos y una mirada más audaz a tono con los paradigmas imperantes.

En el ámbito de los medios de prensa existen metodologías y un conjunto de tecnologías específicas para esta actividad; con lo cual se han desarrollado múltiples aplicaciones como sistemas integrados y de gestión electrónica de documentos particulares del sector de la Comunicación.

Teniendo en cuenta un diagrama definido por Codina (2000) se identifican en el sistema de producción de noticias periodísticas dos entradas fundamentales: información en tiempo real[2] y la información retrospectiva y/o prospectiva. La primera puede obtenerse a partir de la interacción con los actores sociales o la consulta de sistemas de diseminación selectiva de noticias[3] mientras que la información retrospectiva y/o prospectiva se encuentra en sistemas de información documental que ha transitado por Bases/Bancos de Datos, Archivos, Hemerotecas de los periódicos digitales o Repositorios de Prensa.

Ese continuo transitar nos viene a situar en un momento de grandes posibilidades para la documentación dado por la iniciativa del Acceso Abierto y la multiplicidad de ventajas que suponen para el periodismo.

En ese orden, los servicios de documentación periodística han venido experimentando cambios tras la inserción de las Nuevas Tecnologías de la Información y la Comunicación (NTIC's) y se sitúan con mayor fuerza en las rutinas de las redacciones.

De esa manera, la capacidad que tienen hoy los medios digitales de almacenar contenidos de actualidad y retrospectivos permite potenciar considerablemente las posibilidades de su utilización. En ese caso, Guallar (2011) señala algunas de estas utilidades como por ejemplo, en las hemerotecas digitales de los diarios, que permiten la consulta y búsqueda de las informaciones de amplios fondos retrospectivos; en la contextualización de las noticias de actualidad con enlaces y documentos del archivo del diario o de otras fuentes externas; y en la creación de productos y documentos en los que la documentación tiene un carácter relevante, como efemérides, cronologías, o los denominados "Especiales".

---

2   Aquella que se produce de manera más o menos sincrónica con el hecho de su consumo o recepción. (Codina, Lluis (2000))
3   Por ejemplo: The Informant, Individual o MyNewsOnline

Otros servicios o productos que pueden realizarse a partir de la consulta de la información retrospectiva pueden ser: Seguimiento de prensa (DSI); Dossiers de prensa (press-clipping); Sindicación de contenidos en la web (Intranets o Portales) o Boletín de prensa (por e-mail); todos con alto valor informativo y documental de especial impacto para el apoyo de la labor periodística en los medios; así como para la toma de decisiones de entes con responsabilidades políticas y sociales.

Sin embargo, las prácticas tradicionales, basadas en sistemas cerrados y centralizados, y en modelos que poco favorecen la colaboración, reutilización e intercambio de información; así como intereses comerciales de los grandes monopolios mediáticos, la falta de iniciativas y políticas claras, sumado a esquemas mentales "feudalistas" que aún se resisten, atentan contra proyectos altruistas que promueven el acceso a la información sin restricciones. De esa misma manera, se violenta la inmediatez de la noticia y la oportunidad de ofrecer productos de información oportunos en la web, de alto valor agregado que tributen a un periodismo de calidad.

Los repositorios de prensa por tradición han sido en gran medida meras colecciones particulares de cada medio de prensa; organizadas por criterios propios, muchas veces sin considerar los estándares establecidos para cada tipo de recurso de información. No garantizan la interoperabilidad, o esta resulta escasa; y el acceso no es totalmente libre pues resulta frecuente que se establezcan restricciones para la consulta de los materiales.

Por ejemplo, una práctica sistematizada en grandes medios digitales es la de restringir en sus hemerotecas el acceso de colecciones antiguas, o "congeladas"[4]; o permitir la consulta solo de aquellos materiales publicados luego de un periodo determinado. Por la importancia documental que se le confiere al acervo informativo de los recursos almacenados en las Bases de Datos de Prensa, el acceso a las mismas es de un alto costo. Así, se establecen pagos que pueden ser por tarifa fija o por cantidad de documentos consultados.

En contraste a esa panorámica, ya se aprecian iniciativas que se adaptan al nuevo escenario y apuntan hacia el compromiso, la racionalización y que ponderan mejores estrategias de comunicación, mayor capacidad para cooperar y para difundir el conocimiento.

Si bien en los grandes directorios de Repositorios de Acceso Abierto como OpenDOAR no se observan iniciativas de esta índole en el ámbito de la Prensa; las pesquisas en la Web arrojaron experiencias que con toda intención se aproximan a la filosofía del Acceso Abierto.

---

4   Colección congelada: Constituida por aquellos recursos informativos que cumplen con los requerimientos de calidad física, alta novedad y actualidad permanente para ser conservados, pero que por política del medio o estrategia del país, no es recomendable su uso para la difusión.

Un gran número de estas se concentra en España donde resaltan proyectos como el portal de Publicaciones Andaluzas en la *red*[5] y la Biblioteca Virtual de Prensa Histórica[6].

Esta última constituye uno de los principales proyectos cooperados que se han realizado en España que aglutina a varias instituciones y que tiene como objetivos fundamentales "preservar unos materiales bibliográficos que, por la propia naturaleza del soporte, se encuentran y se encontrarán cada día en más grave peligro de desaparición y, por otra, difundir de la manera más amplia posible unos recursos informativos muy solicitados por investigadores y ciudadanos en general."

Como bien refiere en su sitio web, fue necesario llevar a cabo junto a la digitalización de los materiales un proceso de asignación de datos y metadatos que facilitasen el recurso de la búsqueda y recuperación de la información en un entorno virtual. En ese caso, además cuenta con el repositorio OAI-PMH (Open Archives Initiative-Protocol Metadata Harvesting) lo que hace que sea detectable por los recolectores más importantes y así figura como proveedor de datos de OAI y OAISter[7].

Asimismo, la estructura de OAI-PMH y Dublin Core permite que se establezcan SiteMaps con los buscadores como Google o Yahoo lo que da una alta visibilidad a cada uno de los registros de la base de datos de la Biblioteca Virtual de Prensa Histórica, los cuales pueden ser recolectados directamente por los buscadores.

Construyendo un Repositorio de Prensa. Una Experiencia Cubana con una Visión Hacia el Acceso Abierto

El desarrollo de iniciativas de acceso abierto en Cuba puede ser un elemento significativo para facilitar el acceso e incrementar la visibilidad de las publicaciones cubanas y del conocimiento generado en el país.

La información periodística, por el valor que entraña como memoria y evidencia de la vida de una nación, y al resultar un material totalmente público, es uno de los recursos informativos con mayores potencialidades para su incorporación en Repositorios de Acceso Abierto.

Ello se ve favorecido además por las políticas establecidas a nivel de país que propugnan el establecimiento de las iniciativas de colaboración y acceso

---

5   Publicaciones Andaluzas en la red www.juntadeandalucia.es/cultura/ba/revistaselectronicas/index.php

6   Biblioteca Virtual de Prensa Histórica
     http://prensahistorica.mcu.es/es/cms/elemento.cmd?idRoot=estaticos&id=estaticos/paginas/presentacion2.html

7   OAISter: www.oaister.org/viewcolls.html

abierto; y un modelo estructural de la Prensa a nivel gremial que permite la cooperación y el intercambio.

El Centro de Información para la Prensa (CIP), como entidad rectora de las unidades de información de los medios de prensa de todo el país, tiene como parte de su misión, liderar los proyectos de desarrollo para la informatización de la Prensa y con ello la automatización de los procesos asociados a la producción informativa.

En función de esto, uno de los proyectos en los que se encuentra inmerso es la implementación del Catálogo de la Prensa Cubana, que si bien no puede catalogarse como un Repositorio de acceso abierto en toda su dimensión; los principios y la filosofía bajo los cuales fue concebido, sientan las bases para desarrollos futuros en pos de la iniciativa OA.

El Catálogo de la Prensa Cubana

El Catálogo de la Prensa Cubana es una aplicación web que permite la gestión, el procesamiento y posterior recuperación de los materiales publicados en los Medios de Prensa cubanos en función de tener disponibles estos contenidos para los periodistas, comunicadores, directivos y demás profesionales afines a la Prensa.

El sistema se concibe como un repositorio especializado de materiales publicados en la prensa cubana; cuya colección está disponible de forma abierta para periodistas, estudiantes y demás profesionales de la Prensa y la Comunicación en Cuba (véase Figura 6.1: Resultados de Búsqueda del Catálogo de la Prensa).

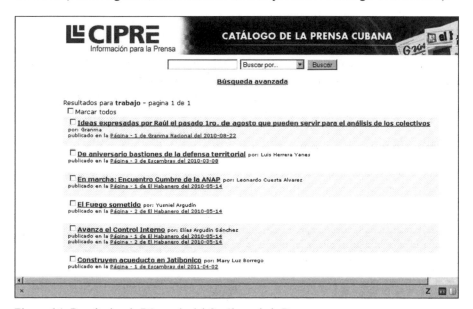

Figura 6.1. Resultados de Búsqueda del Catálogo de la Prensa

Antecedentes

Las Bases de datos de la Prensa, administradas por el Centro de Información para la Prensa y gestionadas por cada una de las unidades de información de los medios, contienen aproximadamente 310,000 registros de materiales publicados en la prensa impresa cubana desde 1995 a texto completo. Hasta 2011 este repositorio se ejecutaba en sistema Microisis y sus recursos estaban descritos por el formato CEPAL.

En la segunda mitad de la década del '90 se determinó que era prioritario no solo describir los materiales, sino además recuperar además el texto completo de los mismos como materia prima de base para procesos investigativos o como apoyo a la documentalidad propia de las redacciones periodísticas. Como solución a este hecho se le realizó una adaptación al sistema de Microisis que permitió incorporar el texto completo de los materiales en el campo resumen de la hoja de formato CEPAL.

A partir de 2009 el sistema de las bases de datos comenzó a presentar dificultades en su funcionamiento principalmente producto a la cantidad de información a texto completo que contenía, para lo cual el sistema no fue concebido originalmente. Microisis tampoco tenía entre sus funcionalidades permitir el acceso abierto o en línea a los materiales de sus bases de datos, ni tampoco la interoperabilidad con otros sistemas desarrollados para profesionales de la prensa y la comunicación que le eran afines, como por ejemplo el Vocabulario Controlado de la Prensa.[8]

A partir de entonces se llevó a cabo un proceso de estudio que dio como resultado el desarrollo e implementación de un nuevo sistema para el procesamiento, almacenamiento y posterior recuperación de los materiales periodísticos: el Catálogo o Repositorio de la Prensa.

Este sistema cuenta con un modelo estandarizado para describir los materiales periodísticos que tiene por base los estándares PRISM[9] y Dublin Core, combinados de forma tal, que es posible describir el material periodístico desde su semántica y su forma física.

---

8   A partir del procesamiento cotidiano de los materiales de la prensa escrita cubana se ha construido de forma concensuada entre los gestores de información de los medios de prensa, un vocabulario controlado que recoge alrededor de 2000 términos entre genéricos y específicos de todas las áreas del conocimiento. A partir de 2010, dicho vocabulario dejó de estar soportado en una aplicación de escritorio para convertirse en una herramienta en ambiente Web que aporta la descripción y control al vocabulario con el fin de apoyar la indización y clasificación de los recursos informativos de la prensa. Este sistema constituye además un medio de gestión de dichos términos así como de aquellos usuarios que interactúan con el sistema.

9   Constituye un estándar semejante a NewsML que cuenta con un vocabulario de metadatos para la industria editorial que facilita la agregación y sindicación de contenido digital. Este puede ser empleado junto a Dublin Core. Debén González, A.(2010)

La aplicación en la que se sustenta fue desarrollada con tecnologías de código abierto y desarrollada particularmente para el Material periodístico de la prensa cubana; pero es perfectamente aplicable a otro material documental, de ahí que el modelo de datos también pueda ser reutilizado por otra aplicación similar.

Se considera por tanto, que el Catálogo de la Prensa tiene como característica fundamental su interoperabilidad con otros afines ya sea para reutilizar su estructura o recursos o para la consulta de estos últimos desde plataformas externas al sistema.

Modelo de metadatos de las Bases de Datos de la Prensa Cubana

La gestión de objetos informativos lleva implícito la identificación de un conjunto de metadatos que representarán al recurso durante su ciclo de vida. En el caso de los documentos que se gestionan para el ambiente digital los metadatos tienen características particulares. El sistema de metadatos en recursos digitales va a permitir no solo la representación y posterior recuperación de los materiales, sino que puedan ser reutilizados por otros sistemas de información que tengan estándares de representación de metadatos afines.

Entre los sistemas de metadatos más reconocidos se encuentra Dublin Core (DC) que fuera creado en 1995 y se ha convertido en uno de los sistemas de metadatos más utilizados para la descripción de recursos digitales. Entre las ventajas que tiene DC está su estructura fácil de comprender y utilizar para la descripción de documentos digitales.

Los materiales de prensa tienen, sin embargo, estructuras que los hacen particularmente diferentes de otros recursos de información; algunas de dichas estructuras no pueden ser representadas por los sistemas de metadatos tradicionales como Marc y Dublin Core. Esto ha llevado a las empresas proveedoras de contenidos de prensa a involucrarse en la adaptación de los sistemas de metadatos a los recursos de prensa y al desarrollo de lenguajes de marcado particulares para la representación de materiales periodísticos. Entre los lenguajes de marcado que se han desarrollado específicamente para las empresas de prensa se encuentran: PRISM, NITF e IPTC, entre otros.

En el caso particular de las Bases de Datos de la Prensa Cubana se utilizó como lenguaje de marcado a PRISM que "ofrece la capacidad de incluir descripciones semánticas, ya sea de marcado externo (en documentos distintos a aquellos otros originales que son descritos) o mediante un marcado adjunto (dentro del mismo documento que se describe, al comienzo o al final del documento o de un componente concreto), todo esto es posible gracias a las estructuras de datos que reutiliza de lenguajes de etiquetado semántico como RSS, RDF y Dublin Core".[10]

---

10   Debén González (2010) pág 60

Se tuvo en cuenta además para la construcción del modelo de metadatos el análisis del material periodístico desde la visión de Reyes (2005)[11] cuando definió la representación física del mensaje periodístico teniendo en cuenta además del contenido de los recursos, también su continente en el que incluyó elementos paratextuales, textuales e intertextuales[12].

La selección del lenguaje de marcado PRISM se sustenta principalmente en que permite representar elementos de los materiales de prensa como la pluralidad temática, la precedencia física o geográfica de los documentos, etc. La pluralidad temática hace referencia a que la prensa puede tratar aspectos de cualquier rama de conocimiento; mientras que la procedencia física o geográfica del documento alude a que los materiales de prensa en ocasiones no son originales del medio y sí tomados de agencias u otras fuentes de información, elemento que es importante definir. También se puede representar lo relativo a los géneros periodísticos y otros elementos asociados a la relación de cada material con otro dentro del sistema.

La generalidad de estos elementos no es posible describirlos usando únicamente sistemas de metadatos tradicionales de ahí que es imprescindible describir estos elementos con sistemas como el de PRISM principalmente buscando pertinencia y relevancia en los resultados de búsqueda.

PRISM no era suficiente para representar todos aquellos metadatos que se definieron de los materiales de prensa, de ahí que fue necesario definir un sistema de metadatos que asumiera elementos de PRISM y otros de Dublín Core de manera que se lograra la descripción completa de los materiales sin renunciar a los modelos estándares.

El sistema de representación resultante permite representar los materiales de la prensa impresa cubana desde la perspectiva física y de contenido así como también desde la semántica implícita en la relación entre cada material, su contexto y otros recursos informativos afines (como pueden ser otros artículos, imágenes, infografías, gráficos, tablas, etc).

El Sistema de Bases de datos de la Prensa luego de desarrollado permite a los usuarios en su primera versión:

Desde el punto de vista de contenidos

Recuperar materiales informativos a texto completo publicados en la prensa impresa nacional desde 1995 hasta la actualidad.

Exportar solo los textos planos de los artículos de prensa que se recuperen por un tema dado.

---

11 Citado por Debén González (2010) pág 52-58

12 Los elementos relativos al material periodístico que fueron definidos para el modelo de la Base de Datos se describen en el Anexo 1

Acceder a las páginas de la versión impresa en que fueron publicados los materiales para identificar la posición que ocupó el material en la plana, la tipografía del titular y los sumarios; así como los recursos gráficos que acompañaban al texto (imagen, tablas, gráficos, etc)

Desde el punto de vista de la gestión de los materiales

Permitir la edición, procesamiento e incorporación al repositorio, de manera individual por parte de cada unidad de información del medio de prensa en cuestión. Ello quiere decir que cada medio gestiona sus recursos y facilita su accesibilidad para el resto de los medios.

Diversificar y optimizar el proceso de búsqueda y recuperación de información de los materiales, dado que permite la búsqueda libre en todos los campos del sistema; así como tiene definida una búsqueda avanzada en los principales campos de representación del material.

Perfeccionar el sistema de gestión de los materiales dentro del repositorio de Prensa siguiendo la lógica de procesamiento de los elementos identitarios por unidades de información: edición que se procesa, página donde se encuentra el material así como material periodístico en sí.

Integrar el módulo de gestión del material periodístico al Vocabulario Controlado de la Prensa que contiene los términos que han formalizado los documentalistas de los medios para la Representación de las temáticas que traten los materiales. Esto permitirá el control de los términos con que se indizan los mismos en pos de una recuperación más efectiva.

Desde el punto de vista de la accesibilidad

Garantizar el libre acceso a texto completo de todos los materiales, sin restricciones de ninguna índole para el sector periodístico.
– Establecer las políticas de acceso y uso para otros sectores de la sociedad.

Desde el punto de vista de los sistemas de información

Es posible integrar este sistema a otros desarrollados para la Prensa Cubana reutilizando así los recursos, gracias al estándar de representación y el modelo de datos definido.

El sistema está disponible en una aplicación web a la que tienen acceso los profesionales de la prensa cubana sin discriminar medios de comunicación en que se desempeñen.

Desde el punto de vista de la conservación a largo plazo
Permitir la preservación de la información para las futuras generaciones.
Facilitar los procesos de migración ante los cambios de la tecnología.
Prolongar la vida de los materiales originales de la prensa impresa.

Retos en pos del Acceso Abierto

Una vez descritas las características y especificidades del proyecto del Catálogo de la prensa, y considerando las pautas que rigen el Movimiento del Acceso Abierto, solo cabe apuntar algunos aspectos que lastran la proyección y consecución de un Repositorio de Acceso Abierto para la Prensa cubana.

Un primer elemento a destacar es que el Catálogo de la Prensa cubana tendría que considerar una arquitectura tecnológica basada en el modelo propuesto por OAI para el desarrollo de sus servicios.

Debe además, permitir un nivel mayor de integración a niveles superiores de agregación, con lo cual resulta fundamental la interoperabilidad a través de la utilización de protocolos como el OAI-PMH.

Por otra parte, el sistema actual solo concibe el acceso libre a la información para los miembros del sector de la Prensa, no así para todo el universo de usuarios de la Web. Si bien, de forma excepcional se consideran acertadas determinadas restricciones para algunos documentos, lo ideal sería poner la información pública y el conocimiento a disposición de todos.

Finalmente, se deberán establecer las políticas oportunas para el acceso y uso de los recursos informativos, de manera que se aprovechen al máximo las ventajas que supone su disponibilidad y se respeten los derechos de todas las partes involucradas.

Conclusiones

Luego de analizados los tópicos anteriores, queda esclarecida la importancia de profundizar e incorporar los modelos más actuales e integradores que se insertan en el escenario actual. Con ello, queda planteado entonces el reto de encontrar respuestas y proponer alternativas consecuentes con los tiempos que se viven y que respondan a la declaración de principios con la que da inicio este trabajo.

Corresponde a todos los actores de esta sociedad transitar el camino hacia el logro de una Sociedad de la Información más justa, plural e inclusiva; donde el Movimiento del Acceso Abierto se presenta como una alternativa ineludible para alcanzar dicha meta.

Por su parte, el Centro de Información para la Prensa (CIP), como rector de un proyecto ambicioso pero feliz, ha dado el primer paso de un largo trayecto en pos de poner al alcance de todos, la memoria de la nación cubana recogida por años a través de la prensa.

Referencias

Abadal, Ernest. (1995). "Diseño y creación de una base de datos en un medio de comunicación". En: Fuentes, S, M. Eulàlia (Eds.). *Manual de Documentación periodística*. Marid: Síntesis, p. 19.

Ahmed, A. (2007). Open access towards bridging the digital divide: policies and strategies for developing countries. *Information Technology for Development, 13* (4), 337-361.

Alonso, J. (2008). Informe APEI sobre acceso abierto. Gijón. Asociación profesional de Especialistas en información.

Alòs-Moner, A. (2009). Repositorios digitales: un concepto, múltiples visiones. Extraído el 12 de marzo de 2012, desde www.thinkepi.net/repositorios-digitales-un-concepto-multiples-visiones.

Báez, L. (2011). *Evaluación de resultados de Sistemas de Información desde la perspectiva ecosistémica*. (Tesis de pregrado). Facultad de Comunicación, Universidad de La Habana.

Berlin Declaration on Open Access to Knowledge in the Sciences and Humanities. (2003). Extraído el 12 de marzo de 2012, desde www.zim.mpg.de/openaccess-berlin/berlin_declaration.pdf.

Bethesda Statement on Open Access Publishing. (2003). Extraído desde www.earlham.edu/~peters/fos/bethesda.htm.

Bruner, J. (1999). *La Educación puerta de la cultura*. (Edit). Paidos. Bs. As.

Budapest Open Access Initiative. (2002). Extraído el 12 de marzo de 2012, desde www.soros.org/openaccess/read.

Canella, R. (2007). La propuesta de Acceso Abierto como paradigma emergente. Extraído el 12 de marzo de 2012, desde www.tecnociencia.es/e-revistas/proyecto/proyecto.jsp.

Casate, R. (2009). *Propuesta de perfeccionamiento de los servicios de la Red Cubana de la Ciencia en correspondencia con los principios y fundamentos tecnológicos del Acceso Abierto*. (Informe de Investigación tutelada). Universidad de La Habana, Universidad de Granada.

Codina, L. (2000). La Documentación en los medios de comunicación: situación actual y perspectivas de futuro. Extraído el 12 de marzo de 2012, desde www.lluiscodina.com/articulos/congrv2.doc.

Codina L. (2008). Bases de Datos de Prensa. Extraído el 12 de marzo de 2012, desde www.lluiscodina.com/BasesDatosPrensa2008.ppt.

Pastor, F. (1993). El profesional de la información y las bases de datos. Comunicación y Sociedad. Universidad de Navarra. *Comunicación y Sociedad, 6*(1). Extraído el 5 de abril de 2012, desde www.unav.es/fcom/comunicacionysociedad/es/articulo.php?art_id=247.

Fuentes, M. E. (1984). *Servicio documental en la prensa diaria: análisis y orientaciones*. Barcelona: Mitre.

Guajardo, A. (2010). Z39.50 and OAI-PMH: Transfer Protocols and Information Retrieval. Extraído el 16 mayo 2012, desde www.bibliotecarios.cl/descargas/2010/11/guajardo_z3950.pdf.

Guallar, J. (2011). La documentación en la prensa digital. Nuevas tendencias y perspectivas. III Congreso Internacional de Ciberperiodismo y Web 2.0. Extraído el 16 de mayo de 2012, desde http://eprints.rclis.org/bitstream/10760/16326/1/ciberpebi2011_guallar_documentacion%20prensa%20digital.pdf.

Herreros, M. (2008). La Web 2.0 como red social de comunicación e información. Extraído el 16 de mayo de 2012, desde http://revistas.ucm.es/inf/11341629/articulos/ESMP0808110345A.PDF.

Martínez, M.J. (1986). Estructura de los bancos y bases de datos de prensa. *Documentación de las Ciencias de la Información*, *10*, pp. 213. Extraído el 16 de mayo de 2012, desde http://revistas.ucm.es/index.php/DCIN/article/view/DCIN8686110159A/20443.

Polledo Domínguez, I. (2011) Catálogo de la prensa cubana: Gestión, Búsqueda y Recuperación de los Materiales Periodísticos Impresos. Trabajo de diploma para obtener el grado de Licenciado en Ciencia de la Computación. Facultad de Matemática y Computación, Universidad de la Habana.

Rodríguez, Gladys. (2004). Gobierno Electrónico: Hacia la modernización y transferencia de la gestión pública. *Revista de Derecho Universidad del Norte Barranquilla*, (21) 12-20. Colombia.

Rodríguez, R. & Pedraza, R. (2009). Prensa digital y Web 2.0. Extraído el 16 de mayo de 2012, desde www.upf.edu/hipertextnet/numero-7/prensa-digital.html.

Rubio, M. (2005). Nuevos tiempos para la documentación informativa en el periodismo digital: viejas y nuevas funciones del servicio de documentación digital. *Comunicación y Sociedad*, *18*(1), 153-168. Extraído el 16 de mayo de 2012, desde http://eprints.rclis.org/bitstream/10760/16327/3/articulocys.pdf .

Vanderlinder, I. M. (2011). Sociedad de la información. Proceso de transformación hacia la protección de los derechos de autor. *Telos*, *13*(3), 297-311.

Virtual Library of the Historical Press (2012). Ministry of Education, Spain. Extraído desde http://prensahistorica.mcu.es/es/cms/elemento.cmd?idRoot=estaticos&id=estaticos/paginas/presentacion2.html.

WSIS. (2003). World Summit on the Information Society. *Declaration of Principles: Building the Information Society: a global challenge in the new millennium*. Extraído el 12 de marzo de 2012, desde www.itu.int/wsis/docs/geneva/official/dop.html.

Anexo 1

Elementos asociados al Material Periodístico impreso que fueron definidos en el modelo de Datos de las Bases de Datos de la Prensa Cubana y citados por Polledo (2011)

Título: Título del MPI.

Fecha de publicación: Fecha en que fue publicado el MPI.

Sección: Parte del periódico en que se encuentra el MPI publicado.

Descriptores: Asunto abordado en el MPI, palabras claves.

Tipo: Especifica la tipología del MPI en si (Foto reportaje, Crónica, Editorial, Nota Informativa, Entrevista, Critica, etc.).

Tomado de: MPI que se toma de otra fuente y se publica tal cual.

Publicado en la(s) páginas: Páginas donde se encuentra el MPI, la página pertenece a una edición de un medio de prensa específico.

Parte de: Relación que existe entre el MPI procesado y otros recursos (imagen y otros artículos).

Fichero .rtf del MPI: Texto íntegro del artículo.

Idioma: Idioma en el que está escrito el MPI.

Referencia: Mención a otras fuentes de información o consultas utilizadas en la realización del MPI.

Cobertura: Tiempo y espacio que cubren un tema determinado.

Sección: Es el área o espacio de una página que suele destinarse habitual o regularmente a una clase de trabajos o materiales (nacionales, internacionales, culturales, etc.). El espacio de un columnista también es considerado una sección. Cada medio de prensa tiene sus propias secciones. Una sección puede contener muchos artículos, sin embargo un artículo sólo puede pertenecer a una sección.

Fuentes: Son órganos de prensa en el que aparece publicado el material periodístico. Una fuente puede contener viarios MPI, pero un MPI no puede pertenecer a más de una fuente.

Los MPI dependiendo de su naturaleza informativa se clasifican en:

Artículos informativos.
Artículos de opinión.

Los Artículos informativos tienen un carácter noticioso, dando a conocer determinados hechos, y su intención principal es divulgar la información. Cada MPI clasificado como artículo informativo, tiene asociado un resumen, donde se hace una síntesis del tema que trata.

Los artículos informativos pueden ser:

Reportajes son trabajos en los que el autor informa ampliamente sobre un tema de actualidad, aportando datos, analizando causas y consecuencias de un hecho. Pueden ser versión de un MPI de otra fuente, en tal caso este se toma se modifica y posteriormente y se publica.

Nota informativa es aquella nota periodística que reporta algún hecho, situación o realidad concreta. Su principal característica es que aporta los datos principales sobre un hecho e intenta ser objetiva. Al igual que reportaje puede ser versión de otro MPI.

Fotorreportaje es una secuencia de planos icónicos que se caracterizan por su interrelación y sentido de conjunto. Debe coincidir el autor y la temática representada. Si se trata de cubrir un acontecimiento, deberá concordar el lugar y la fecha.

Los Artículos de opinión son una exposición, valoración, argumentación de un autor acerca de un tema concreto.

Los artículos de opinión pueden ser clasificados como:

Crónica es una noticia ampliada por el autor que aporta su visión personal. Incluye datos recogidos de primera mano, bien por haber sido testigo del hecho o por haber recogido inmediatamente la información debido a su cercanía. Casi siempre se elabora por corresponsales o enviados especiales.

Entrevista informa, pero el matiz está no ya en la cantidad o novedad de la información, sino en su profundización. Pueden ser entrevistas individuales (de opinión, informativa mediante consulta a expertos y biográficas) o entrevistas colectivas (encuestas de grupo, muy utilizadas dentro del periodismo de investigación). Las conferencias de Prensa se ubican dentro de esta entidad.

Crítica informa, orienta y educa al público en ámbitos artísticos, científicos-tecnológicos, etc. También lleva la impronta personal de quien la escribe.

Columna es un artículo de prensa firmado que se renueva cada cierto tiempo, ofreciendo una opinión o punto de vista sobre un tema de actualidad, o simplemente una reflexión del autor.

Editorial, es un artículo anónimo que contiene el comentario, criterio u opinión oficial de la publicación sobre un asunto de actualidad. No tiene firma porque se asume como responsable al director del periódico. En este caso el autor del MPI sería el medio de prensa o la agencia que lo produce.

The Interbanking Portal Web Service of the Banking and Economics Information Center (Cibe)

Ascanio Alvarez Alvarez
Center for Banking and Economic Information (CIBE),
Central Bank of Cuba

Introduction

Because of the importance of economic data and knowledge about customers, banks have a duty to engage in the achievement of optimal management of the country's financial resources. In line with the main policies of the National Banking System (NBS), the Centro de Información Bancaria y Económica's (CIBE) provides major information resource support as it seeks to improve NBS organization and performance. It works to increase and improve banking services, reduce the effects of the foreign financial situation, execute banking supervision regulations and engage in the fight against crime and corruption.

This paper describes the major information services provided by the Interbank Portal of Centro de Información Bancaria y Económica from the Central Bank of Cuba.

CIBE supplies all of the information reports through the Cuban Interbank Portal through which all the NBS' banks have full access. Here we will explore the importance, the general subject matter, and the information and services this Website makes available. In addition, we will provide information on its development as a way to broaden the knowledge and support for an appropriate decision-making process aligned with the banks' institutional communication policy as well as economic and social development financial demands through open-access to the documents and reports it issues.

Centro de Información Bancaria y Económica (CIBE)

The Centro de Información Bancaria y Económica (CIBE, Figure 7.1, see p. 198), serves as the only information center for the whole Cuban Banking System. It originated in the *Banco Nacional de Cuba* Data Center founded in 1960 and aimed at providing the staff with knowledge on worldwide advances in science and banking practices.

Figure 7.1. The Services of CIBE

From 1997, related to the process of restructuring and updating of the Cuban Banking System, CIBE began an intense evolution in order to introduce new Information and Communications Technologies (ITC's) and to rearrange its scope; so that it might reach all banking personnel in the country.

The CIBE is situated in the so-called information industry and all of its endeavors are focused on achieving an efficient and appropriate information management for all the staff and executives in the Cuban Banking System.

Mission: To supply the Cuban Banking System with value-added information reports that are timely and with appropriate quality, on economic, financial and banking issues of the national and international scope.

Vision: To execute an information management system that may supply information to specialists and officers in the system, with the purpose of raising their educational level for appropriate decision-making, as well as initiating the development and implementation of the knowledge management approach, jointly with other institutions.

At present, the Cuban Banking and Financial System consists of Banco Central de Cuba and 9 commercial banks, 15 non-banking financial institutions, 11 representative offices from foreign banks and 4 representative offices from non-banking financial institutions (Table 7.1).

Table 7.1: The Banking and Finance System of Cuba

Banking Entities	Employees
BCC	459
BDI	69
BPA	8731
BANDEC	9216
BNC	217
BEC	143
BM	4214
CADECA	3200
BICSA	321
SIBANC	160
TOTAL	26730

Services

The Center offers various specialized services with the goal of providing an effective and efficient level of information and distribution to bank staff members. Among these services, we have found:

The Journal of Banco Central de Cuba

CIBE has edited and published the Journal of Banco Central de Cuba since 1998. It reports on financial, banking and legislative issues, as well as mirrors the most important events which have taken place within these sectors, also information about the latest banking practices. Its diverse sections include discussion of issues such as macroeconomic studies, financial and economic reports of other countries, banking practices, the fight against money laundering, and interviews with bank presidents, managers and National Banking System distinguished officers, as well as reports on the everyday events of the sector (Figure 7.2).

Figure 7.2. Journal of Banco Central de Cuba

Electronic Newsletters

As part of the Center's system for monitoring the national and international environment, newsletters written by its specialists are published and distributed by e-mail and on the website. At present, there are twelve single-topic newsletters which offer updated information on world banking, economics and finances, marketing, and national and international news, among others. These newsletters include: RIN, Resumen Semanal, NOTIBANCOS, INFOBCC, LAVADO DE DINERO, FINANZAS Y COMMODITIES, HIDROCARBUROS_AL, MAR-KETING, NOTICIAS, ICONOS.cu, ARCHIVOS, BIBLIOTECAxCORREO.

Library

The Library collection includes documents on banking in Cuba from colonial times to the present. Currently it contains 58,239 titles in several types of documents, including 27,682 books, 16,078 gazettes, 8,019 magazines, 4,459 newspapers and 1,284 yearbooks, written by 14,729 authors and comprising 14,117 topics (Figure 7.3).

Figure 7.3. Library Users

As a library specialized in banking, it provides services to bank personnel such as: selection and acquisition, loan and circulation of publications, reading room, computer-access time, digitization of documents, CD burning, e-mail library, Internet service, and retrieval of information from local or remote databases.

An Automated System for Centers of Information (SAUCIN), developed in this center exists with the aim of achieving integration in library work (Figure 7.4).

Figure 7.4. The SAUCIN Search

The main lines of distribution for the library materials are through the "BibliotecaXCorreo" (LibraryByEmail) which is an automated service for the selective dissemination of information by e-mail and through the library's OPAC in the Interbank Portal. Bank personnel can access full text, or the original document, when available in the database.

Translations

Presently, services of English-Spanish and Spanish-English translation and interpretation are provided.

Archives

According to Decree-Law No.265/2009 Banco Central de Cuba is responsible to create an institutional system of archives for the National Banking System. This responsibility falls on the Group of Central Archives belonging to CIBE, the main task of which is to implement the Recordkeeping Management in the National Banking System.

Dissemination

CIBE provides its services of selective dissemination of information mainly through both e-mail and the Interbank Portal to all the employees and specialists of the Cuban Banking System (BCC). CIBE has been in charge of developing the content of the BCC's Web sites since 1999 and of the Portal since 2006.

Interbank Portal

Consisting of a set of sites, Web pages and services, it has been rendering services since March 2006, with the aim of providing all of the Cuban banking employees throughout the country with easy and comprehensive access to the several information and work tools targeted to satisfy their needs for information and to increase access to current information (Figure 7.5).

Figure 7.5. The New Portal

It is a tool intended to supply updated information to employees of the Cuban Banking System in line with the Strategy of Institutional Communication of Banco Central de Cuba.

Today, the Portal is a great repository of documentary sources which offers total access to the information contained in it and all the documents existing in CIBE in digital format to all the users.

It provides a user-friendly information architecture which is supported by an effective representation and organization of the information.

Technical Characteristics

The technical aspects of the Portal include:

An Intranet (www.interbancario.cu) to which employees of BCC and the Head Offices of all the commercial banks (BANDEC, BPA, BEC, BFI, BICSA, BM, BDI, BNC y CADECA) have access. The access in provinces and municipalities depends on each bank.

Apache Web Servers and Internet Information Services.

Database Servers: Postgree, Interbase, MySQL, SQL Server and Microisis

Pages programmed in PHP, ASPX and ASP.

Contents

The Portal offers a varied portfolio of products and services addressed to satisfy the needs of users through an approach of constant improvement.

Banks websites: BCC, BPA, BDI.

Banking sites: CIBE, CNSB, REDSA, SLBTR, OSB, SIB, Currency Manual, Internal Control, SBC, ANEC, UJC, LBS, Courses of the month, Activities, Collaborations, Advertising, Resolutions and Decrees, Events, Etc...

Sites of the National Press: Granma, Juventud Rebelde, Cubadebate, etc.

Other sites: El Economista, AIN, Opciones, Gobierno de Cuba, Memorial, Gaceta de Cuba, MFP, MAC, CEPAL, Segurmatica, CERN, etc

Publications: The Journal of Banco Central de Cuba, E-books Banking, Topics on Stock Exchange, Financial statements, International Banking, Electronic Books, etc.

Newsletters: RIN, INFOBCC, NOTICIAS, NOTIBANCOS, ARCHIVOS, FINANZAS Y COMMODITIES, LAVADO DE DINERO, HIDROCARBUROS_AL, ICONOS.cu, MARKETING, ANEC, RIN SEMANAL, etc.

Others: Online Courses, Psychologist on the Web, etc.

Services

> Search in databases (full text or reference): CIBEDATA, CUBAECO, SEAP, Noticias del Acontecer Bancario, Curiosidades.
> Search in all Web pages and sites of the Portal and Newsletters
> News in Granma (RSS)
> Anniversaries
> Cuban TV
> Antivirus
> Alerts
> OPAC – Access to full text or to original digital documents available in SAUCIN database

Usability

In mid-2011, access to the Bank information changed with all the personnel of each bank entered as a single user. The result of this change meant a decrease in the number of users in statistics.

> On average, 523 users access 7,915,386 pages daily with 1,174 users accessing these pages more than one time for an average of 669 on working days and 189,409 sessions.
> Pages accessed the most include the Main Page, Granma, Cubadebate, Juventud Rebelde.
> Directories accessed the most are the Internet, Images, Root, BCC, and Portal.
> Banks that access the site most frequently are BICSA, BANDEC, BPA, BCC, METRO, CADECA, BFI.
> User Interactions: 870 users with 10 or more visits, 304 with 2 to 9 visits and 93 with only one visit.
> Most active day of the week and hours are Monday, from 3pm to 4pm.

Strategy

> – Results are improved.
> – This knowledge is applied to the decision-making process.
> – Knowledge generated from this information.
> – Information duly structured.
> – Information tailored to the aims of the organization.
> Alfons Cornella, 2004, www.infonomía.com

As part of the medium-term development of the CIBE and the Portal, and to gradually incorporate some aspects of knowledge management, we identified the main sources of information and knowledge that exist and/or that we consider necessary.

Sources of Information / Knowledge

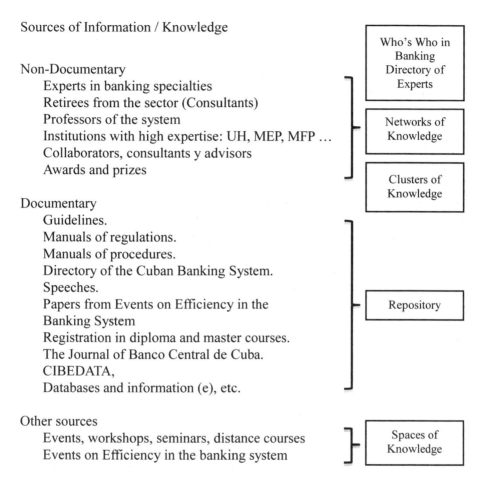

Non-Documentary
    Experts in banking specialties
    Retirees from the sector (Consultants)
    Professors of the system
    Institutions with high expertise: UH, MEP, MFP ...
    Collaborators, consultants y advisors
    Awards and prizes

Documentary
    Guidelines.
    Manuals of regulations.
    Manuals of procedures.
    Directory of the Cuban Banking System.
    Speeches.
    Papers from Events on Efficiency in the
    Banking System
    Registration in diploma and master courses.
    The Journal of Banco Central de Cuba.
    CIBEDATA,
    Databases and information (e), etc.

Other sources
    Events, workshops, seminars, distance courses
    Events on Efficiency in the banking system

The future development of the Portal should aim to capture and spread information from non-documentary sources such as the development of databases of experts, retirees, etc. from the banking sector (Who's Who of Cuban Banking) as well as the implementation of spaces for interaction and exchange on subject matters of the banking system in order to implement the Interbank portal 2.0 with a higher level of access and interaction between the Cuban bank employees.

Portal of Knowledge

The new design of the Portal was developed by using the CMS Joomla. It has been in operation since May 1st of 2012. These conclusions were taken into account, as well as the opinions of several specialists. A reordering of the contents was carried out. As we said before, we expect to promote a more active participation of the banks' personnel in the contents of the Portal to make it more Web 2.0 based.

Appendices

What follows are statistical data showing the Portal's level of usability by the Cuban banking personnel.

General Statistics	
Date & Time This Report was Generated	January 10, 2011 – 13:44:48
Timeframe	01/01/11 00:00:00 – 31/12/11 23:59:59
Number of Hits for Home Page	1,588,107
Number of Successful Hits for Entire Site	75,958,933
Number of Page Views (Impressions)	7,915,386
Number of User Sessions	189,409
User Sessions of Unknown Origin	53.96%
Average Number of Hits Per Day	209,831
Average Number of Page Views Per Day	21,865
Average Number of User Sessions Per Day	523
Average User Session Length	00:20:05
Number of Unique Users	1,267
Number of Users Who Visited Once	93
Number of Users Who Visited More Than Once	1,174

Most Accessed Pages				
Pages	Visits	% of total	Sessions	Time
Portal Interbancario www.interbancario.cu/	1,588,107	20.06	133,166	00:00:45
Periódico Granma Órgano Oficial del Comité Central del Partido Comunista de Cuba www.interbancario.cu/Internet/www.granma.cubaweb.cu/	470,695	5.94	59,711	00:00:12
Cubadebate, Contra el Terrorismo Mediático www.interbancario.cu/Internet/www.cubadebate.cu/	147,891	1.86	40,418	00:00:35
Portada – Juventud Rebelde – Diario de la juventud cubana www.interbancario.cu/internet/www.juventudrebelde.cu/	126,095	1.59	36,181	00:00:22

	Most Accessed Directories					
	Path to Directory	Hits	% of Total Hits	Non-Cached %	Non Cached K Xferred	User Sessions
1	www.interbancario.cu/internet	56,645,666	74.57	75.43	442,684,084	119,779
2	www.interbancario.cu/imagenes	10,222,894	13.45	69.32	151,394,702	94,113
3	www.interbancario.cu/	2,030,031	2.67	92.94	23,875,568	135,811
4	www.interbancario.cu/BCC	1,615,019	2.12	83.58	27,214,639	101,077
5	www.interbancario.cu/PORTAL	1,556,832	2.04	81.84	8,907,655	102,349
6	www.interbancario.cu/Fotos	937,687	1.23	92.9	13,944,845	15,258
7	www.interbancario.cu/Libros_electronicos	731,692	0.96	98.84	204,388,236	14,459
8	www.interbancario.cu/OSB	390,802	0.51	71.05	798,399	88,099
9	www.interbancario.cu/cajeros	318,128	0.41	68.7	591,679	87,793
10	www.interbancario.cu/webcibe	175,322	0.23	79.11	637,636	3,177
11	www.interbancario.cu/sai_bcc	141,876	0.18	93.27	4,248,417	824
12	www.interbancario.cu/Eventos	136,121	0.17	81.69	1,012,592	3,179
13	www.interbancario.cu/Sistema_Bancario	124,028	0.16	84.85	2,798,029	1,789
14	www.interbancario.cu/MME	110,544	0.14	92.51	1,433,309	2,058
15	www.interbancario.cu/SLBTRNet	89,379	0.11	96.34	1,201,636	4,673
16	www.interbancario.cu/Gaceta	65,725	0.08	98.63	7,107,939	5,201
17	www.interbancario.cu/E_CURSOS	65,142	0.08	85.99	227,971	2,404

Most Active Organizations

Organizations		Hits	% of Total Hits	User Sessions
1	BICSA.	18,148,652	26.49%	35,015
2	BANDEC	8,548,947	12.47%	4,791
3	BPA.	7,825,538	11.42%	3,796
4	BCC.	5,832,518	8.51%	10,645
5	METRO	4,499,779	6.56%	3,215
6	CADECA.	4,050,820	5.91%	17,225
7	BFI.	2,698,259	3.93%	4,404

Number of Users per Number of Visits

Number of Visits	Number of Users
1 visit	93
2 visits	60
3 visits	43
4 visits	49
5 visits	37
6 visits	29
7 visits	31
8 visits	33
9 visits	22
10 or more visits	870

Summary of the Activity for Report Period

Average Number of *Users* per day on Weekdays	669
Average Number of *Hits* per day on Weekdays	287,854
Average Number of *Users* for the entire Weekend	345
Average Number of *Hits* for the entire Weekend	43,617
Most Active Day of the Week	Mon
Least Active Day of the Week	Sun
Most Active Day Ever	March 14, 2011
Number of Hits on Most Active Day	592,316
Least Active Day Ever	September 16, 2011
Number of Hits on Least Active Day	240
Most Active Hour of the Day	15:00-15:59
Least Active Hour of the Day	01:00-01:59

Activity Level by Day of the Week

	Day	Hits	% of Total Hits	User Sessions
1	Sun	603,571	0.79%	8,402
2	Mon	16,016,196	21.08%	35,925
3	Tue	15,458,230	20.35%	35,610
4	Wed	14,441,723	19.01%	33,657
5	Thu	14,455,416	19.03%	33,623
6	Fri	13,319,283	17.53%	32,647
7	Sat	1,664,514	2.19%	9,545
	Total Weekdays	73,690,848	97.01%	171,462
	Total Weekend	**2,268,085**	**2.98%**	**17,947**

Activity Level by Hours Details

Hours	# of Hits	% of Total Hits	# of User Sessions
00:00-00:59	214,527	0.28%	2,257
01:00-01:59	206,195	0.27%	2,227
02:00-02:59	240,599	0.31%	2,232
03:00-03:59	225,490	0.29%	2,239
04:00-04:59	230,421	0.3%	2,300
05:00-05:59	283,325	0.37%	2,614
06:00-06:59	1,220,011	1.6%	3,952
07:00-07:59	5,441,555	7.16%	9,237
08:00-08:59	8,835,267	11.63%	15,059
09:00-09:59	6,733,313	8.86%	16,022
10:00-10:59	6,593,340	8.68%	16,317
11:00-11:59	6,731,483	8.86%	17,706
12:00-12:59	6,782,913	8.92%	18,473
13:00-13:59	6,806,729	8.96%	18,160
14:00-14:59	8,064,546	10.61%	16,685
15:00-15:59	9,226,927	12.14%	14,384
16:00-16:59	5,562,927	7.32%	10,343
17:00-17:59	773,501	1.01%	3,792
18:00-18:59	458,756	0.6%	3,067
19:00-19:59	320,129	0.42%	2,720
20:00-20:59	274,072	0.36%	2,508
21:00-21:59	280,130	0.36%	2,459
22:00-22:59	233,734	0.3%	2,381
23:00-23:59	219,043	0.28%	2,275
Total Users during Work Hours (8:00am-5:00pm)	65,337,445	86.01%	143,149
Total Users during After Hours (5:01pm-7:59am)	**10,621,488**	**13.98%**	**46,260**

El Portal Interbancario como Servicio Web del Centro de Información Bancaria y Económica (Cibe)

Ascanio Alvarez Alvarez
Centro de Información Bancaria y Económica (CIBE),
Banco Central de Cuba

Introducción

Por el nivel de información que posee de los datos económicos y el conocimiento de sus clientes, le corresponde a la banca influir para lograr una óptima utilización de los recursos financieros del país. A tono con las principales estrategias de trabajo del Sistema Bancario Nacional (SBN) las principales líneas de información del CIBE se dirigen a: Mejorar la organización y funcionamiento del Sistema Bancario; incrementar y mejorar los servicios bancarios; disminuir los efectos de la situación financiera externa; implementar las disposiciones de regulación y supervisión bancaria y la lucha contra el delito y la corrupción.

Se describen los principales servicios informativos que brinda el Portal Interbancario como servicio Web del Centro de Información Bancaria y Económica (CIBE) del Banco Central de Cuba a los trabajadores y directivos del Sistema Bancario Nacional (SBN), para mantenerlos debidamente informados y actualizados sobre los temas económico, financiero y bancario.

El CIBE prioriza la distribución de todas sus informaciones mediante el Portal Interbancario Cubano, al cual acceden todos los bancos del SBN. Se describe su importancia, características, informaciones y servicios que se diseminan mediante este sitio Web, y sus proyecciones de desarrollo como una de las vías para ampliar los conocimientos y apoyar una correcta toma de decisiones en línea con la estrategia de comunicación institucional y de los requerimientos financieros del desarrollo económico y social del país, mediante el acceso abierto a los documentos e informaciones que en el mismo se diseminan.

El Centro de Información Bancaria y Económica (CIBE)

El Centro de Información Bancaria y Económica (CIBE, Figura 7.1, ver p. 211), es la única unidad de información para todo el Sistema Bancario Cubano. Tiene sus orígenes en el Centro de Documentación del Banco Nacional de Cuba, fundado en 1960 con el objetivo de garantizar a sus trabajadores el conocimiento de los adelantos de la ciencia y la técnica bancaria a nivel mundial.

A partir de 1997 y dentro del proceso de restructuración y modernización de la Banca Cubana, se inicia de manera intensiva su evolución para introducir los adelantos en las Nuevas Tecnologías de la Información y las Comunicaciones (NTICs) y redefinir su alcance a todos los trabajadores bancarios del país.

Figura 7.1. Servicios de CIBE

El centro se ubica dentro de la denominada industria de la información y todo su accionar se enfoca en lograr una gestión informativa eficiente y de calidad para todos los trabajadores y directivos del Sistema Bancario Cubano.

Misión: Suministrar, a todo el Sistema Bancario Cubano, información especializada con valor añadido, con la agilidad y calidad requerida, en las temáticas económica, financiera y bancaria del ámbito nacional e internacional.

Visión: Realizar una adecuada gestión de información que permita suministrar información a los especialistas y dirigentes del sistema, con vistas a elevar su nivel de preparación para una correcta toma de decisiones, así como comenzar a dar los primeros pasos, de manera coordinada con otras direcciones, en el desarrollo e implementación de la gestión del conocimiento.

El Sistema Bancario y Financiero Cubano esta conformado en estos momentos por el Banco Central de Cuba y 9 bancos comerciales, 15 instituciones financieras no bancarias, 11 oficinas de representación de bancos extranjeros y 4 oficinas de representación de instituciones financieras no bancarias. (Tabla 7.1)

Tabla 7.1. El Sistema Bancario y Financiero Cubano

EntitiesEntidades	Trabajadores
BCC	459
BDI	69
BPA	8731
BANDEC	9216
BNC	217
BEC	143
BM	4214
CADECA	3200
BICSA	321
SIBANC	160
TOTAL	26730

Servicios

El centro ofrece una serie de servicios especializados encaminados a lograr un efectivo y eficiente nivel de información y diseminación a los trabajadores bancarios. Entre los que se encuentran:

Revista del Banco Central de Cuba

El CIBE está responsabilizado con la edición y distribución de la revista del Banco Central de Cuba que se edita desde el año 1998. La cual contiene artículos de análisis financieros, bancarios y legislativos, refleja los acontecimientos más importantes acaecidos en estas esferas y lo más novedoso de las técnicas bancarias (Figura 7.2).

Figura 7.2. Revista del Banco Central de Cuba

En sus diferentes secciones se publican: Estudios macroeconómicos, información económica y financiera por países, técnicas bancarias, la lucha contra el lavado de dinero, entrevistas a presidentes de bancos, directores y funcionarios destacados del SBN y crónicas del acontecer del sector.

Boletines Electrónicos

Como parte del sistema de monitoreo del entorno del centro, se editan y distribuyen por correo electrónico y sitios web, los boletines desarrollados por los especialistas del centro. Existen en estos momentos 12 boletines monotemáticos, que ofrecen informaciones actualizadas de la banca mundial, el mundo económico-financiero, el marketing y el acontecer nacional e internacional, entre otros temas en general: RIN, Resumen Semanal, NOTIBANCOS, INFOBCC, LAVADO DE DINERO, FINANZAS Y COMMODITIES, HIDROCARBUROS_AL, MARKETING, NOTICIAS, ICONOS.cu, ARCHIVOS, BIBLIOTECAxCORREO.

Biblioteca

Su fondo atesora documentos de la banca en Cuba desde la época de la colonia hasta nuestros días. Conformado en estos momentos por 58239 títulos de diferentes tipos de documentos, entre los que destacan: 27682 libros, 16078 Gacetas, 8019 Revistas, 4459 diarios y 1284 anuarios, de 14729 autores y 14117 materias (Figura 7.3).

Figura 7.3. Usuarios de la Biblioteca

Como biblioteca especializada en Banca brinda servicios a los trabajadores bancarios de: Selección y adquisición de informaciones, Sala de lectura, Préstamo y circulación de publicaciones, Tiempo de máquina, Digitalización de documentos, Quemado de CDs, BibliotecaXCorreo, Punto de Internet, Localización de información en BD locales o remotas.

Figure 7.4. La búsqueda Saucin

Se utiliza el Sistema Automatizado para Centros de Información (SAUCIN), desarrollado en el Centro, cuyo objetivo es lograr la integración del trabajo en la biblioteca (Figura 7.4).

Las principales líneas de diseminación de su fondo se realizan mediante la "BibliotecaXCorreo" que es un servicio de diseminación selectiva de la información (DSI) automático mediante correo electrónico y el OPAC de la biblioteca en el Portal a través del cual los bancarios pueden acceder al texto completo o al documento original de encontrase este disponible en la base de datos.

Traducciones

En estos momentos se ofrecen servicios de traducción e interpretación en idioma inglés.

Archivo

Según el Decreto-Ley no.265/2009 corresponde al Banco Central de Cuba crear el Sistema Institucional de Archivos para el Sistema Bancario Nacional, esta responsabilidad recae en el grupo de Archivo Central perteneciente al CIBE, el cual tiene como tarea fundamental implantar la Gestión Documental en el SBN.

Diseminación

El CIBE desarrolla sus servicios de diseminación selectiva de información principalmente mediante correo electrónico y el **Portal Interbancario** a todos los trabajadores y especialistas del Sistema Bancario Cubano. El centro tiene a su cargo el desarrollo de los contenidos de los sitios web del BCC desde 1999 y del Portal interbancario desde 2006.

Portal Interbancario

Constituido por un conjunto de sitios, páginas web y servicios, presta servicios desde marzo del 2006, con el objetivo de ofrecerles a todos los bancarios cubanos a lo largo y ancho del país, de una forma fácil e integrada, el acceso a diferentes informaciones y herramientas de trabajo, dirigidas a resolver sus necesidades de información, e incrementar su nivel y actualidad informativa (Figura 7.5).

Figura 7.5: Portal Interbancario

Es un espacio orientado a suministrar y facilitar información actualizada y oportuna a los trabajadores del Sistema Bancario Cubano en sintonía con la Estrategia de Comunicación Institucional del Banco Central de Cuba.

El Portal en estos momentos es un gran repositorio de fuentes documentales que ofrece a todos sus usuarios acceso completo a toda la documentación en él contenida, así como a todos aquellos documentos que el CIBE posee en formato digital.

Consta de una arquitectura de información amigable, que descansa en una adecuada representación y organización de la información.

Características técnicas

Intranet www.interbancario.cu a la que acceden los trabajadores del BCC y de las oficinas centrales de todos los bancos comerciales: BANDEC, BPA, BEC, BFI, BICSA, BM, BDI, BNC y CADECA. El acceso a nivel provincial y municipal depende de cada banco.
Servidores web Apache e Internet Information Services.
Servidores de bases de datos: Postgree, Interbase, MySQL, SQL Server y Microisis,.
Páginas programadas en PHP, ASPX y ASP.

Ofrece una variada cartera de productos y servicios encaminada a satisfacer las necesidades de sus usuarios sobre la base de un enfoque de mejoramiento continuo.

Bancos: BCC, BPA, BDI.
Sitios de la Banca: CIBE, CNSB, REDSA, SLBTR, OSB, SIB, Manual de Monedas, Control Interno, SBC, ANEC, UJC, LBS, Cursos del Mes, Actividades, Colaboraciones, Anuncios, Resoluciones y Decretos, Eventos. etc
Sitios de la Prensa Nacional: Grama, Juventud Rebelde, Cubadebate, etc.
Otros sitios: El Economista, AIN, Opciones, Gobierno de Cuba, Memorial, Gaceta de Cuba, MFP, MAC, CEPAL, Segurmatica, CERN, etc
Publicaciones: Revista BCC, E-Libros Banca, Aspectos sobre la Bolsa, Estados Financieros, Banca Internacional, Libros Electrónicos, etc.
Boletines: RIN, INFOBCC, NOTICIAS, NOTIBANCOS, ARCHIVOS, FINANZAS Y COMMODITIES, LAVADO DE DINERO, HIDRO-CARBUROS_AL, ICONOS.cu, MARKETING, ANEC, RIN SEMANAL, etc.
Otras: Cursos Online, Psicólogo en red, etc.

Servicios

Búsquedas en las BD a texto completo o referenciales: CIBEDATA, CUBAECO, SEAP, Noticias del Acontecer Bancario, Curiosidades.
Búsqueda en todas las páginas y sitios web del Portal, Boletines
Noticias de Granma (RSS)
Efemérides
Televisión Cubana
Antivirus
Alerta
Acceso al texto completo o los documentos digitales originales de encontrase disponibles en la base de datos del SAUCIN

Usabilidad

Desde mediados del 2011 se modificó la forma de acceso de los bancos, contabilizándose actualmente todos los trabajadores de cada banco como un solo usuario, lo que justifica la disminución en las estadísticas de la cantidad de usuarios.

Acceden diariamente 523 usuarios a 7,915,386 páginas, 1,174 con más de una visita, con un promedio de 669 los días laborables y 189,409 sesiones.
Paginas más accedidas: Principal, Granma, Cubadebate. Juventud Rebelde,
Directorios de mayor acceso: Internet, Imágenes, Raíz, BCC, Portal.
Bancos: BICSA, BANDEC, BPA, BCC, METRO, CADECA,BFI
Fidelidad: 870 usuarios con 10 o mas visitas, 304 de 2 a 9 visitas y 93 con una sola visita.
Día de la semana y horario de mayor actividad: Lunes, de 3pm a 4pm

Estrategia

Mejoran los resultados.
Se aplica este conocimiento a la toma de decisiones.
Conocimiento generado a partir de esta Información.
Información debidamente estructurada.
Información adecuada a los objetivos de la organización
Alfons Cornella, 2004, www.infonomía.com

Como parte del desarrollo a mediano plazo del CIBE, del Portal y para incorporar paulatinamente algunos aspectos de la gestión del conocimiento, identi-

ficamos las principales fuentes de información y conocimientos existentes y/o
que consideramos necesarias.

Fuentes Informacion / Conocimiento:

No documentales
    Expertos en especialidades bancarias (i y e)
    Jubilados del sector (Consultores)
    Profesores del sistema (i y e)
    Instituciones de alta experticia: UH, MEP, MFP …
    Colaboradores, consultores y asesores (e)
    Premios y distinciones (i)

Documentales
    Lineamientos.
    Manuales de Regulaciones.
    Manuales de Procedimientos.
    Directorio del Sistema Bancario Cubano.
    Discursos.
    Trabajos Eventos Eficiencia Sistema Bancario
    Registro de Cursos, Diplomados, maestrías.
    Revista BCC.
    CIBEDATA,
    BD e informaciones (e) , etc.

Otras Fuentes
    Eventos, talleres, seminarios, Cursos a distancia
    Eventos Eficiencia Sistema Bancario

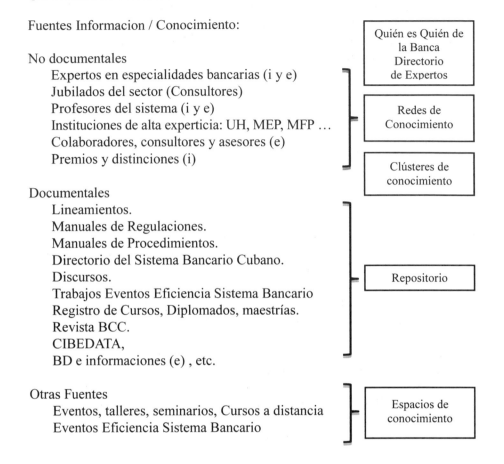

El desarrollo futuro del Portal deberá marchar por la captura y diseminación
fundamentalmente de información de fuentes no documentales, como el desarrollo de bases de datos de expertos, jubilados, etc del sector bancario (Quien es
quien de la banca cubana); así como la implementación de espacios para la interacción y el intercambio temático entre los bancarios, en fin implementar el
Portal Interbancario 2.0 con un mayor nivel de acceso e interacción entre los
bancario cubanos.

Portal del Conocimiento

El nuevo diseño del Portal se desarrolló con el empleo del CMS Joomla. Se encuentra en funcionamiento desde el 1ro de mayo de 2012, se tuvieron en cuenta estas conclusiones y las opiniones de varios especialistas, se realizó un reordenamiento de los contenidos. Como mencionamos se espera fomentar la participación mas activa de los bancarios en los contenidos del Portal para hacerlo más 2.0.

A continuación se ofrecen datos estadisticos que muestarn el nivel de usabilidad del mismo por parte de los bancarios cubanos.

Anexos

Estadísticas Generales	
Fecha y hora en las cuales se generó este informe	Diciembre 28, 2011 – 13:44:48
Periodo	01/01/11 00:00:00 – 31/12/11 23:59:59
Cantidad de aciertos por página de bienvenida	1,588,107
Can. total de aciertos exitosos	75,958,933
Número de impresiones de páginas	7,915,386
Can. total de sesiones de usuario	189,409
Sesiones de usuario de origen desconocido	53.96%
Promedio diario de aciertos	209,831
Número promedio de impresiones de páginas por día	21,865
Promedio diario de sesiones de usuario	523
Duración media de una sesión de usuario	00:20:05
Número de visitantes únicos	1,267
Número de visitantes que visitaron una vez	93
Número de visitantes que visitaron más de una vez	1,174

Páginas mas visitadas

Páginas	Vistas	% del total	Sesiones	Tiempo (sec)
Portal Interbancario *www.interbancario.cu/*	1,588,107	20.06%	133,166	00:00:45
Periódico Granma Órgano Oficial del Comité Central del Partido Comunista de Cuba *www.interbancario.cu/Internet/* *www.granma.cubaweb.cu/*	470,695	5.94%	59,711	00:00:12
Cubadebate, Contra el Terrorismo Mediático *www.interbancario.cu/Internet/www.* *cubadebate.cu/*	147,891	1.86%	40,418	00:00:35
Portada – Juventud Rebelde – Diario de la juventud cubana *www.interbancario.cu/internet/* *www.juventudrebelde.cu/*	126,095	1.59%	36,181	00:00:22

Directorios de Mayor Acceso

	Trayectoria al directorio	Aciertos	% del total	% sin incluir caché	K Bytes transferidos sin incluir caché	Sesiones
1	www.interbancario.cu/internet	56,645,666	74.57	75.43	442,684,084	119,779
2	www.interbancario.cu/imagenes	10,222,894	13.45	69.32	151,394,702	94,113
3	www.interbancario.cu/	2,030,031	2.67	92.94	23,875,568	135,811
4	www.interbancario.cu/BCC	1,615,019	2.12	83.58	27,214,639	101,077
5	www.interbancario.cu/PORTAL	1,556,832	2.04	81.84	8,907,655	102,349
6	www.interbancario.cu/Fotos	937,687	1.23	92.9	13,944,845	15,258
7	www.interbancario.cu/Libros_electronicos	731,692	0.96	98.84	204,388,236	14,459
8	www.interbancario.cu/OSB	390,802	0.51	71.05	798,399	88,099
9	www.interbancario.cu/cajeros	318,128	0.41	68.7	591,679	87,793
1 0	www.interbancario.cu/webcibe	175,322	0.23	79.11	637,636	3,177
11	www.interbancario.cu/sai_bcc	141,876	0.18	93.27	4,248,417	824

(continuar)

Directorios de Mayor Acceso					
12	www.interbancario. cu/Eventos	136,121	0.17	81.69	1,012,592	3,179
13	www.interbancario. cu/Sistema_Bancario	124,028	0.16	84.85	2,798,029	1,789
14	www.interbancario. cu/MME	110,544	0.14	92.51	1,433,309	2,058
15	www.interbancario. cu/SLBTRNet	89,379	0.11	96.34	1,201,636	4,673
16	www.interbancario. cu/Gaceta	65,725	0.08	98.63	7,107,939	5,201
17	www.interbancario. cu/E_CURSOS	65,142	0.08	85.99	227,971	2,404

Organizaciones Más Activas				
	Organizaciones	**Aciertos**	**% del total**	**Sesiones**
1	BICSA.	18,148,652	26.49%	35,015
2	BANDEC	8,548,947	12.47%	4,791
3	BPA.	7,825,538	11.42%	3,796
4	BCC.	5,832,518	8.51%	10,645
5	METRO	4,499,779	6.56%	3,215
6	CADECA.	4,050,820	5.91%	17,225
7	BFI.	2,698,259	3.93%	4,404

Número de Usuarios por Número de Visitas	
Número de visitas	**Número de usuarios**
1 visita	93
2 visitas	60
3 visitas	43
4 visitas	49
5 visitas	37
6 visitas	29
7 visitas	31
8 visitas	33
9 visitas	22
10 o más visitas	870

Resumen de Actividad para Reporte de Período

Número promedio de *usuarios* en los días hábiles	669
Número promedio de *aciertos* en los días hábiles	287,854
Número promedio de *usuarios* en los fines de semana	345
Número promedio de *aciertos* en los fines de semana	43,617
El día más activo de la semana	Lun
El día menos activo de la semana	Dom
El día más activo en la historia del sitio	Marzo 14, 2011
Cantidad de aciertos del día más activo	592,316
El día menos activo en la historia del sitio	Septiembre 16, 2011
Cantidad de aciertos del día menos activo	240
La hora más activa del día	15:00-15:59
La hora menor activa del día	01:00-01:59

Nivel de actividad por día de la semana

	Día	Aciertos	% del total	Sesiones
1	Dom	603,571	0.79%	8,402
2	Lun	16,016,196	21.08%	35,925
3	Mar	15,458,230	20.35%	35,610
4	Mié	14,441,723	19.01%	33,657
5	Jue	14,455,416	19.03%	33,623
6	Vie	13,319,283	17.53%	32,647
7	Sáb	1,664,514	2.19%	9,545
	Total para los días hábiles	73,690,848	97.01%	171,462
	Total para los fines de semana	**2,268,085**	**2.98%**	**17,947**

Nivel de actividad por horas del día

Horas	Aciertos	% del total	Sesiones
00:00-00:59	214,527	0.28%	2,257
01:00-01:59	206,195	0.27%	2,227
02:00-02:59	240,599	0.31%	2,232
03:00-03:59	225,490	0.29%	2,239
04:00-04:59	230,421	0.3%	2,300
05:00-05:59	283,325	0.37%	2,614
06:00-06:59	1,220,011	1.6%	3,952
07:00-07:59	5,441,555	7.16%	9,237
08:00-08:59	8,835,267	11.63%	15,059
09:00-09:59	6,733,313	8.86%	16,022
10:00-10:59	6,593,340	8.68%	16,317
11:00-11:59	6,731,483	8.86%	17,706

(continuar)

Nivel de actividad por horas del día			
12:00-12:59	6,782,913	8.92%	18,473
13:00-13:59	6,806,729	8.96%	18,160
14:00-14:59	8,064,546	10.61%	16,685
15:00-15:59	9,226,927	12.14%	14,384
16:00-16:59	5,562,927	7.32%	10,343
17:00-17:59	773,501	1.01%	3,792
18:00-18:59	458,756	0.6%	3,067
19:00-19:59	320,129	0.42%	2,720
20:00-20:59	274,072	0.36%	2,508
21:00-21:59	280,130	0.36%	2,459
22:00-22:59	233,734	0.3%	2,381
23:00-23:59	219,043	0.28%	2,275
Total de usuarios durante las horas laborales (de 8:00 a 17:00)	65,337,445	86.01%	143,149
Total de usuarios durante las horas no laborales (de 17:01 a 7:59)	**10,621,488**	**13.98%**	**46,260**

Socialization of Knowledge:
Open Access and Proprietary

Raul G. Torricella Morales
Director of the University Press, Ministry of Higher Education (Cuba)
and
Francisco Lee Tenorio
Director of Infomatics, Ministry of Higher Education (Cuba)
and
Jorge Luis Lopez Presmanes
Director of the Data Center for Universities, Ministry of Higher Education (Cuba)

Introduction

The Open Access Initiative is based on the principle that scientific papers, as well as those of other disciplines should be deposited via the Internet for reading, downloading and printing in an open and free environment (Web-Adama, 2011; Melero, 2005). The main features to consider when implementing a library project in the form of open access are the following:

> The ability to set the type of licensing to benefit both the author and the reader
> Assure that the implementation of technical characteristics for the formats and information architecture are compatible with protocols for storage and exchange of information among other OA repositories and Open Access Journals.
> Consider the legal and financial impact of the publications.

In 2000 the number of Internet users was 357 million, and in 2010 it was close to two billion (Web Adama, 2011, p. 12). This quantum leap, coupled with the rapid development of information technology and communications, has made the development of Open Access publications an already common practice (Rojas, Alejandra & Rivera, 2011). Examples of this practice can be seen in Spain, where it is obligatory to publish information in Open Access in the cases of publicly funded European publications and PhD theses from Spanish universities.

UNESCO promotes a similar initiative for materials in its Open Educational Resources (OER). The OER materials are meant to provide access through the use of a teaching-learning license in the public domain or other open access method that enables the materials to be used, re-assembled, re-used and redistributed by others without restriction whatsoever. The implementation of standards enables the exchange of information with other repositories. Included in these educational resources are textbooks, study guides and teacher's notes, with the latter being classified as e-textbooks or simply e-texts. The e-texts are very important traditional educational resources in the teaching-learning process, in both pre-university education and at the university level (Torricella-Morales, Lee-Tenorio, Carbonell De La Fe, 2008). However, many authors are still not willing to allow the distribution of their works with Open Access licenses. The e-texts are distributed in private networks or on an institutional intranet for the exclusive use of the university that produced them, or are sometimes distributed through commercial publishers who pay royalties or buy the publishing rights to the works of authors.

The distribution in the form of "Socialization of Knowledge" (Torricella-Morales, Lee-Tenorio, Carbonell De La Fe, 2008) allows the contents to be accessed in both Open Access and through commercial providers, as long as the latter adds value and pays the fees to the copyright holder. The sale requires the use of appropriate technology to restrict unauthorized copying. This type of distribution is performed using commercial technology platforms, such as the "e-book". This platform provides access to the production of the University Press (Cuba), which is also produced as Open Access in the Library of EcuRed (http://revistas.mes.edu.cu). This process adds value and increases the visibility of the content, plus it allows the authors open access to resources available on the platform.

In this sense, the technological solutions used in the production of content for online marketing can and are recommended for use in the production of content for dissemination in the form of open access. In the following chapter, we articulate techniques for the preparation of documents to be incorporated in a digital library using either the Greenstone software, or any similar software, as a part of the procedure used in the construction of the virtual library of the EcuRed.

Development

The EcuRed Virtual Library

In referring to this type of material, some authors use the term "virtual library", or as a synonym "digital library" (Tramullas, 2006). Although we feel the latter is more correct, in this chapter we will retain the original term – the Virtual Library of EcuRed. This site is available online at http://revistas.mes.edu.cu and is one of the four Cuban repositories that are registered in the

Directory of Open Access Repositories[1] (DOAR). This library disseminates the production of the University Press (Cuba) and a selection of e-books published by some publishers of the Cuban Book Institute who have provided the content of their societies, and serves as a resource for the construction of the encyclopedia articles in EcuRed (Cruz-Santos, 2011).

The contents of this library are selected on the basis of their quality and usefulness as an educational resource for Cuban universities. The authors of e-textbooks have to agree to distribute their works under the Open Access license and on commercial platforms as an additional avenue for increasing the visibility of the contents of the Library. The license used by the University Press is the Creative Commons "Attribution, No Derivative Work" version, allowing copying and distribution by any means provided attribution is given for the authors and modification is not made of the contents. Figure 8.1 shows the conceptual model underlying content management used by the University Press for the dissemination of the e-book in the Virtual Library EcuRed using the Greenstone software 2.84.[2]

Figure 8.1. Conceptual model of the management of information by the University Press of Cuba to incorporate documents in the EduRed Repository Library and educational resources of the Ministry of Higher Education

The documents that are incorporated under the terms of "Digital Rights" agreed to by the authors are then declared to be the documents in the library of the EcuRed (open access) or intranet (restricted access). The sources of digital resources can be one of the following forms:

Documents available on the Web in image format.
Documents available on the Web in PDF format
Original documents produced by academics in the original format.

The following describes the procedures for preparation of documents in the construction of digital libraries supported in Greenstone.

---

1   DOAR: www.opendoar.org/.
2   Figure made from sheet 29 of a presentation: Vera L., Philip (2006) Building Digital Libraries: Pyramidal Layer Model. Paper presented at the XI International Conference on the Library, "Librarianship: Opportunities and Challenges in the Knowledge Society." Santiago de Chile, 2006: pp. 29.

Documents Available on the Web in Image Format

On the Web you can get many books in image format or generated in PDF which indicate "no sources". In this case, the text is an image, and as such, is of little use to build a digital library as some are large files and others are not fully text searchable within the document.

To convert these images to text, a system of optical character recognition (OCR) should be used. One of the most commonly used OCR programs is the ABBYY FineReader Professional Edition.

The following describes the main operations used to convert images into native PDF files as a case study. If you require the completion of this conversion, we recommend that you purchase the software or find alternative free software. [3].

The ABBYY FineReader can create three types of PDF files:

> Text and pictures only.
> Text under pictures.
> Text on images.

The first option produces the highest quality PDF, but is more laborious, since all the text conversion errors are visible to the reader, necessitating the document's complete correction. This is often very labor intensive, especially if the original images are not of high quality.

Decorative images such as lines at the top or bottom of pages all need to be marked for inclusion in the document. When you have complicated designs, vignettes, lines and other decorations that you do not want to lose and the background is relatively clean, we recommend the use of the "text on images". In this case it is not necessary to mark the lines as they will appear in the text. The imperfections of digitization, which should be "erased" from the originals, require a specific tool which is available.

When you want to maintain the original effect of the text or the image quality is very low, we recommend the use of the "Text under pictures" wherein the reader sees the image layer at its original quality and below this is a searchable text layer which you can then copy and paste. The problems are not noticeable at first sight but they are still present and affect the usefulness of the document.

---

3   Clarification by the author: We are against piracy, but we are promoting the use of proprietary software. References are used only to ABBYY Finereader as an example methodology.

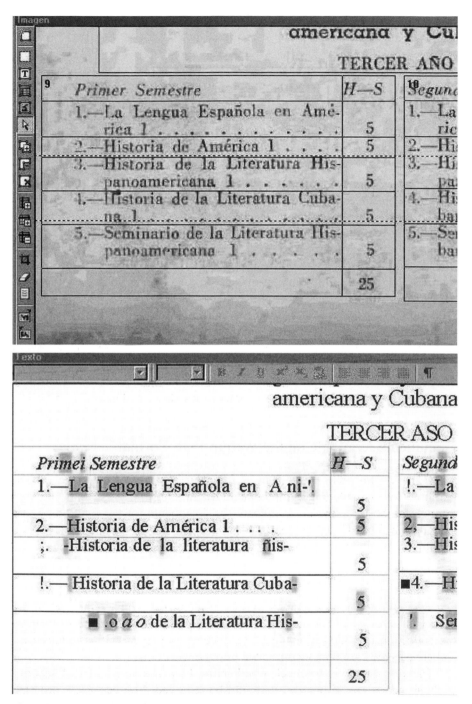

Figure 8.2. Results of text recognition with the "Plain Text and images" in low-quality documents. On the left is the original image and to the right the results of automatic recognition.

Figure 8.2 shows the appearance of a relatively old document (the original document of the university reform in Cuba, that is 50 years old and digitized with a very low quality) in its original form and after the "Plain Text and images" is applied without corrections. As seen in this case, the low-quality images have a negative effect on the efficiency of recognition of the texts, to the point that in some cases it will be less costly to rewrite the texts for submission to the automated recognition process by some other software.

Below is a citation to a reference book which is currently available in the Virtual Library EcuRed:

Sensory evaluation applied to research, development and quality control in food industry by Raul G. Torricella Morales, Esperanza Pulido Horacio Zamora Utset and Alvarez. Havana: University Press. --2008.-- 136 FWA, 1.9 Kb.

The document has been completely rewritten from its original form. It was originally written in 1989, but the quality was inadequate, and classified as a "Text Robotron," meaning that the text was written with a typewriter with proportional characters. This style is more difficult for automatic recognition.

Whenever possible, it is much more convenient to use documents in native PDF format, i.e., that have been created from a word processor such as Word, LibreOffice or similar software. In these cases it is necessary to perform a set of operations so that these PDFs can be processed conveniently by Greenstone for inclusion in a collection. These operations are described below.

Documents Available on the Web in PDF Format

The Cuban University Press uses a procedure which requires the e-book platform for the integration of content. In this format two goals are met through the efforts of one – to prepare the documents for the EcuRed Virtual Library and for delivery to the e-book platform, when applicable. Below is a simplified version of this procedure.

Production of PDF Documents for Digital Libraries

Once a PDF formatted document has been identified which is not yet in the library, it is reviewed for quality. To begin, the document must be relevant to the collection to which it applies. The documents that meet this requirement and are accepted are then incorporated into the workflow.

The first action is to check whether the PDF has some sort of security enabled, and if any is present, it should be removed. You can use a program designed for this purpose, such as Advanced PDF Password Recovery Pro (Process 1 in Figure 8.3).

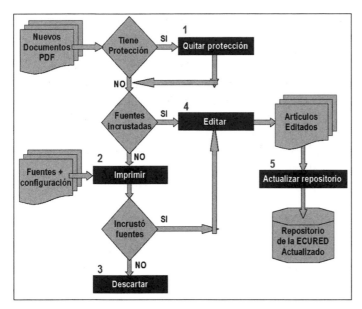

Figure 8.3. Workflow for producing PDF documents for digital libraries in Greenstone software (Cruz Santos, Ileana Dayamina. 2011)

Next the fonts embedded in the PDF files are found. In the following case, we see that the basic sources of Adobe are not embedded (see Table 8.1).

Table 8.1. Basic fonts of Adobe Acrobat

Basic fonts of Adobe Acrobat	
Courier	Helvetica-Oblique
Courier-Bold	Symbol
Courier-BoldOblique	Times-Bold
Courier-Oblique	Times-BoldItalic
Helvetica	Times-Italic
Helvetica-Bold	Times-Roman
Helvetica-BoldOblique	ZapfDingbats

In the case where these are not embedded, the document is printed with the settings "eBookjoboptions" [4] (Process 2 in Figure 2). Keep in mind that items must have all pages of the same size from the top or cover through the last page. To verify the effectiveness of the process, print some text selected at random. Select the text, copy it and paste it into a text file. If the copy can be

---

4   This option is defined in a configuration file available at http://bives.mes.edu.cu.

read correctly, then processing continues. If the copied symbols are illegible or the document is blank, then the item is eliminated (Process 3 in Figure 3).

A document is then created from the PDF form, or a copy in the case of embedded fonts (Process 4 in Figure 3). The original is kept in a folder called "original" to ensure that it remains unchanged. Next verify that the item is complete and make sure the page numbers in the models match with the numbers of the original pages. The first page will always be called "Cover". When blank pages are found there is an investigation into why the pages that have been checked are blank, and if the numbering matches then they are allowed. If this cannot be determined, the document is eliminated.

The editing process continues with writing in the "Title" and "Authors" of the PDF as follows:

Title: Full title of the article is entered. If it longer than 250 characters it is truncated. Then we indicate the name or abbreviation of the serial, the volume number, the number in parentheses, colons, first and last page separated by a dash, comma and year of publication. For example:

Detection of antibiotics in milk marketed in Mexico City. Rev. Anim Health. 23 (1):37-41, 2001

Author: Complete this field with all authors listed in the format: Surname/s, First Name/s, Surname/s, First Name/s ... etc. If the direct responsibility for the work is not an author, for example, coordinator, editor, etc. it is clarified in parentheses after the name. For example: Surname, First Name (Author), Surname, First Name (Coordinator). If responsibilities are not clear, do not use (Author). For example:

"Ramirez, Acacia, Gutierrez, R., Gonzalez, Clementina"

The following options are changed when opening the PDF:

page and bookmarks panel
a single page
adjust width
and start from the first page (Cover)

Finally we proceed to create the bookmark (marcadores in Spanish) as follows:

The first bookmark is always the title, and starts the beginning of the first page or cover of the article.
The second is one to be called "Legal Page" and leads to a page showing all the legal details of the book, such as ISBN or ISSN, Publisher, etc (if you have this page, if not, it is not included).

The third is the index (if any). The articles generally have no index, so it will not be added.

Next, insert at least one bookmark for each title/subtitle/chapter, and so on, for the item. This should be positioned on each page containing a title, subtitle, etc. to create the bookmark.

Once created, it all fits like a tree, whose main branch is the name of the document and then moves down to the other titles, chapters, and subtitles.

Table 8.2 provides an example of the structure of bookmarks and proper use of capitals and lower case indicating the level of depth.

Table 8.2. Example: Construction of Bookmarks

Correct	Incorrect
TÍTLE	TITLE 1
– SUBTITLE1	– SUBSTITLE1
– SUBTITLE2	– SUB-SUBTITLE2
- SUB-SUBTITLE1	– Subtitle2
TITLE	TITLE 1
– SUBTITLE1	– Subtitle1
– SUBTITLE2	– Sub-subtitle2
– Sub-Subtitle 1	- SUBTITLE2

The links should always indicate the properties of the type of link: highlight invisible and style: none. There should also be Web links to an e-mail address (for example: mailto: email address, e.g. mailto: info@e-libro.com) and web addresses (http://printer). At the end of editing, always save the document with the "save as ..." because in this way all duplicate content is removed, thereby reducing the size of the PDF.

If you are working with a version of Adobe Acrobat newer than 7.0, go to the "save as" option, select Adobe PDF Files, Optimized (*. Pdf) and on the right side it will specify the version with which the PDF will be compatible for the Greenstone software. We use version 2.84. If it can be opened, you can click on the OK button and then click the save button.

Once completed, review the PDF, determine the properties that open, try some bookmarks, randomly check some links to see that everything has been formatted properly, and review the entire PDF, from top to bottom to verify everything is correct.

Production of Academic Papers from Originals

Master's and Doctoral Theses

In the academic year 2008-2009, the Ministry of Higher Education mandated the delivery of the thesis document in digital format as a requirement for conducting the defense of the work for a degree (the optional titles being Bachelor's degree or Engineer). In order to facilitate the process for students and librarians in the production, storage and retrieval of dissertations, Torricella Morales and others (Torricella-Morales, Hernandez-Monzon & Huerta-Espinosa, 2009) developed a formal procedure and a specific proposal procedure, which was implemented in the Department of Food, Pharmacy and Food Institute at the University of Havana (IFAL) for three consecutive years with satisfactory results.

An important part of the procedure is the production of dissertations from templates developed for this purpose. The templates provide students with the construction of the chapter structure, formats for tables and figures, and the inclusion of bibliographic data and licensing. As a result, the PDF file developed is a product that can be directly incorporated into the digital library.

The proposed procedure provides that the student who writes and edits the thesis has the status as Author-Editor of the document, while the tutor is named Co-editor. Of the seven aspects of involvement throughout the proposed process (see Table 8.3), the individual with responsibility for student research is the most important. This individual, in the dual role of quality control for the documents and the manner by which the process proceeds, ensures that the theses are collected and incorporated into the library. It was shown that where this is not the case, it is not possible to produce, let alone maintain, a digital library of dissertations (Torricella-Morales, Hernández-Monzón & Huerta-Espinosa, 2009).

On the other side of the process, the librarian is the one who built the library from digital documents produced by students and tutors. This is why everyone should work closely under the direction of student research fellows who, together with librarians, can provide seminars as training for use of templates and the production of documents that meet the requirements necessary for inclusion in the digital library.

Table 8.3 shows the relationship between the main actors of the process for the production and dissemination of dissertations in the digital library.

Table 8.3. Description of the main relationships between the actors of the proposed procedure for the dissemination of dissertations in digital library (Torricella-Morales, Hernandez-Monzon & Huerta-Espinosa, 2009)

Actor	Description of stakeholder relations expressed in their actions during the writing process, revision and editing of dissertation
Author-editor	Writes a thesis with the use of LibreOffice 3.3 and BiblioExpress Ver. 2.0 templates and saves in PDF format.
	A copy of the dissertation (PDF for review and ODT for digitization) and its digital library tangible medium (e.g. CD-ROM) is given to the head of student research.
Tutor	Writes an opinion of the work and verifies its inclusion in the body of the dissertation. Proposes the method and timing of the publication of the dissertation.
Individual Responsible for Student Research	Reviews the content and format of the CD; if requirements are met accepts it; if not met returns it to the author for corrections. Copy the work to ODY, PDF, and create a personal copy for the author's library, these are properly identified in each format and placed in coded folders for internal use by the department faculty for which they are created. This copy is part of the legal deposit for the institution and together with the CD is delivered to the library.
	Indication of receipt of the thesis with a commitment to return it for the defense of diploma work is signed. Collect and review the CD and ensure that this corresponds to the PDF copy. Deliver to the library a copy of the defended and approved dissertation to be filed in the legal deposit institution.
Reviewer	Obtain the CD with the thesis for examination, complete form indicating feedback and participation and together with the tutor and the court determine the timing of publication.
	The CD is delivered to the library of the institution to become part of the legal deposit in the institution.
Librarian	Receive Library copy in PDF format and instructions for issue. Add metadata for the dissertation to the library and into the repository of the university. Add the PDF file of the dissertation to the repository approved for disclosure.
Network Director	Advise students, teachers and librarians in the digitization process. Ensures repository is visible on the intranet and the Internet as appropriate.
Director of the Repository	Maintains the proper functioning of the dissertation repository. Support theses processing by librarians.

The template was developed in LibreOffice for Windows, but also works on Linux LibreOffice. It is a model for those who want to build their own templates from the adaptation of a ready-made. You can download the template at: http://bives/mes.edu.cu/install/Plantilla-Tesina-IFAL.odt. The following describes the main characteristics to comply with the templates for writing diploma work.

Metadata or Description of the Thesis Document

The template has several components related to the "metadata or description" of the document. These are defined and incorporated into the document by the user in the corresponding fields which then can be inserted into the corresponding pages, for example: cover, title page, copyright page (or credits), footer and page header. This ensures that the metadata always appears correctly written and only need to be written once.

To set the document properties, open the drop-down menu "File" (first in the top left), select "Properties" (opens a window) and within this select the tabs "Description of the document" and then "Custom Properties". In the first tab there are three fields: title, subject and keywords, the second is a table with three columns, the first contains the name of the property, the second the type and the third the value. The third is where you should record the metadata values. Figure 8.4 shows these tabs.

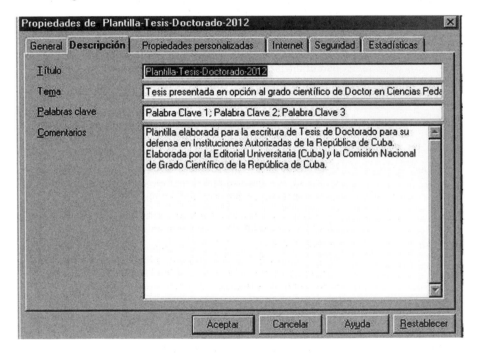

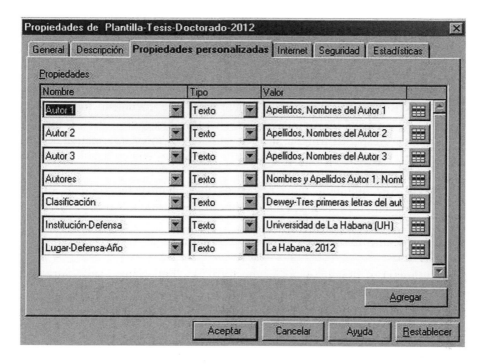

Figure 8.4. Legal page for the dissertation document. The texts marked with gray background correspond to the metadata or descriptions that are recorded automatically from the document properties. The upper part shows the contents of the tabs: Overview and Custom Properties.

The following describes in detail the contents of the document metadata.

Description of the Document:

> **Title**: Record the full title of the document
>
> **Topic**: Record the thematic classification of the document, for example, "641 Food and Beverage," where 641 is the Dewey classification number that corresponds with the theme of Food. For more information see the Dewey classification table at: http://bives.mes.edu.cu/install/Plantilla-Tesina-IFAL.odt.
>
> **Keywords:** minimum three keywords that identify the contents of the document, for example, Food Technology, Nutrition, Sensory analysis

Custom Document Properties:

> **Author(s)** of diploma work in the formats: "Full Name" and "Surname, Name (Author)"
>
> **Advisor(s)** of diploma work in the formats: "Full Name" and "Surname, Name (Advisor)"
>
> **University** where the diploma work was defended, for example, "University of Havana. Institute of Food and Drugs"
>
> **Call Number** (Used for the location in the library) In Cuban universities the Dewey Classification Code is used and includes the first three letters of the author's name, and significant first letter of the title, for example, if the title and author are: Functional foods ... Raul Torres, the call number is: 641-Tor-A
>
> **Year** in which the thesis is defended: for example 2012
>
> **Academic degree** which is chosen, for example: Thesis option to the title of BA in Food Science
>
> **Title** of the thesis truncated to a line (for page headers and the link to the cover)

Once the metadata or description of the document is created, these will be inserted into the body of the document that applies (see Figure 1). After the insertion of metadata, is the writing or entering data in the thesis.

Data or Content of the Thesis

Students who use Microsoft Word for writing their diploma work can continue doing it this way, but is best done directly with LibreOffice. However, sometimes students do not have this software or are working on computers that do not have it installed. In that case they can continue working in Word and then copy and paste the contents of the template into LibreOffice. This practice has been described as friendly and appropriate for the majority of the students during tests at the Faculty of Pharmacy and Food, University of Havana (Torricella-Morales, Hernández-Monzon, Huerta-Espinosa, 2009). Only in the case of the figures and tables have some difficulties been encountered and this is more often due to lack of knowledge of working with figures and tables than technical problems with the copy and paste.

The template defines the chapter structure, the various preliminary headings, and all data required for a diploma work. The individual simply needs to copy and paste, or type on the template. One of the most important aspects concerns the structure and the selection of chapter titles and subtitles, because from these the "Table of Contents" and "Bookmark" or access points for navigation within the document is built.

When composing the document one should be especially careful not to delete the formats of the titles, and must know its structure. Table 4 presents the names and description of each of the styles defined in the template for dissertations.

Table 8.4. Styles defined for the dissertation format

Style Name	Point of Use
Authors	Cover and title page
Bibliography	Bibliographic references
Table of Contents	Contents
Body of the Text	Text of the document
Header 1	Home, just to build the first bookmark, this is invisible
Header 2	Preliminary pages: title page, comments of the tutor, legal page, thoughts, indications, Acknowledgements, Table of Contents, Abstract, Introduction, Development
Header 3	First level headiing in each chapter
Header ...	Subsequent header levels 4, 5, 6, etc.
Header 7	Recommended máximum level of headers
Header Content	Header content pages
Enumeration	Numbered lists
Index 1	Table of contents describing Header 1 levels
Index ...	Table of contents describing subsequent levels
Index 7	Table of contents describing Header 7
Page footer	Footer content pages
Style	Style that is assumed when none is selected. Not recommended to use in place of the text body style
Subtitles	Cover and title page. It is used for the name of the institution where the thesis is defended, the place and year
Table of Illustrations	Used at the foot of the figures and tables header
Title	First page of each chapter. Used for decorative title "Chapter ..."
Thumbnail-1	Second level bulleted list
Thumbnails	First level bulleted list

The styles above are sufficient to achieve structures with average complications. If you require more elaborate designs or style simply define them as the modification of existing ones. Most important is to keep the title design level.

Creation of the Thesis in PDF Format

The PDF format has become a "de facto" standard. Versions 1.4 (Adobe 5) and above recognize ISO standards, and to produce documents in these formats it is essential to use the proprietary software, Adobe Acrobat Professional. LibreOffice "saves" directly in PDF.

This section defines the properties required to establish the export of the dissertation in PDF format.

In the search menu bar, go to "File" and select "Export as PDF". This opens a window with five tabs:

General
Initial View
User Interface
Hyperlink, and
Security

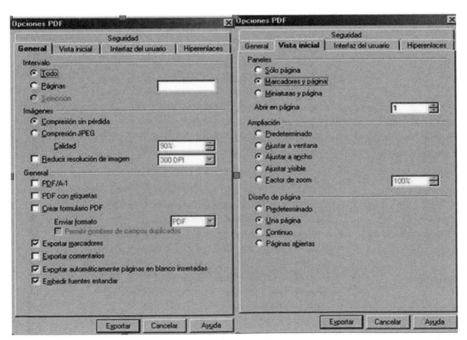

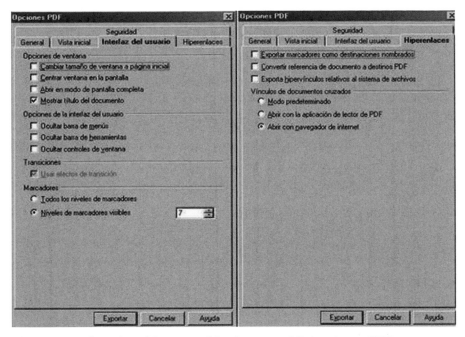

Figure 8.5. Configuration of the proposal for the export of dissertations to PDF

Figure 8.5 presents a view of the first four tabs with the configuration required for the export of the dissertation in PDF format. The individual is not required to change the configuration of the fifth tab, and does not change the defaults, which are: "No password configured open" and "password set permissions". This document is not encrypted and is without access restrictions of any kind. This configuration is essential to build the Greenstone XLM files associated with the PDF and creates the indexes for every word in the text useful for carrying out scholarly work from the collections of dissertations.

The options for each of the tabs on the export settings to PDF are:

General: Range = All; Images = Lossless compression; General = Export bookmarks Export blank pages automatically, Embed fonts (the correct term in Spanish is *Incrustar* fonts).
Initial View: Panels = Bookmarks and pages, Zoom = Fit to width, Page layout = the page.
User Interface: Options window = Show document title, Bookmarks = Marker levels to 7.
Hyperlinks: Hyperlinks = Open documents with browser.

The dissertations exported in PDF format with the configuration described above are almost ready to be incorporated into the Greenstone library.

Another type of academic paper that is usually included in university digital libraries is the textbook. However, the authors do not usually publish with open access license, since they hope to retain their copyrights. This desire often becomes an obstacle to the socialization of these documents, especially when it comes to books in print. However, the production of e-books has started to become an excellent option for authors to provide their work to readers.

The following sets out the procedures developed by the Cuban University Press (http://revistas.mes.edu.cu) for the production of e-books, either for publication in open access mode or for proprietary access (digital and printed on demand).

E-textbooks, Study Guides and Teacher's Notes

Experts from the Ministry of Higher Education of the Republic of Cuba proposed the Integrated and Progressive Media Teaching process to ensure that part of the main materials will be available in print (Romillo-Tarke, Batista, & Gonzales Fernandez-Larrea, 2008).

> The undergraduates will be guaranteed as printed material: study guide and text. Both materials, together, should enable the student to succeed at the required level in the subjects for which they are enrolled, even if not available the remaining aforementioned media ... In the case of the subjects that require the development of a new text by Cuban authors, the decision can be made to merge in a notebook or document the contents of text and teaching guide.

The following change was proposed as a result of the idea mentioned above (see Figure 8.6). A second step for electronic materials, including the digital textbook, allows the material to be incorporated in a digital library to enable digital printing (known as printing on demand).

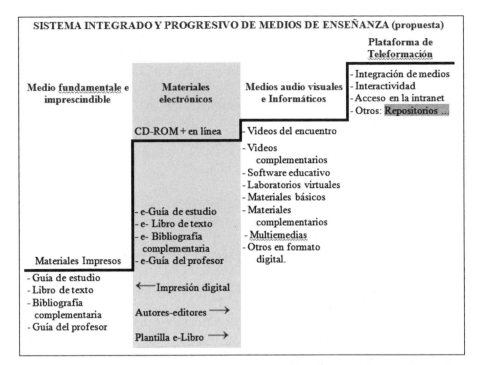

Figure 8.6. Proposed Amendments to the Integrated Media and Progressive Teaching and Learning Process (Romillo-Tarke, Batista, & Gonzalez Fernandez-Larrea, 2008)

The Cuban University Press (http://revistas.mes.edu.cu) has developed templates for the production of college textbooks. The instructions for the use of this template are very similar to those described for the case of dissertations with some additional metadata requirements such as imprint and ISBN.[5]

An important requirement to make the textbooks accessible in digital libraries is provided by the agreement that authors sign with the publisher. In this case, the authors cite that the Cuban University Press agrees with the authors to publish their works in open access mode. This agreement can be seen at: http://bives.mes.edu.cu/install/Convenio-EDUNIV-autores.pdf Although many authors accept the above agreement and waive the copyright charge for publishing their works in digital format, this solution is insufficient to meet the demand for textbooks that is imposed by the Integrated Media and Progressive Education requirements for higher education in Cuba.

A possible way to encourage authors to publish and disseminate their own textbooks in digital format would be the publication with the "El Cid Editor" Press. One can see the full text of the proposal at: http://revistas.mes.edu.cu/Elcideditor.html. The "El Cid Editor" Press publishes scholarly books from

---

5   See template at: http://bives.mes.edu.cu/install/Titulo-Libro-Texto-Plantilla-2012.odt.

1998 to date in all areas of knowledge and provides royalties to authors on a quarterly basis for the use and sale of content through their e-book platform. This solves the following technical problems necessary for marketing:

Assigning an ISBN

Production of MARC records for their integration into library catalogs

Compatibility for ePUB support, allowing the work to be read on any device or phone

E-books use the following marketing methods:

Pay for use by page. The income generated is distributed for the use of nearly one thousand university libraries that have subscriptions.

Sale in the form of perpetual access to the library – SUPO license, the cost for one user at a time is 120% of paper, or MUPO license, multiple users, 150% of the paper.

Short-term use: 1 day 10%, 7 days 15%, 14 days 20%, 28 days 25% above the price of SUPO or MUPO.

IPA: Print on demand, (digital version) from an agreement with Baker & Taylor in the USA, and printers in Buenos Aires and other cities. The payment of freight charges is added to the cost of the book.

The authors retain ownership of copyright of their works and are allowed to disseminate their work in digital libraries, both in open access and proprietary modes. The staff and the procedures developed by the University Press Cuba allows authors to write and edit their works and provide them almost ready for delivery, both for publishing and marketing by the El Cid Editor Press and the EcuRed Virtual Library, which represents a contribution to the socialization of knowledge.

Figure 8.7 (see p. 245) shows the conceptual model underlying the management of educational resources that corresponds to the previous proposal. The core of the model is composed of the teachers (P) and students (E) who interact via email and chat in the virtual space offered by the university intranet.

The directors of publishing houses and university libraries control and manage the flows between the resources available in the University Network (RedUniv):

catalogs of university libraries

repositories of educational resources

Modelo de la Biblioteca Virtual de la Educación Superior BIVES

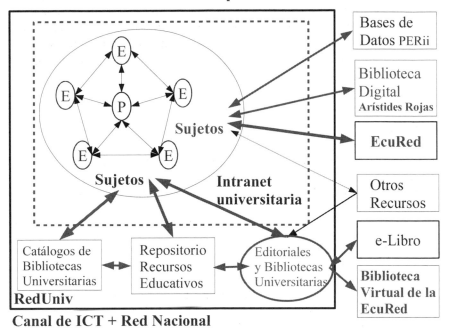

Figure 8.7. Conceptual model underlying the management of educational resources of the Ministry of Higher Education

At another level, teachers and students are enabled to use external information resources, such as:

Databases of the PERii project (Díaz-Mayans & Torricella-Morales, 1996)

Aristides Rojay Digital Library (Fernandez-Fernandez, Torricella-Morales & Bartomeo- Abreu, 2010) available at www.bibliodar.mppeu.gob.ve

EcuRed, as an information resource and a possibility for instruction in writing encyclopedia articles.

Other Internet resources

The e-Book platform, available for universities from the Ministry of Education and Science at http://site.ebrary.com/lib/vepingsp.

Conclusion

The Greenstone software allows the addition of PDF documents in batches, automatically, and extracts metadata from a table in CSV format. With this feature, new documents can be incorporated into the collection automatically with relatively little effort.

The most important and time consuming part of the work to get the documents incorporated into the collection are quality assurance and the construction of full-text indexes, bookmarks in the PDF and embedded fonts. This procedure details the procedures to accomplish this with free and proprietary software resulting in commercial quality (the documents are accepted by the e-Book platform).

References

ABBYY FineReader 8.0 Professional Edition 2008 [Software] (2005) Sistema de reconocimiento óptico de caracteres. ABBYY Software.

Adama-Web, S.L. (2011). *Difusión y divulgación científica en Internet.* España: Gobierno del Principado de Asturias.

Cruz-Santos, I.D. (2011). *Propuesta de modelo de gestión de información digital agraria cubana.* (TesiS). Instituto Superior de Tecnologías y Ciencias Aplicadas. La Habana: Editorial Universitaria.

Díaz-Mayans, C. & Torricella-Morales, R.G. (1996). *Las nuevas tecnologías de la información en la educación superior.* La Habana: Editorial Universitaria.

Fernandez- Fernandez, M. M., Torricella-Morales, R.G. and Bartomeo-Abreu, Y. (2010). *Biblioteca Digital Alma Mater: subproyecto Conceptualización del Portal de Aplicaciones Educativas y la Biblioteca Digital Alma Mater. Marco referencial (conceptualización para antecedentes) para las soluciones a entregar.* Caracas: ALBET Ingeniería y Sistemas.

Melero, R. (2005). Significado del acceso abierto (open access) a las publicaciones científicas: definición, recursos. *El Profesional de la Información, 15* (4), 255-266.

Rojas, V., Alejandra, M., & Rivera, S.M. (2011). *Guía de buenas prácticas para revistas académicas de acceso abierto.* Santiago de Chile: ONG Derechos Digitales.

Romillo-Tarke, A., Batista, T, & Gonzales Fernandez-Larrea, M. (2008). *El perfeccionamiento de los procesos formativos en las Sedes Universitarias Municipales con el empleo de las tecnologías educativas.* Palacio de las Convenciones: Congreso Universidad.

Torricella-Morales, R.G., Lee-Tenorio, F., Carbonell De La Fe, S. (2008). *Infotecnología : la cultura informacional para el trabajo en la Web.* La Habana: Editorial Universitaria.

Torricella-Morales, R.G., Hernandez-Monzon, A. & Huerta-Espinosa, V.M. (2009). *Propuesta de procedimiento para la digitalización de los trabajos de diploma: caso de estudio.* La Habana: Editorial Universitaria.

Torricella-Morales, R.G. & Lee-Tenorio, F. (2012, Mayo). *Repositorios de Recursos Educativos: abiertos y privativos.* Ponencia presentada en el Sexto Seminario-Taller del Sistema de Bibliotecas del MININT. Centro de Eventos CELAMED, del Centro de Investigaciones Médico (CIMEQ), La Habana, Cuba.

Tramullas J. (2006). Biblioteca Digital Greenstone: Capitulo 10. En *Software Libre para Servicios de Información* [Libro en Internet]. Madrid: Pearson Prentiss Hall, 2006. Disponible en http://tramullas.com

Socialización del Conocimiento:
Acceso Abierto y Privativo

Raul G. Torricella Morales
Director de la Editorial Universitaria del Ministerio de Educación Superior (Cuba)
y
Francisco Lee Tenorio
Director de Informatización, Ministerio de Educación Superior (Cuba)
y
Jorge Luis López Presmanes
Director de la Red Universitaria de Datos, Ministerio de Educación Superior (Cuba)

Introducción

La Iniciativa de Acceso Abierto parte del principio de que se depositen en Internet los documentos científicos (o de cualquier otro tipo) para su: lectura, descarga e impresión de forma libre y gratuita (Adama Web, 2011 & Melero, 2005).

Entre las principales características que se deben tener en cuenta a la hora de implementar un proyecto de biblioteca en la modalidad de Acceso abierto, están las siguientes:

Establecer el tipo de licencia para el acceso a la información de manera que se beneficien tanto los autor@s como los lector@s.

Implementar las características técnicas de los formatos y estructuras de comunicación compatibles con los protocolos de almacenamiento e intercambio de información con y entre otros repositorios de Acceso Abierto y de Revistas Open Access.

Tener en cuenta las cuestiones legales y de financiamiento de las publicaciones.

El número de usuarios en Internet en el año 2000 era de 357 millones, ya en el 2010 se acercaba a los dos mil millones. Este salto cuantitativo, unido a el impetuoso desarrollo de las tecnologías de la información y las comunicaciones, ha logrado que el proyecto de Acceso Abierto a las publicaciones sea ya una práctica común (Rojas, Alejandra & Rivera, 2011).

Un ejemplo de esto se tiene en España, donde es obligatorio publicar en la modalidad de Acceso Abierto (OA):

Las Publicaciones financiadas con fondos públicos europeos.
Las Tesis doctorales realizadas en Universidades españolas.

Por otra parte, la UNESCO promueve otra iniciativa semejante, pero para los materiales didácticos: Los Recursos Educativos Abiertos (REA) o por su nombre en inglés *Open Educational Resources* (OER).

Los REA se definen (Torricella-Morales & Lee-Tenorio, 2012) como medios de enseñanza-aprendizaje con licencia de *"dominio público"* o con alguna otra de Acceso Abierto que permita su uso, re-ensamblado, reutilización y redistribución, por terceros sin restricción alguna. El empleo de normas técnicas permite el intercambio de información con otros repositorios. Entre los recursos educativos se encuentran los libros de texto, las guías de estudio y las notas del profesor, estos últimos se clasifican como e-Libros de Texto (e-Textbook) o simplemente e-Textos.

Los e-Textos constituyen (Torricella-Morales, Lee-Tenorio, Carbonell De La Fé, 2008) los recursos educativos tradicionales de mayor importancia en el proceso de enseñanza-aprendizaje, tanto en la educación pre-universitaria como la universitaria, sin embargo, aún muchos autores no están dispuestos a permitir la distribución de sus obras con licencias del tipo Acceso Abierto.Los e-Textos se distribuyen en redes privadas o intranet institucionales, para uso exclusivo de las universidad que los generó, o se distribuyen a través de editoriales comerciales que pagan "derechos de autor" o compran los derechos de publicación a los autores de las obras.

La distribución en la modalidad de *"Socialización del Conocimiento"* (Torricella-Morales, Lee-Tenorio, Carbonell De La Fé, 2008) permite que los contenidos puedan accederse tanto en Acceso Abierto como comercial, siempre y cuando esta última modalidad agregue valor y pague los derechos de copia a quien los ostente. La comercialización exige el empleo de tecnología apropiada para restringir las copias no autorizadas.

Este tipo de distribución se realiza mediante plataformas tecnológicas comerciales, como por ejemplo: e-libro. Esta plataforma brinda acceso a la producción de la Editorial Universitaria, que también tiene su producción en Acceso Abierto en la Biblioteca de la EcuRed (http://revistas.mes.edu.cu), le añade valor y le incrementa la visibilidad a estos contenidos, además de que le permite a los autores de esta editorial el acceso abierto a los recursos disponibles en la plataforma.

En este sentido, las soluciones tecnológicas que se emplean en la producción de contenidos para su comercialización en línea, pueden y se recomiendan utilizar en la producción de contenidos destinados a su divulgación en la modalidad de acceso abierto. A continuación se presentan técnicas para la preparación de documentos para ser incorporados en una biblioteca digital ya sea con el uso del software Greenstone, o cualquier otro similar, para lo cual se parte de los procedimientos que se emplean en la construcción de la Biblioteca Virtual de la EcuRed.

Desarrollo

Biblioteca Virtual de la EcuRed

Algunos autores utilizan el término *"biblioteca virtual"* en lugar, o como sinónimo, de *"biblioteca digital"*, (Tramullas, 2006) aunque es más correcto es este último, en este documento se mantiene la denominación original por la cual se conoce este recurso: *Biblioteca Virtual de la EcuRed*, y está disponible en Internet la dirección http://revistas.mes.edu.cu y es uno de los cuatro repositorios cubanos que están registrados en el Directorio de Repositorios de Acceso Abierto[1] (DOAR).

Esta biblioteca divulga la producción de la Editorial Universitaria (cubana) así como una selección de los e-Libros publicados por algunas editoriales del Instituto Cubano del Libro que han facilitado sus contenidos su socialización y así servir de fuentes para la construcción de artículos enciclopédicos en la EcuRed (Cruz-Santos, 2011).

El contenido de esta biblioteca se selecciona sobre la base de su calidad y utilidad como recurso educativo para las universidades cubanas. Por supuesto que los autores de los e-Libros de texto deben dar su conformidad para distribuir sus obras bajo la licencia de Acceso Abierto y en plataformas comerciales, como una vía adicional para el incremento de la visibilidad de los contenidos de la Biblioteca. La licencia que emplea la Editorial Universitaria es la siguiente: *Creative Commons* de tipo "Reconocimiento, Sin Obra Derivada" se permite su copia y distribución por cualquier medio siempre que mantenga el reconocimiento de sus autores y no se realice ninguna modificación de ellas.

La Figura 8.1 (véase p. 249) muestra el modelo conceptual subyacente de la gestión de los contenidos que realiza la Editorial Universitaria para la divulgación de los e-libro en la Biblioteca Virtual de la EcuRed mediante el uso del software Greenstone 2.84.[2]

---

1   Véase DOAR en: www.opendoar.org/
2   Figura elaborada a partir de la lámina 29 de la presentación: Vera L., Felipe (2006) Construcción de bibliotecas digitales: modelo de capa piramidal. Ponencia presentada enL XI Conferencia Internacional de Bibliotecología: "Bibliotecología: Oportunidades y desafíos en la Sociedad del Conocimiento". Santiago de Chile, 2006: pp. 29

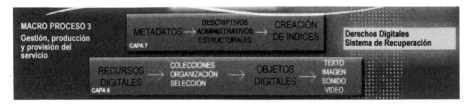

Figura 8.1. Modelo conceptual de la gestión de información que realiza la Editorial Universitaria cubana para incorporar documentos en la Biblioteca de la EcuRed y el Repositorio de recursos educativos del Ministerio de Educación Superior

Los documentos que se incorporan, en función de los "Derechos Digitales" que se acuerden con los autores o tengan declarados los documentos, en la biblioteca de la EcuRed (acceso abierto) o en la intranet (acceso restringido).

Las fuentes de obtención de los recursos digitales pueden ser una de las siguientes:

> Documentos disponibles en la Web en formato de imagen.
> Documentos disponibles en la Web en formato PDF
> Producción documentos académicos a partir de originales.

A continuación se describen los procedimientos para "Preparación de los documentos para la construcción de bibliotecas digitales soportadas en Greenstone".

Documentos Disponibles en la Web en Formato de Imagen

En la Web se pueden obtener muchos libros de texto en formato imagen o en PDF generados a partir de imágenes, los cuales "no tienen fuentes", el texto es una imagen y como tal son de muy poca utilidad para construir biblioteca digitales: por una parte son ficheros de gran tamaño y por la otra no se puede buscar el texto dentro del documento.

Para convertir estas imágenes a texto debe emplearse algún "*sistema de reconocimiento óptico de caracteres*". Uno de los más utilizados es el ABBYY FineReader 8.0 Profesional Edition (ABBYY FineReader 8.0 Profesional Edition, 2008). A continuación se describen las principales operaciones para convertir las imágenes en ficheros PDF nativos, a manera de caso de estudio. Si Ud. requiere la realización de este tipo de conversión, le recomendamos que adquiera el software o busque una alternativa en software libre[3].

---

3   Aclaración del autor: Estamos en contra de la Piratería, pero tampoco estamos promoviendo el uso de software propietario. Sólo se emplean las referencias al ABBYY Finereader como un ejemplo metodológico.

El ABBYY FineReader puede crear tres tipos de ficheros PDF:

Sólo texto e imágenes.
Texto bajo imágenes.
Texto sobre imágenes.

La primera opción produce los PDF de mayor calidad, pero es la más laboriosa, pues todos los errores de conversión del texto son visibles para el lector, lo que hace necesario su total corrección. Esto suele ser muy laborioso, sobre todo si las imágenes originales no son de calidad. Las imágenes decorativas, como son líneas a la cabeza o al pie de las páginas, deben marcarse todas para que se incorporen en el documento.

Cuando se tienen diseños complicados, viñetas especiales, líneas y otros adornos que no se quieren perder y el fondo está relativamente limpio, se recomienda la utilización de la opción "Texto sobre imágenes". En este caso no es necesario marcar las líneas, estas aparecerán en los texto, pero también las imperfecciones de la digitalización, las cuales deberán "borrarse" de los originales, para lo cual se cuenta con una herramienta específica para ello.

Cuando se quiere mantener el efecto original del texto, o la calidad de las imágenes es muy baja, se recomienda el empleo de la opción "Texto bajo imágenes": el lector ve la capa de imagen con su calidad original, y por debajo hay una capa de texto que puede buscarse, copiar y pegar, aunque los errores no se ven "a primera vista" siguen presentes y afectan el valor de uso del documento.

La Figura 8.2 (véase p. 252) presenta el aspecto de un documento relativamente antiguo (el documento original de la Reforma Universitaria en Cuba, con 50 años de existencia y digitalizado con muy baja calidad) en su versión original y después de ser reconocido con la opción "Sólo texto e imágenes", sin correcciones.

Como se puede apreciar en la Figura 2 las imágenes de baja calidad tienen un efecto negativo sobre la eficiencia del reconocimiento de los textos, a tal punto que en algunos casos sería menos costoso reescribir los textos que someterlos al proceso de reconocimiento automatizado mediante algún software.

americana y Cu

TERCER AÑO

Primer Semestre	H—S	Segund
1.—La Lengua Española en América 1	5	1.—La ric
2.—Historia de América 1	5	2.—Hi
3.—Historia de la Literatura Hispanoamericana 1	5	3.—Hi pa
4.—Historia de la Literatura Cubana 1	5	4.—Hi ba
5.—Seminario de la Literatura Hispanoamericana 1	5	5.—Se ba
	25	

americana y Cubana

TERCER ASO

Primei Semestre	H—S	Segund
1.—La Lengua Española en A ni-'.	5	!.—La
2.—Historia de América 1	5	2,—His
;. -Historia de la literatura ñis-	5	3.—His
!.—Historia de la Literatura Cuba-	5	■4.—H
■ .o *a o* de la Literatura His-	5	'. Se
	25	

Figura 8.2. Resultados del reconocimiento de texto con la opción "Sólo texto e imágenes" en documentos con baja calidad. A la izquierda la imagen original, a la derecha los resultados del reconocimiento automático.

A continuación se presenta como ejemplo, la referencia del libro, que actualmente está disponible en la Biblioteca Virtual de la EcuRed:

Evaluación Sensorial aplicada a la investigación, desarrollo y control de la calidad en la Industria Alimentaria / Raúl G. Torricella Morales, Esperanza Zamora Utset y Horacio Pulido Alvarez. La Habana: Editorial Universitaria. -- 2008. -- 136 pág. 1,9 Kb.

Se reescribió completamente a partir de su original impreso, que aunque data sólo del 1989, su calidad era insuficiente, y clasifica como un "Texto Robotron", o sea que el texto está escrito con una máquina de escribir mecánica, con caracteres no proporcionales, lo dificulta aún más el reconocimiento automático.

Siempre que sea posible, es mucho más conveniente utilizar documentos disponibles en formato PDF nativo, es decir, que han sido creados a partir de algún procesador de texto, como el Word, LibreOffice u otro similar. En estos casos es necesario realizar un conjunto de operaciones para que estos PDF puedan ser procesados convenientemente por el Greenstone para su incorporación en una colección. Estas operaciones se describen a continuación.

Documentos Disponibles en la Web en Formato PDF

La Editorial Universitaria cubana emplea el procedimiento que exige la plataforma e-libro para la incorporación de contenidos en ella. De esta formato se cumplen dos objetivos con el esfuerzo de uno: se preparan los documentos para la Biblioteca Virtual de la EcuRed y para su entrega a la plataforma e-libro, cuando esto proceda. A continuación se presenta una versión simplificada de este procedimiento.

Producción de Documentos PDF para Bibliotecas Digitales

Una vez se identifica un documento en PDF, que por supuesto no está aún en la biblioteca, se procede a revisar su calidad. En primer lugar, el documento debe ser pertinente para la colección a la cual se destina. Los documentos que cumplen con estos requisitos y son aceptados, se incorporan al flujo de trabajo.

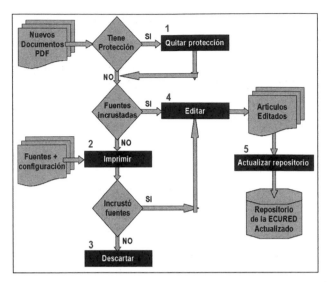

Figura 8.3. Flujo de trabajo para producir documentos en PDF para una biblioteca digital en Greenstone (Tomado de: Cruz Santos, Ileana Dayamina de la, 2011, pág. 73.)

La primera acción es verificar si el PDF tiene algún tipo de seguridad activada; si la tiene, se debe quitar, para lo cual se puede utilizar algún programa diseñado al efecto, por ejemplo el *Advanced PDF Password Recovery Pro.* (Proceso 1 en la Figura 8.3)

Luego se comprueba que los ficheros PDF tengan todas las fuentes incrustadas. Se admite que las fuentes básicas del Adobe no estén incrustadas. (véase Tabla 8.1).

Tabla 8.1. Fuentes básicas del Adobe Acrobat

Fuentes básicas del Adobe Acrobat	
Courier	Helvetica-Oblique
Courier-Bold	Symbol
Courier-BoldOblique	Times-Bold
Courier-Oblique	Times-BoldItalic
Helvetica	Times-Italic
Helvetica-Bold	Times-Roman
Helvetica-BoldOblique	ZapfDingbats

En el caso de que tenga alguna fuente no incrustada, se procede a imprimir el documento con la configuración de impresión: *eBook.joboptions*[4]. (Proceso 2

---

4   Esta opción está definida en un fichero de configuración disponible en la dirección http://bives.mes.edu.cu

en la Figura 8.3). Hay que tener en cuenta que los artículos deben tener todas sus páginas de un mismo tamaño (desde la tapa -o cubierta- hasta la última página). Para comprobar la eficacia de la impresión se elige una porción de texto al azar, seleccionar, copiar y pegar en un fichero de texto. Si la copia se puede leer correctamente, se continua la edición, si lo que se copió son símbolos ilegibles, o está en blanco, entonces el artículo se descarta (proceso 3 en la Figura 8.3).

La edición (proceso 4 en la Figura 8.3) se realiza a partir del PDF impreso, o de una copia (cuando todas las fuentes están incrustadas). El original se guarda en una carpeta de "originales" para asegurar que se mantenga inalterable. Se debe comprobar que el artículo esté completo y hacer que coincidan los números de páginas en las miniaturas con los números reales de las páginas. A la primer página siempre se le llamará *Cover*. En el caso de que haya páginas en blanco se comprueba la razón por la cual están en blanco; si es para hacer coincidir la numeración, entonces se las deja, de lo contrario se eliminan.

El proceso de edición continúa con la escritura en los campos "Título" y "Autores"del PDF de los siguientes datos:

En el Título: Título completo del artículo, si es mayor de 250 caracteres se trunca. A continuación punto, el nombre o la abreviatura de la publicación seriada, el número del volumen, el número entre paréntesis, dos puntos, página inicial y final separados por un guión, coma y el año de publicación. Por ejemplo:

Detección de antibióticos en leche comercializada en la Ciudad de México. Rev. Salud Anim. 23 (1):37-41, 2001

En el Campo Autor: Completar con todos los autores que figuren con el formato: Apellido/s, Nombre/s; Apellido/s, Nombre/s... etc. Si tuvieran otro rol que no fuera de Autor, como por ej coordinador, editor, etc... Entonces se aclararía esto entre paréntesis después del nombre de c/u. Por ej: Apellido, Nombre (Autor); Apellido, Nombre (Coordinador). Si son todos autores no se aclara, es decir no se pone (Autor), solo se aclara en el caso que se esté aclarando otro de ellos. Por ejemplo:

"Ramírez, Acacia; Gutiérrez, R.; González, Clementina"

A continuación se modifican las opciones de apertura del PDF de la siguiente forma:

página y panel de marcadores
una sola página
ajustar ancho
y que inicie desde la primer página (Cover)

Finalmente se procede a crear los *bookmark* (marcadores en español) de la siguiente forma:

El primer bookmark siempre es el título, y lleva al principio de la primer página o cover del artículo.

El segundo es uno que se llamará "Página Legal" y llevará a una página en donde figuran todos los datos legales del libro, como ISBN o ISSN, Editorial, etc (si es que tiene esta página, ya que en el caso de los artículos no está, por lo que no se hace).

El tercero es el índice (si existe). Los artículos generalmente no tienen índice, por lo que no se agregará.

Y después se hará mínimo un bookmark por cada título/subtítulo/ capítulo, etc. que tiene el artículo. Debe posicionarse en cada página donde se encuentra un título, subtítulo para crear el bookmark.

Una vez creados todos, se acomodan como un árbol, cuya rama principal es el nombre del documento y de ahí hacia abajo los otros títulos, capítulos, y subtítulos.

A continuación se presenta ejemplo de la estructura de los bookmarks y el uso correcto de las mayúsculas y minúsculas según el nivel de profundidad (Tabla 8.2).

Tabla 8.2. Ejemplo de construcción de bookmarks

Correcto	Incorrecto
TÍTLE	TITLE 1
– SUBTITLE1	– SUBSTITLE1
– SUBTITLE2	– SUB-SUBTITLE2
- SUB-SUBTITLE1	– Subtitle2
TITLE	TITLE 1
– SUBTITLE1	– Subtitle1
– SUBTITLE2	– Sub-subtitle2
– Sub-Subtitle 1	- SUBTITLE2

Los vínculos siempre deben tener las propiedades de Tipo de vínculo: invisible y Estilo de resaltado: ninguno. También deben hacerse los vínculos Web a las direcciones de e-mail (se hacen: mailto:dirección de e-mail, por ejemplo: mailto:info@e-libro.com) y las direcciones web (http://dirección).

Al finalizar con la edición, grabar siempre el documento con la opción "guardar como..." de esta manera se eliminan todos los contenidos duplicados, por lo que se reduce el tamaño del PDF.

Si está trabajando con una versión de Adobe Acrobat superior a la 7.0, cuando se "guarda como" se selecciona la opción *Adobe PDF Files, Optimized*

(*.pdf) y en la parte derecha se especifica la versión con la cual el PDF será compatible para que el Software Greenstone (versión 2.84) lo pueda abrir, se da click en el botón pincha en OK y luego en el botón guardar.

Una vez terminado, revisar el PDF, ver con las propiedades que se abre, probar unos bookmarks, verificar al azar algunos *links* (enlaces) para ver que todo haya quedado correctamente, se debe revisar todo el PDF, de arriba a abajo, para verificar que todo esté correcto.

Producción de Documentos Académicos a Partir de Originales

Tesis de Grado, Maestría y Doctorado

En el Ministerio de Educación Superior, a partir del curso 2008/2009, se establece como un requerimiento para la realización de la defensa de los trabajos de grado (en opción al título de Licenciado o Ingeniero), la entrega del documento de tesis en formato digital. Con el objetivo de facilitar a los estudiantes y bibliotecarios la producción, almacenamiento y recuperación de las tesinas, Torricella Morales y cols. (Torricella-Morales, Hernández-Monzón & Huerta-Espinosa, 2009) desarrollaron un procedimiento formal y una propuesta concreta de procedimiento, la cual se implementó, en el Departamento de Alimentos del Instituto de Farmacia y Alimentos de la Universidad de La Habana (IFAL) durante tres años consecutivos con resultados satisfactorios.

Una parte importante del procedimiento la constituye la producción de las tesinas a partir de plantillas desarrolladas al efecto. Las plantillas facilitan a los estudiantes la construcción de la estructura capitular, los formatos de tablas y figuras y la inclusión de los datos bibliográficos y de licenciamiento, de manera que el fichero en formato PDF que se obtiene como producto se puede utilizar directamente para ser incorporado en la biblioteca digital.

El procedimiento propuesto establece que el estudiante es quien escribe y edita la tesis, lo que lo convierte en *Autor-Editor* del documento, mientras el tutor,es *coautor-editor*. De los siete actores que participan en todo el proceso que se propone (véase Tabla 8.1), el. *responsable del trabajo de investigación estudiantil* es el más importante. Es él quien, en su doble función de controlar la calidad de los documentos y el funcionamiento del proceso, asegura que las tesis se recopilen e incorporen en la biblioteca. Se demostró que allí, donde no se cuenta con este actor, no se logra producir, y mucho menos mantener una biblioteca digital de tesinas (Torricella-Morales, Hernández-Monzón, & Huerta-Espinosa, 2009).

Por otra parte el bibliotecario es quien construye la biblioteca a partir de los documentos digitales elaborados por los estudiantes y tutores; por eso, todos deben trabajar en estrecha colaboración bajo la dirección de los responsables de investigación estudiantil, quienes conjuntamente con los bibliotecarios deben impartir seminarios de capacitación para el uso de las plantillas y la producción de documentos que respondan a las exigencias que se requieren para su incorporación en la biblioteca digital.

En la Tabla 8.3 Se presentan las relaciones entre los principales actores del procedimiento para la producción y divulgación de tesinas en la biblioteca digital.

Tabla 8.3. Descripción de las principales relaciones entre los los actores del procedimiento que se propone para la divulgación de las tesinas en la biblioteca digital (Torricella-Morales, Hernández-Monzón & Huerta-Espinosa, 2009).

Actor	Descripción de las relaciones de los actores expresadas en sus acciones realizadas durante el proceso de escritura, revisión y edición de las tesinas
Autor-editor	**Escribe** la tesina con el empleo de **plantillas** de **LibreOffice** 3.3 con la ayuda del gestor de referencias bibliográficas **BiblioExpress** Ver. 2.0 y lo salva en formato PDF.
	Entrega copia de la tesina (en PDF para su revisión y en ODT para su digitalización) y de su biblioteca digital en soporte tangible (por ejemplo en un CD-ROM) al responsable del trabajo de investigación estudiantil.
Tutor	**Escribe** su opinión .y verifica que el autor la incluya en el cuerpo de la tesina.
	Propone la modalidad y el momento de la publicación de la tesina.
Responsable del trabajo de investigación estudiantil	**Revisa** el contenido del CD y el formato: si cumple lo establecido, lo recibe, en caso contrario, lo devuelve al autor para que lo rectifique.
	Copia los ficheros en ODT, PDF y las bibliotecas personales de los autores en en carpetas debidamente identificadas y codificadas para uso interno del Departamento docente. Esta copia forma parte del depósito legal institucional, conjuntamente con el CD que será entregado a la biblioteca de la institución.
	Entrega al oponente el CD y le hace firmar el acta de recepción con el compromiso de devolverlos una vez concluida la defensa del trabajo de diploma.
	Recolecta y revisa los CD y se asegura que se corresponda con la copia en PDF que obra en su poder.
	Entrega al bibliotecario copia en soporte CD de las tesinas defendidas y aprobadas por el tribunal para para ser archivados en el depósito legal institucional.
Oponente	**Recibe** el CD con la tesina para su revisión, escribe su opinión y participa, conjuntamente con el tutor y el tribunal, en la definición de la modalidad y el momento de publicación de la tesina. El CD se entrega a la biblioteca de la institución para formar parte del depósito legal institucional.
Bibliotecario	**Recibe** copia, en formato PDF, de las tesinas y las instrucciones para su divulgación.

(continuar)

Actor	Descripción de las relaciones de los actores expresadas en sus acciones realizadas durante el proceso de escritura, revisión y edición de las tesinas
	Registra los metadatos de las tesinas en la base de datos bibliográfica de la biblioteca y en el repositorio de la universidad.
	Sube al repositorio los ficheros en PDF de las tesinas, aprobadas para su divulgación.
Director de la Red	**Asesora** a estudiantes, profesores y bibliotecarios en el proceso de digitalización.
	Asegura que el repositorio de tesinas esté visible en la intranet e Internet según corresponda.
Director del repositorio	**Mantiene** el correcto funcionamiento del repositorio de tesinas.
	Forma a los bibliotecarios para procesar las tesinas.

La plantilla se elaboró en *LibreOffice* ver. 3.3 para *Windows,* pero también funciona con LibreOffice sobre linux. Constituye un modelo para quienes quieran construir sus propias plantillas a partir de la adaptación de una ya elaborada. Pueden descargar la plantilla en la dirección: http://bives/mes.edu.cu/install/Plantilla-Tesina-IFAL.odt A continuación se describe las principales características que debe cumplir las plantillas para la escritura de los trabajos de diploma.

Metadatos o Descripción del Documento de Tesis

La plantilla tiene varios componentes, los relacionados con los "*metadatos o descripción*" del documento. Estas son las que se definen e incorporan en el documento por el usuario en los campos correspondiente, y luego pueden insertarse en las páginas que correspondan, por ejemplo: portada, portadilla, página legal (o créditos), pie de página y encabezamiento de página. De esta forma se asegura que siempre aparezcan escritas correctamente y que sólo sea necesario escribirlas una vez.

Para establecer las propiedades del documento abra el menú desplegable "*Archivo*" (primero en la parte superior izquierda), seleccione "Propiedades" (se abre una ventana) y dentro de esta las pestañas "Descripción del documento"y luego "Propiedades personalizadas". En primera pestaña hay tres campos: título, tema y palabras claves, en la segunda encontrará una tabla con tres columnas, la primera contiene el nombre de la propiedad, la segunda el tipo y la tercera el valor. En la tercera es donde Ud. debe registrar los valores de los metadatos. La Figura 8.4 muestra estas pestañas.

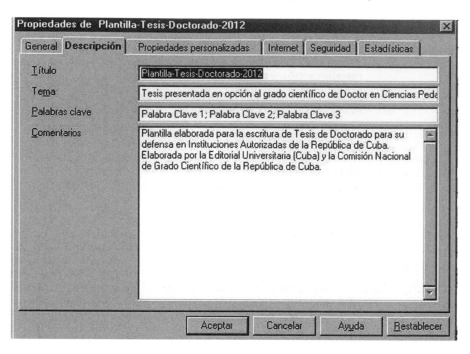

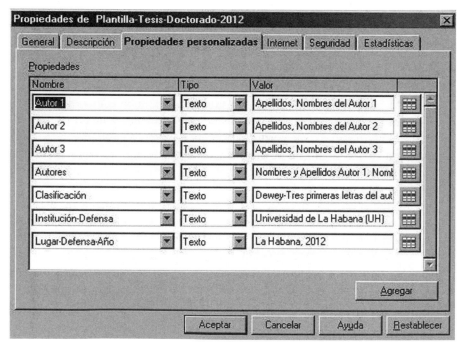

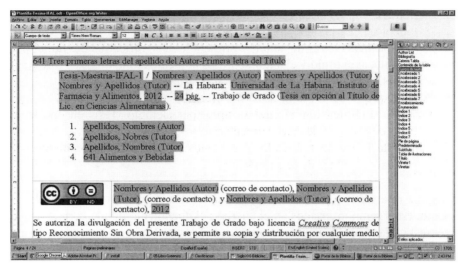

Figure 8.4. Página legal del documento de tesina. Los textos marcados con fondo gris se corresponden con los metadatos o descripciones que se registran automáticamente a partir de las propiedades del documento. En la parte superior se muestra el contenido de las pestañas: Descripción y Propiedades personalizadas.

A continuación se describen detalladamente los contenidos de los metadatos del documento.

Descripción del Documento

Título: se registra el título completo del documento.

Tema: Se registra la clasificación temática del documento, por ejemplo, "*641 Alimentos y Bebidas*", donde 641 es la clasificación numérica del Dewey que se corresponde con la temática de los Alimentos. Para más información consulte la tabla de clasificación Dewey en la dirección: http://bives.mes.edu.cu/install/Plantilla-Tesina-IFAL.odt

Palabras Clave: mínimo de tres palabras clave que identifican el contenido del documento, por ejemplo: Tecnología de los alimentos, Nutrición, Análisis sensorial.

Propiedades Personalizadas del Documento

Autor (es) del trabajo de diploma en los formatos: "Nombres y apellidos" y "Apellidos, Nombres (Autor)"

Tutor (es) del trabajo de diploma en los formatos: "Nombres y apellidos" y "Apellidos, Nombres (Tutor)"

Universidad donde defiende el trabajo de diploma, por ejemplo: "Universidad de La Habana. Instituto de Farmacia y Alimentos"

Signatura Topográfica (Se emplea para la localización en el fondo de la biblioteca) en las universidades cubanas se emplea el Código Dewey-Tres primeras letras del autor, y primera letra significativa del título, por ejemplo, si el título y el autor son: Los alimentos funcionales … de Raul Torres, la signatura topográfica es: **641-Tor-A**

Año en que se defendió la tesis: por ejemplo 2012.

Grado académico por el cual se opta, por ejemplo: Tesis en opción al título de Lic. en Ciencias Alimentarias.

Título de la tesina truncado a una línea (para los encabezamientos de página y el enlace de la portada.

Una vez insertado en el documento los metadatos o la descripción del documento, estos serán insertados en el cuerpo del documento donde correspondan (véase Figura 8.1). Concluida la inserción de metadatos, se procede a la escritura o incorporación de los datos de la tesis.

Datos o Contenido del Documento de Tesis

Los estudiantes que acostumbran a utilizar el *Microsoft Word* para la escritura de sus trabajos de diploma pueden continuar haciéndolo de esta manera, aunque es mejor hacerlo directamente sobre el LibreOffice. Pero en ocasiones no se dispone de este software o se trabaja en computadoras que no lo tienen instalado. En ese caso pueden continuar trabajando en Word y luego copiar y pegar los contenidos sobre la plantilla en LibreOffice. Esta práctica fue calificada como apropiada y amigable por la mayoría de los estudiantes encuestados durante las pruebas realizadas en la Facultad de Farmacia y Alimentos de la Universidad de La Habana (Torricella-Morales, Hernández-Monzón, Huerta-Espinosa, 2009). Sólo para el caso de las figuras y las tablas se encontraron algunas dificultades debido a la falta de conocimiento del trabajo con figuras y tablas, más que por problemas con la técnica de copiar y pegar.

La plantilla define la estructura capitular, los diferentes epígrafes preliminares y todos los datos que se requieren para un trabajo de diploma. Simplemente se debe copiar y pegar, o escribir sobre las plantilla. Uno de los aspectos más importantes se refiere a la estructura capitular y la selección de los títulos y sub-títulos, ya que a partir de estos se construye la "Tabla de Contenidos" y los "Bookmark" o puntos de acceso para la navegación dentro del documento.

A la hora de componer el documento se debe tener especial cuidado de no borrar los formatos de los títulos, para eso es necesario conocer su estructura. En la Tabla 8.4 se presentan los nombres y la descripción de cada uno de los estilos definidos en la plantilla para las tesinas.

Tabla 8.4. Estilos definidos en la plantilla de tesinas

Nombre del estilo	Lugar donde se utiliza
Autores	Portada y portadilla.
Bibliografía	Referencias bibliográficas
Contenido de la Tabla	Tablas
Cuerpo de texto	Texto del documento.
Encabezado 1	Portada, sólo para la construcción del primer bookmark, es invisible!
Encabezado 2	Páginas preliminares: portadilla, opinión del tutor, página legal, pensamiento, dicatoria, agradecimientos, Tabla de Contenidos, Resumen, Introducción, Desarrollo.
Encabezado 3	Primer nivel del encabezado en cada capítulo.
Encabezado ...	Niveles subsiguientes de encabezado 4, 5, 6, etc.
Encabezado 7	Máxima profundidad de los encabezados que se recomienda emplear.
Encabezamiento	Encabezamiento de las páginas de contenido.
Enumeración	Listas numeradas
Índice 1	Tabla de contenido que describe el nivel de Encabezado 1
Índice ...	Tabla de contenido que describe los niveles de Encabezado subsiguientes.
Índice 7	Tabla de contenido que describe el nivel de Encabezado 7.
Pie de página	Pie de las páginas de contenido.
Predeterminado	Estilo que se asume cuando no se selecciona ninguno. No se recomienda emplear en lugar del estilo Cuerpo de texto.
Subtítulo	Portada y portadilla. Se emplea para el nombre de la institución donde se defiende la tesis, el lugar y el año.
Tabla e ilustraciones	Se emplea en el pie de las figuras y el encabezamiento de las tablas.
Título	Primera página de cada capítulo. Se emplea para el título decorativo "CAPÍTULO ..."
Viñeta-1	Segundo nivel de enumeración con viñetas.
Viñetas	Primer nivel de enumeración con viñetas.

Los estilos anteriores son suficientes para lograr las estructuras con una complicación media. Si se requieren diseños más elaborados o estilos especiales simplemente se definen a partir de la modificación de los existentes. Lo más importante es mantener los diseños de los niveles de títulos.

Creación de la Tesis en Formato PDF

El formato PDF se ha convertido en un estándar "de facto", incluso, las versiones 1.4 (Adobe 5) y anteriores están recogidas en normas ISO, por lo que para producir documentos en estos formatos no es indispensable la utilización del software propietario Adobe Profesional, el propio. LibreOffice "salva" directamente en formato PDF.

En este epígrafe se definen las propiedades que se requieren establecer para la exportación de la tesina en formato PDF.

En la barra de menús buscar "Archivo" y seleccionar "Exportar en formato PDF...", se abre una ventana con cinco pestañas:

General,
Vista inicial,
Interfaz del usuario,
Hiperenlace y
Seguridad

En la Figura 8.5 (véase p. 265) se presenta una vista de las cuatro primeras pestañas con la configuración que se requiere para la exportación de la tesina en formato PDF. No se requiere cambiar al configuración de la quinta pestaña, no se modifican los valores por defecto, que son: "Sin contraseña abierta configurada" y "Permisos de contraseña no configurados". De esta forma el documento no será encriptado y estará *sin restricciones de ningún tipo*. Esta configuración es indispensable para lograr que el Greenstone construya los ficheros XLM asociados a los PDF y que construya los índices por todas las palabras del texto, de gran utilidad para la realización de trabajos de inteligencia a partir de las colecciones de tesinas.

A continuación se enumeran las opciones de cada una de las pestañas de la configuración de exportación al formato PDF.

General: Intervalo = Todo; Imágenes = Compresión sin pérdidas; General = Exportar marcadores, Exportar automáticamente páginas en blanco insertadas, *Embeber* fuentes (el término correcto en español es *Incrustar* las fuentes).

Vista inicial: Paneles = marcadores y páginas, Ampliación = ajustar al ancho; Diseño de página = Una página.

Interfaz del usuario: Opciones de ventana = Mostrar título del documento, Marcadores = Niveles de marcadores 7.

Hiperenlaces: Vínculos de documentos cruzados = Abrir con navegador de Internet.

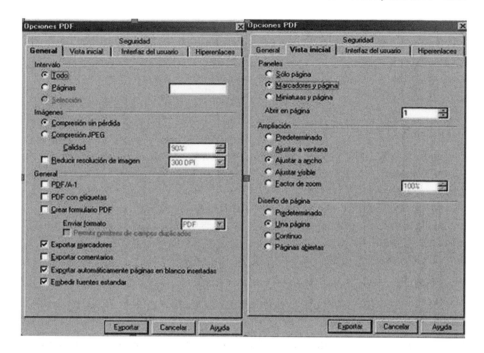

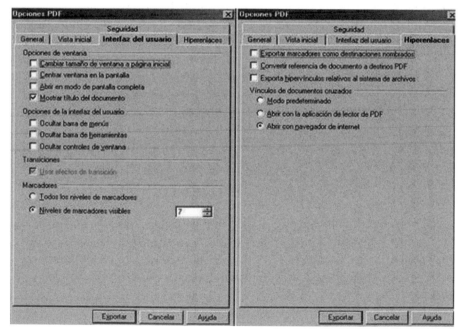

Figura 8.5. Configuración que se propone para la exportación de las tesinas a formato PDF

Las tesinas exportadas en formato PDF con la configuración anteriormente descrita están prácticamente listos para ser incorporados en la biblioteca Greenstone.

Otro tipo de documento académico que se acostumbran incluir en las bibliotecas digitales universitarias es el libro de texto. Sin embargo, los autores no acostumbran publicar con la licencia de acceso abierto, pues aspiran cobrar sus derechos de copia. Esta justa aspiración en muchas ocasiones se convierte en un obstáculo para la socialización de estos documentos, sobre todo si se trata de libros de texto en formato impreso. Sin embargo, la producción de los e-libros ha comenzado a constituirse en una excelente opción, tanto para los autores como para los lectores.

A continuación se expone los procedimientos que ha desarrollado la Editorial Universitaria cubana (http://revistas.mes.edu.cu) para la producción de e-libros de texto, ya sea para su divulgación en la modalidad de acceso abierto como en acceso privativo (digital e impreso bajo demanda).

E-libros de Texto, Guías de Estudio y Apuntes del Profesor

Expertos del Ministerio de Educación Superior de la República de Cuba proponen un Sistema Integrado y Progresivo de Medios de Enseñanza que parte de asegurar los principales materiales en formato impreso (Romillo-Tarke & Gonzáles Fernández-Larrea, 2008):

> A los estudiantes de pregrado se les garantizará como material impreso: la guía de estudio y el texto, ambos materiales de conjunto, deben posibilitar que el estudiante pueda vencer, al nivel requerido, las asignaturas matriculadas, aun cuando no se disponga de los restantes medios antes mencionados ... En los casos de las asignaturas que requieran de la elaboración de un nuevo texto por autores cubanos, puede tomarse la decisión de fundir en un cuaderno o documento los contenidos del texto y la didáctica de la guía.

A partir de la idea anterior se propone la siguiente modificación (véase la Figura 8.6): insertar como segundo escalón los materiales electrónicos, entre ellos el libro de texto digital, listo para ser incorporado en una biblioteca digital o para su impresión digital (también conocida como impresión bajo demanda).

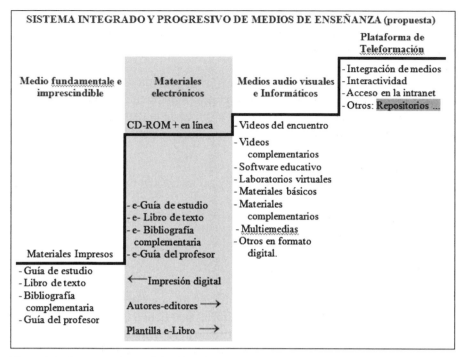

Figura 8.6. Propuesta de modificación al Sistema Integrado y Progresivo de medios de enseñanza-aprendizaje. (Romillo-Tarke, Batista & Gonzáles Fernández-Larrea, 2008)

La Editorial Universitaria cubana (http://revistas.mes.edu.cu) ha desarrollado plantillas para la producción de los libros de textos universitarios. Las indicaciones para la utilización de esta plantilla son muy semejantes a las descritos para el caso de las tesinas, sólo que sus metadatos tienen algunas especificaciones adicionales, como son el pie de imprenta y el ISBN.[5]

Un requerimiento importante para divulgar los libros de texto en las bibliotecas digitales lo constituye el convenio que los autores firman con la Editorial que lo publica. En este caso se pone como ejemplo el convenio que la Editorial Universitaria cubana firma con sus autores para divulgar sus obras en la modalidad de acceso abierto, este convenio está en: http://bives.mes.edu.cu/install/Convenio-EDUNIV-autores.pdf).

A pesar de que muchos autores aceptan el convenio anterior y renuncian a cobrar derechos de copia por la publicación de sus obras en formato digital, esta solución es insuficiente para satisfacer la demanda de libros de texto que impone el Sistema Integrado y Progresivo de Medios de Enseñanza que se necesita para la educación superior cubana.

---

5   Véase la plantilla en http://bives.mes.edu.cu/install/Titulo-Libro-Texto-Plantilla-2012.odt

Una posible vía para motivar a los autores a editar y divulgar sus propios libros de texto en formato digital sería su publicación con la Editorial El Cid Editor (véase el texto completo de la propuesta en: http://revistas.mes.edu.cu/Elcideditor.html).

La Editorial "El Cid Editor" publica libros académicos en todas las aéreas del conocimiento desde 1998 y liquida trimestralmente a los autores sus derechos por el uso y venta de los contenidos a través de la Plataforma e-Libro y da solución a los siguientes problemas técnicos nesarios para la comercialización:

Asignación del ISBN
– Producción de registros MARC para su integración a los catálogos de de las bibliotecas.
– Compatibilidad con ePUB, lo que permite que se pueda leer con cualquier dispositivo o teléfono.

E-libro utiliza las siguientes formas de comercialización:

Paga por el uso por página. Se distribuyen los ingresos que generan el uso de las casi mil bibliotecas universitarias que tienen suscripciones.
Venta en la modalidad de acceso perpetuo para una biblioteca con licencia SUPO, un usuario a la vez 120% del precio en papel, licencia MUPO, varios usuarios, 150% del precio en papel.
Préstamo a corto plazo: 1 día 10%, 7 días 15%, 14 días 20% y 28 días 25% sobre el precio SUPO o MUPO.
IaP: Impresión a pedido, (impresión digital) a partir de un convenio con Baker & Taylor en USA, y con imprentas en Buenos Aires, y otras ciudades. El pago del flete se carga al costo del libro.

Los autores mantienen la propiedad de los derechos de copia (copyright) de sus obras y se les permite divulgar sus obras en bibliotecas digitales, tanto en la modalidad de acceso abierto como privativo.

La plantilla y el procedimiento desarrollado por la Editorial Universitaria cubana permite que los propios autores escriban y editen sus obras y las entreguen prácticamente listas, tanto para su publicación y comercialización con la Editorial El Cid Editor, como en Biblioteca Virtual de la EcuRed, lo que representa un aporte a la Socialización del Conocimiento.

La Figura 8.7 presenta el modelo conceptual subyacente a la gestión de los recursos educativos que se corresponde a la propuesta anterior. El núcleo del modelo lo integran los profesores (P) y los estudiantes (E) quienes interaccionan mediante el correo electrónico, el chat en el espacio virtual que ofrece la Intranet universitaria.

Modelo de la Biblioteca Virtual de la Educación Superior BIVES

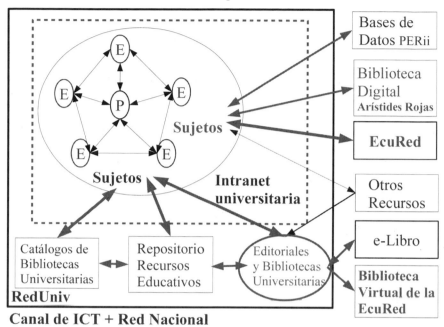

Figura 8.7. Modelo conceptual subyacente a la gestión de los recursos educativos del Ministerio de Educación Superior

Los directores de las editoriales y bibliotecas universitarias controlan y administran los flujos entre los recursos disponibles en la Red Universitaria (RedUniv):

> Catálogos de las bibliotecas universitarias
> Repositorios de recursos educativos

Por otra parte, capacita a profesores y estudiantes en el uso de recursos de información externos, como por ejemplo:

> Bases de datos del proyecto PERii (Díaz-Mayans & Torricella-Morales, 1996)
> Biblioteca Digital Arístides Rojas (Fernández-Fernández, Torricella-Morales & Abreu-Bartomeo, 2010) disponible en: http://www.bibliodar. mppeu.gob.ve/
> EcuRed, como recurso de información y como posibilidad para la enseñanza de la escritura de artículos enciclopédicos.

Otros recursos disponibles en Internet
La plataforma e-Libro, disponible para las universidades del MES en:
http://site.ebrary.com/lib/vepingsp/

Conclusiones

El software Greenstone permite la incorporación de documentos en formato PDF por lotes, de manera automática, y extrae los metadatos a partir de una tabla en formato CSV. Gracias a esta característica, los nuevos documentos pueden incorporarse automáticamente a la colección con relativamente poco esfuerzo.

La parte del trabajo más importante y laboriosa es lograr que los documentos que se incorporarán en la colección sean de calidad y permitan la construcción de los índices a texto completo, marcadores en el PDF y fuentes incrustadas. El presente procedimiento detalla los procedimientos para lograr esto, con software libre y propietario y con calidad comercial (los documentos son aceptados por la plataforma comercial e-Libro.

Referencias

ABBYY FineReader 8.0 Professional Edition 2008 [Software] (2005) Sistema de reconocimiento óptico de caracteres. ABBYY Software.

Adama-Web, S.L. (2011). *Difusión y divulgación científica en Internet*. España: Gobierno del Principado de Asturias.

Cruz-Santos, I.D. (2011). *Propuesta de modelo de gestión de información digital agraria cubana*. (TesiS). Instituto Superior de Tecnologías y Ciencias Aplicadas. La Habana: Editorial Universitaria.

Díaz-Mayans, C. & Torricella-Morales, R.G. (1996). *Las nuevas tecnologías de la información en la educación superior.* La Habana: Editorial Universitaria.

Fernandez- Fernandez, M. M., Torricella-Morales, R.G. and Bartomeo-Abreu, Y. (2010). *Biblioteca Digital Alma Mater: subproyecto Conceptualización del Portal de Aplicaciones Educativas y la Biblioteca Digital Alma Mater. Marco referencial (conceptualización para antecedentes) para las soluciones a entregar.* Caracas: ALBET Ingeniería y Sistemas.

Melero, R. (2005). Significado del acceso abierto (open access) a las publicaciones científicas: definición, recursos. *El Profesional de la Información, 15* (4), 255-266.

Rojas, V., Alejandra, M., & Rivera, S.M. (2011). *Guía de buenas prácticas para revistas académicas de acceso abierto*. Santiago de Chile: ONG Derechos Digitales.

Romillo-Tarke, A., Batista, T, & Gonzales Fernandez-Larrea, M. (2008). *El perfeccionamiento de los procesos formativos en las Sedes Universitarias Municipales con el empleo de las tecnologías educativas.* Palacio de las Convenciones: Congreso Universidad.

Torricella-Morales, R.G., Lee-Tenorio, F., Carbonell De La Fe, S. (2008). *Infotecnología : la cultura informacional para el trabajo en la Web*. La Habana: Editorial Universitaria.

Torricella-Morales, R.G., Hernandez-Monzon, A. & Huerta-Espinosa, V.M. (2009). *Propuesta de procedimiento para la digitalización de los trabajos de diploma: caso de estudio*. La Habana: Editorial Universitaria.

Torricella-Morales, R.G. & Lee-Tenorio, F. (2012, Mayo). *Repositorios de Recursos Educativos: abiertos y privativos*. Ponencia presentada en el Sexto Seminario-Taller del Sistema de Bibliotecas del MININT. Centro de Eventos CELAMED, del Centro de Investigaciones Médico (CIMEQ), La Habana, Cuba.

Tramullas J. (2006). Biblioteca Digital Greenstone: Capitulo 10. En *Software Libre para Servicios de Información* [Libro en Internet]. Madrid: Pearson Prentiss Hall, 2006. Disponible en http://tramullas.com

PART 3 / PARTE 3

CONCLUSION / CONCLUSIÓN

Information Needs and Research Practices of Graduate Students in the Master's in Development Practice Program

Liz Cooper
Assistant Professor and Head of Research and Instruction (Auraria),
University of Colorado Denver, Denver, Colorado (USA)
and
JoAnn Jacoby
Associate Professor and Head, Reference, Research and Scholarly
Services, University of Illinois at Urbana-Champaign, Urbana,
Illinois (USA)

Introduction

Building on our previous work exploring the importance of the cultural context in sustainable development and outlining the core information resources supporting a culturally grounded approach (Jacoby & Cooper, 2011), this follow-up study uses case studies to explore the information practices of graduate students training to be sustainable development practitioners.

In 2012, we conducted individual semi-structured interviews with four second-year graduate students in the Master's in Development Practice (MDP) program at Emory University (Atlanta, Georgia, USA) who had recently completed field experiences working on development projects overseas.

The MDP program (described in greater detail below) is designed as a multi-institutional framework for integrating rigorous academic training across a range of disciplines combined with actual field experiences. The aim of the program is to bring together the best thinking from multiple fields such as agriculture, community health, economics, or sociology in order to create development practitioners who can successfully work to solve real world problems. As research and teaching in higher education increasingly involve problem-based learning that is grounded in real-life experiences and draws on insights and approaches from multiple disciplinary perspectives (Marcus et al., 2007; Robb, 2010), a close examination of the MDP students can point to ways in which libraries can engage these broader trends in the academy.

Our interviews with the students focused on the following research questions:

1. What (if any) information do development studies students gather before going into the field to work on a development project in another country?
2. How do the students identify, locate and share information related to their field projects?
3. Do the students specifically look for information related to the cultural context? If so, how useful do they find this information while they are in the field? How useful do they find this information afterwards, as they reflect on their experiences?
4. What information do the students need to gather while they are in the field? Do they have access to what they need while in the field?
5. What resources do the students find most useful and what gaps did they find in the information landscape?

A number of recent studies have explored ways libraries can realign collections and services to better serve programs that focus on multidisciplinary translational research (Kirkwood & Evan, 2012; Hunt, 2012; Downs & Chen, 2002). Little, however, is known about the specific issues and challenges associated with supporting information needs in development work, which bridges not only academic theory but also real world practice and involves working directly with particular communities and cultures. Like the public policy researchers whose research practice Miller (2008) explored through case study interviews, graduate students being trained in development studies occupy a unique position betwixt and between research and practice.

We specifically chose to focus on graduate students because of the unique insights that can be gleaned from examining the liminal period when graduate students are in the process of becoming scholars/practitioners. Graduate students are especially interesting to those focused on information practices in the academy since they are poised in a revealing moment when the nascent development of their own particular approach to scholarship makes their practices more readily available for reflection and interrogation. Graduate students can also serve as bellwethers for emerging information practices within a particular community. Additionally, they provide a window into the process by which the scholarly practices of particular field are learned and internalized, as well as how scholarly practices may (or may not) be changing.

Studying the information needs of graduate students in development studies also helps us to understand how information professionals can support the work of more seasoned development practitioners and their fieldwork. Development practitioners face unique challenges. Many move frequently, working on short-term projects in a variety of countries on a variety of issues. They often are not able to develop the same type of deep knowledge acquired over years of continuous fieldwork in the same site that an academic or a local national who speaks the language and has social networks might acquire. They regularly face many of the same challenges learning about the cultural context of a new work site that our student interviewees faced as they embarked on their first MDP summer fieldwork experience.

In contrast to this common work situation, it has been demonstrated that a development professional's knowledge of the local context has a significant impact on the success of development projects. In 1990, anthropologist Conrad Phillip Kottak (1990) conducted an in-depth review of 68 World Bank development projects and noted the importance of the cultural dimension in development work: "...successful projects respected, or at least did not work in opposition to, local cultural patterns... [and] incorporated indigenous cultural practices and social structures" (p.724). Projects that did not take sociocultural patterns into account, however, often ran into problems. Just one example of the many "naive and socioculturally incompatible projects" Kottak analyzed was an irrigation and settlement scheme in East Africa:

> Traditional land rights were ignored. The herders' territory was to be used for new commercial farms, and the pastoralists converted into small farmers. This project was designed to benefit not the herders, but wealthy commercial farmers... the pastoralists were expected to give up a generations-old way of life in order to work three times harder growing rice and picking cotton for bosses (p.725).

Learning how to support the information needs of development professionals as they prepare to work in a new field site is therefore critical.

The Master's In Development Practice Program and the Students Interviewed

Emory University's Master's in Development Practice program was established in 2009 as a part of the John D. and Catherine T. MacArthur Foundation grant to create a new type of development degree (MacArthur, 2009). Emory University was one of nine universities worldwide chosen by the MacArthur Foundation to begin this degree program. The new degree aimed to "produce a new kind of development professional – one who has the academic training necessary to understand the multidimensional causes of poverty as well as the practical skills needed to redress the limitations of current development approaches." To that end, Emory's MDP program includes rigorous interdisciplinary coursework as well as two summer fieldwork experiences in which students work on development projects with partner organizations such as CARE,

The Carter Center, CDC, FAO, MAP International, etc. (Emory University, 2012a,b).

Emory's first cohort of thirteen MDP students began coursework in 2010. The students interviewed for this paper were from this first cohort and had recently completed their first summer fieldwork experiences in Africa and Latin America. During their internships, our interviewees worked on projects related to topics including: food security, maternal/child health, nutrition, women's economic empowerment, village savings and loans, rotating credit, water and water management, adolescent sexual/reproductive health, gender based advocacy, and child victims of sexual abuse. When we interviewed the students they were preparing for their second summer of fieldwork.

Key Points from the Interviews

We conducted semi-structured interviews with four-second year graduate students the Master's in Development Practice (MDP) program at Emory University in 2012. Each interview lasted approximately one hour, and each of the students interviewed gave consent for the interviews to be recorded and quoted anonymously in publications and presentations.[1]

a) Background research prior to fieldwork

All four of the students interviewed did some level of background research before starting their summer field projects. This preparatory research focused on different aspects of their upcoming field experience, including:

seeking information about their host organization (its mission, goals, projects, and organizational culture)

topical research related to their project, including best practices and lessons learned from previous projects tackling similar issues

finding out about the locality and/or broader region, including both general orientation such as might be found in a guidebook, as well as more extensive explorations of sociocultural, political, and historical conditions.

One student noted that it is now quite easy (especially if you are affiliated with a research university which provides access to online journals and databases!) to do extensive background research quickly and easily from a networked computer. As she put it "We are so lucky we have the internet today, there is so much you can look up before you go, and it so important to do research beforehand."

---

1   Research was approved on University of Illinois IRB protocol #12842.

All of the interviewees stressed the importance and value of preparatory research. As another student summarized, "One thing I have learned through the MDP program is that pre-research is not done enough in this field." Reflecting on her past work, before starting the MDP program, she goes on to state that "I now realize there are lots of things I could have done better if I had done research before but back then I did not know about any of these resources and just worked from the training the organization I was working with gave me." The students also described how they were able to meld coursework and field preparation by making the issue they were going to be working on during the summer field experience the focus of a research assignment for an MDP seminar. One student reported that she researched scholarly articles, agency reports and grey literature related to her topic for her seminar paper, which made her feel "well prepared to understand the issues and get to work, unlike the other MDP students from [another country] also working there who had no clue and were totally lost."

There are limits to preparatory research, however, and there are some things you can only find out through direct experience. One student provides an illustrative example:

> I tried to pick up on culturally appropriate ways of interacting, the way people greet each other and that sort of thing, was important to do as early as possible after I got there. That's not something you can necessarily do beforehand. Cultural knowledge on how to dress, that can be really hard, a lot of the communities are in transition from a more traditional to more modern society, so it can be tough to gauge what will be appropriate in a particular community. I didn't bring smart business clothes which is what they wear – so they just thought I was really, really young. I tried to get a sense before I got there by trying to talk to professors I knew, but their information may have been old or from not quite the right cultural context.

b) Importance of cultural information

All of the students interviewed acknowledged the importance of thoroughly understanding the sociocultural context and local community dynamics. As one of the students responded to the question "Do you think information about the local community/culture is important in projects like yours?"

> Absolutely, critically important, it's the number one thing in making it successful. Every context is really, really different and it just doesn't work to transplant a best practice that worked well to another place, it needs to be tooled to the context. In order to...come to a project on equal terms with a community, to really be partners in the process, you

need to work really closely with the community. It's their life! It matters much more to them than to you! You want to leverage whatever resources and connections you have to the situation but also recognize what they bring: their assets, networks, connections and knowledge of the community. You want to be working with them on what's important to them, not what's important to some funder that's millions of miles away. It's about honoring the real reason that you are there and the value and the intelligence and the leadership ability of the community that are working with to solve their own problems. Learning from them as much as they may learn from you.

Another MDP student talked about the importance of casting a broad net in order to understand issues on the ground. She explains that she "likes to look at a lot of sources to get a holistic perspective. I don't just focus on a specific topic, like gender, or a specific time period. I like to understand the broader history, the context, and look more broadly at the dynamics of the region." Another described a similar process that iteratively relates the particular project's goals to the cultural context:

I am a big picture person, so I really want to understand the recent history of the country well and how that has affected the different populations in that country. In addition to that, understanding the particular project and how it works by really pulling apart what its goals are and how it thinks it can accomplish those goals, and then looking into the literature to see how others have approached similar goals as well as at the critical literature to examine why that approach may not meet the goals. I look at issues and hindrances in that particular community, in that particular context that may keep the project from working the way it's supposed to.

Yet another describes what she considers the most important piece of advice she would give to someone doing development work for the first time:

Root yourself in local knowledge and local understanding. Really try to connect and understand how people understand their world, their circumstances and the conditions they are in. On top of that, really try to get beneath the surface of whatever seems to be happening to think a lot about structural issues and root causes and underlying things affecting the conditions in the community – the specifics will depend on where you are working, but always dig deeper.

While all of the students interviewed recognized the importance of a deep understanding of local culture and social dynamics, many of them felt countervailing pressures due to limited time available for research and the need to work within the parameters and priorities established by the hosting organization.

c) Most useful resources

All of the students talked about using a variety of sources to prepare for their field experience: agency reports and websites to learn more about the host organization; guidebooks and personal contacts who had lived in or visited the region to get oriented to the local scene; and scholarly articles, books and academic databases to learn more about the technical aspects as well as the broader issues informing their project. Development portals like ELDIS (www.eldis.org) were noted as being especially valuable for learning about other work in the area and finding best practices or approaches that could serve as models or even counter examples of how not to approach a project. Most of the students noted that the Library provided useful starting points, either through a research guide or the library catalog. One interviewee notes: "Academic journal articles are one of the most useful sources. They provide context and let you dig deep to learn about a subject or region." Agency reports, on the other hand, helped in thinking about developing a project, what approach to take, how to write a grant or report, and how to write to a specific audience like an agency or funder. Other types of resources the students noted as being especially valuable include:

> *News* – When asked "If you were going to advise someone who was doing this sort of work for the first time on what they needed to know to be successful, what would you tell them was essential?" one student responded:
>
>> When you actually get there, read the news everyday, both international and local news. That helps me get the same perspective that the people there are getting and hearing on the issues. That was particularly important in [the country visited], where the government controls the media. Contrasting the local perspective with the international perspective on what was happening was really helpful in understanding the context in which I was working.
>
> *Blogs* – Two of the students interviewed mentioned blogs, but at least one finds them to be an essential information source. As she explains:
>
>> I found blogs to be helpful in preparing for my field site last summer, as well as the project I will be working on this summer. Actually, blogs have been helpful with all of my work. I

start by identifying a few keys sites that talk about work that they are doing, then I follow their tweets. I find relevant blogs by "snowballing:" I find a key site, follow their partners and then trace their links and connections. I have found blogs that have been enormously useful – these have been some of the most helpful resources, among the handful of sources I really rely on. They are really useful for getting an idea for what is going on the ground.

Film and video – One student cited this as an important component in her background research. She explains that "For me, actually seeing and hearing something on film is a really helpful way to get a good understanding. I looked up videos on Netflix and also found another good video from a PBS Frontline special."

Data – Two of the interviewees mentioned socioeconomic and demographic indicators (measures of well, being, inequality, language, education) as being key resources, but some frustration was also expressed in the difficulty of finding relevant data, particularly disaggregated data at the level of the community or group.

Geospatial information – All but one of the students interviewed said they did not use geospatial information (GIS, Google Maps, etc.) in any significant way for their field project. The explanation from one student was typical: "I used Google Maps fairly informally to figure out what village I was going to and get oriented, like I would use a map in a guidebook." She goes on to explain the value she sees in this tool: "Google Maps is a really helpful tool for talking about where you are, where you are going, what's ahead of you." One student, however, delved more deeply into spatial information for her upcoming field project. She explains:

> I wanted to do some initial GIS stuff, identify some key parameters, and was feeling really intimidated and overwhelmed by the excessive amount of work that I thought I was going to have to do. I connected with the GIS expert at Emory Library and he sent me the link to the USDA Food Environment Atlas, which was key. I was so relieved not to have to go through all that work, to have everything I needed laid out in the Atlas.

This vignette suggests that there may be some anxieties about working with geospatial information when the need arises. This is a less familiar area for the students we interviewed, so expert assistance is important as it can make the process seem less daunting. As in the example, sometimes this assistance is just a matter of connecting someone to an existing resource, but in other cases may require data compilation and geo-coding.

d) Gaps in resources

One of the goals of the new MDP program is to create students/practitioners that critique the process and priorities of development and help move the field in a new direction. We found that the students had already internalized this ethos and were very good at identifying the organizational structures and types of information they believed could help them perform their work more effectively. They were also very articulate about the gaps they found in the available information.

One of the gaps they identified was the need for more information about a country's development landscape. That is, some tool or method that would enable development practitioners to gain a picture of all the development projects active in a country. It is common for a variety of organizations to work on similar projects in a country, often with overlapping/competing goals. This creates inefficiencies and a development landscape that is difficult to navigate. One student stated that in her fieldwork country, "... there are so many development projects ... and they overlap and are not coordinated and institutional processes are very complex. It [would be] useful to know [about all of these projects in order to create a picture to help] understand why/if things did not work...." There are some resources that aim to address this issue, such as Pro-Poor (www.propoor.org), a searchable database of development organizations working in South Asia and their project areas by region. However, the students were not aware of these resources and these resources, although related to their needs, do not yet provide the depth of information the students desired.

In a related vein, one student felt that it was difficult to gain basic information, such as "capacity, continual challenges, financial information, etc.," about development non-governmental organizations (NGOs). She found information about her organization on its website and in project reports, but as someone new to the organization, she was not able to access the information that would provide her with the picture and context that she needed to do her work well. She asked, "What resource could there be to get a grounding or snapshot of development NGOs?" This is not just an issue faced by students, as it is common for development professionals to move frequently from project to project and continually need to learn about new organizations as well as the other organizations operating in their regions.

Students also identified a need for more specific, finer grained information, what one interviewee described as a "Richer understanding of the actual situation on the ground for the most vulnerable populations – aggregate data just don't show that. We need better indicators, data that go beyond the limits older development thinking and provide a better understanding of deep rooted structural inequalities and the stressors that impact the daily lives of these individuals."

e) Issues and challenges

Students faced a variety of issues related to accessing and using information in their fieldwork. All the students believed that access to information related to the cultural context of their field site and the ability to incorporate this information into their work would lead to more successful projects with more impact for local communities. However, they identified several issues that often made this goal difficult to attain. First, some felt that often there is little or no time to gather or apply this information. This was seen as especially problematic when working on a project for a short time period, such as their summer fieldwork experiences, where they had limited time to prepare for projects that were sometimes unknown to them before they left the United States. Most students knew the country they would be working in and had an idea of the type of project they would work on but not all of them knew the specifics of the project before leaving. Similarly, once in the field, their access, as newcomers, to local networks was limited. As one student stated:

> I had no local context when I went into field from the country office. I didn't know how the village was setup and there was very bad Internet so even though I should have been able to access information that could have helped me ... it took a very long time. The best resource was the field staff – the people in office – they had so much in their heads, but either assumed I knew nothing or that I knew more than I did, [which was] frustrating ... These issues [re. incorporating the local context] are difficult for a short stint – because of budget constraints and no time to develop relationships with people ...

They also felt that as interns they were to do what they were told and that time constraints and organizational priorities made it difficult to gather and incorporate local contextual information. Additionally, one student noted that while the importance of the local context was taught and valued in their MDP coursework, it often did not seem to be valued in the field and was not built into the work. She explained:

> They had me work on a project to create a training manual for [X]. They said find a model and then use it to develop [a manual] for [our country]. But they didn't really care if it was in the local context. I even asked, is this [model that I found] appropriate for this cultural context, and they just said, "[Our organization's] #1 value is respect" –

but that didn't answer my question. They did not review my work and check for cultural context and [the manual then] went out to community workers who did not know what to do with it. I wish I could have done this! [i.e. included local context information]. The pre-research I did [on this subject] would have improved the manual – but they did not really care – they just said I should develop a manual and that the best way to do that was to use a model.

While some felt they were on their own in the organization to try to fit this type of information into their work, others were not sure how to incorporate the local contextual information they did have, as it did not relate to the project structures as defined. As one student noted, "This I think is the greatest challenge – knowing that [local] information is really important and knowing how to turn that into something useful.... I had information that [could be useful in the local context].... but I had no idea how to incorporate that...." Others noted the difficulty in obtaining information related to the cultural context. Specifically, that even some of the best resources, such as the development resource portal ELDIS, "aren't that user friendly" while others noted that accessing much of this information while in developing countries can be challenging because of the lack of good internet access in many places.

A related issue identified by the students was the need for more language training prior to working in a new environment. Some felt that knowing the local language would make it easier to grasp the cultural context as sources such as local informants and local news would be more accessible and easier to incorporate into their work. One student describes how she tried to overcome the language gap as best she could, in the limited time available:

I wish that I had spoken the language, that would have been amazing, but you can't learn every language fluently everywhere you work. Instead, I tried to pick up on culturally appropriate ways of interacting, the way people greet each other and that sort of things, was important to do as soon as early as possible after I got there.

When we examine the resources the students used both while preparing for their fieldwork and while working in the field, another issue that arises is the availability of information. Some of the resources the students accessed are openly available on the Internet, but many of the resources are only available via paid subscriptions. As students at a research university, our interviewees had access to freely available information as well as the myriad subscription resources supplied by their university library. Because of their affiliation with the university, even when working abroad on field projects, the students were able to access their library resources remotely (depending on Internet availability) at no cost to them. While students affiliated with a major research library are able to access most published scholarly literature, actual development practitioners can only access either materials that are freely available on the Internet or specific materials to which their organization subscribes. Development organizations rarely have the type of resources available that a research library can provide. Therefore, most development practitioners are limited in the resources they can consult. If, as the students have reported, researching an area and the groups of people from that area before and while engaging in development work is important, then it is especially important that the type of information that will be useful to development practitioners be freely available on the Internet. Currently, while portals like ELDIS (www.eldis.org) provide open access to NGO reports and white papers, and repositories such as SciELO (www.scielo.org) provide open access to scholarly research generated in developing countries,[2] most of the scholarship generated in Europe and North America is closed and restricted only to those with the ability to pay for this information via subscriptions. Open access to information is the key to providing development practitioners, and the local populations they will be working with, the crucial information they need to engage real-world problems.

Conclusions

These new development professionals value culturally grounded information and its importance in development work. Further, they are quite attentive to the need of development organizations to, in the words of one of the students interviewed, "become learning organizations." That is, they see the importance of not only developing a thorough knowledge of local culture, but of building a knowledge base to support the work of their organizations and the development community at large. As this new generation of development professionals move into the field, they may be able to change the structure and workflow of organizations to be sure this type of information gathering and use is a part of development projects. There will be rich opportunities for librarians and other information professionals to partner with these professionals to build more openly accessible robust repositories and portals, as well as to design services and delivery mechanisms to support their research needs.

Additionally, many of the information challenges articulated by these Master's in Development Practice students are relevant to others in the academy who also seek to apply insights from scholarly literature to help solve real-

---

2   Jacoby & Cooper (2011) provide an overview of sources available to support a culturally-grounded approach to sustainable development. While that paper focused primarily on sources that were freely available on the web or in open access repositories, some subscription resources were also included, as they had relevant information not available through open access sources.

world problems. One of the most fundamental challenges in doing this type of research is the need to work across disciplinary boundaries to cull the information relevant to a particular project and to develop a broad and nuanced understanding of a particular community. The graduate students interviewed drew on a wide variety of sources from diverse fields ranging from anthropology to agronomy. In many ways, trying to navigate the literature of an unfamiliar discipline is like working in a country where you do not know the language. You get by, but it takes more work to figure out how to find what you are looking for and you may miss some subtleties if you do not know the jargon, the most influential researchers, the key journals, or indeed whether articles, monographs, preprints or some other resource are the key publication form in this research community. Scholars who have been working in a discipline have established formal and informal mechanisms for keeping abreast of new developments in their field and they know from long experience where and how to look for information. Those who work across disciplinary domains or need to make an occasional foray into a new area rarely share this degree of fluency. For this type of boundary-crossing researcher (Palmer, 1999), knowledgeable librarians are especially important in helping them to navigate an unfamiliar system of scholarly communication

As the interviewees so eloquently describe, their work needs to be grounded both in the research literature and in the current realities of the people and the communities with whom they work. The Master's in Development program provides a rich opportunity to be immersed in both of these spheres, but once these students graduate and leave the university they may lose ready access to some of the information sources on which they have come to depend. Most universities now provide access to their electronic resources to students and faculty anywhere with an Internet connection, but many crucial resources are not available to those outside the research community. Long-standing initiatives like PubMed in the US have helped bridge the gap between the ivory tower and those outside academia, and federal funding agencies in Europe, the US and elsewhere are beginning to implement new open access policies for data as well as publications resulting from sponsored research.

References

Downs, R. R., & Chen, R. S. (2002). Cooperative design, development, and management of interdisciplinary data to support the global environmental change research community. *Science & Technology Libraries, 23*(4), 5-19.

Emory University. (2012a). Master's in Development Practice, Field Experience. Retrieved May 15, 2012 from
http://web.gs.emory.edu/mdp/fieldexperience/index.html.

Emory University. (2012b). Master's in Development Practice, Partners. Retrieved from
http://web.gs.emory.edu/mdp/gpartners/index.html.

Hunt, J., Whipple, E., & McGowan, J. (2012). Use of social network analysis tools to validate a resources infrastructure for interinstitutional translational research: a case study. *Journal of The Medical Library Association, 100*(1), 48-54.

Jacoby, J. & Cooper, L. (2011). Sustainable development in the cultural context: A review of sources and analysis of gaps. *Proceedings of the Social Science Libraries: A Bridge to Knowledge for Sustainable Development Conference, Havana, Cuba, August 8-10, 2011.* Retrieved May 15, 2012 from
www.ideals.illinois.edu/handle/2142/25649.

Kirkwood, H., & Evans, K. (2012). Embedded librarianship and virtual environments in entrepreneurship information literacy: A Case Study. *Journal of Business & Finance Librarianship, 17*(1), 106-116.

Kottak, C.P. (1990). Culture and economic development. *American Anthropologist, 92,* 723-731.

MacArthur Foundation. (2009). MacArthur to support master's programs around the world offering professional training for future sustainable development leaders [Press release]. Retrieved May 15, 2012 from
www.macfound.org/press/press-releases/macarthur-to-support-masters-programs-around-the-world-offering-professional-training-for-future-sustainable-development-leaders.

Marcus, C. Ball, S., Delserone, L., Hribar, A., & Loftus, W. (2007). Understanding Research Behaviors, Information Resources, and Service Needs of Scientists and Graduate Students: A Study by the University of Minnesota Libraries. University of Minnesota Libraries. Retrieved May 15, 2012 from
http://purl.umn.edu/5546.

Miller, F. (2008). Research information needs of public policy oriented researchers at a regional university: Issues emerging from a pilot study. *Australian Academic & Research Libraries, 39*(4), 253-268.

Palmer, C. (1999). Structures and strategies of interdisciplinary science. *Journal of the American Society for Information Science, 50* (3), 242-53.

Robb, M. (2010). Disciplinary boundaries in an Interdisciplinary World. In S. Witt & L. Rudasill (Eds.), *Social Science Libraries: interdisciplinary Collections, Services, Network (IFLA Publications Series No. 144) (40-52).* Berlin/Munich: De Gruyter Saur.

University of Minnesota Libraries. (2006). *A Multi-Dimensional Framework for Academic Support: Final Report.* Minneapolis, MN: University of Minnesota. Retrieved May 15, 2012 from
http://purl.umn.edu/5540.

Necesidades de Información y Prácticas de Investigación de Estudiantes Graduados en el Programa de Master en Practica del Desarrollo

Liz Cooper
Assistant Professor, Head of Research and Instruction (Auraria), University of Colorado Denver, Denver, Colorado (USA)
y
JoAnn Jacoby
Associate Professor, Head of Reference, Research, and Scholarly Services, University of Illinois at Urbana-Champaign, Urbana, Illinois (USA)

Introducción

Sobre la base de nuestro trabajo previo que explora la importancia del contexto cultural en el desarrollo sostenible y que explica los principales recursos de información que apoyan un enfoque culturalmente enraizado (Jacoby & Cooper, 2011), en este estudio de seguimiento se utilizan estudios de casos para explorar las prácticas de información de estudiantes de posgrado entrenados para ser especialistas en el desarrollo sostenible.

En el año 2012, realizamos entrevistas individuales semi-estructuradas con cuatro estudiantes de segundo año de posgrado en el programa de la Maestría en Práctica del Desarrollo (MDP) del programa en la Universidad de Emory (Atlanta, Georgia, EE.UU.), que habían terminado recientemente las experiencias de campo trabajando en proyectos de desarrollo en el extranjero.

El programa de MDP (que se describe con más detalle a continuación) está diseñado como un marco multi-institucional para la integración de la formación académica rigurosa a través de una amplia gama de disciplinas combinadas con las experiencias de campo reales. El objetivo del programa es reunir a las mejores ideas de varios campos como la agricultura, la salud comunitaria, la economía o la sociología con el fin de crear especialistas del desarrollo que puedan trabajar con éxito para resolver los problemas del mundo real. Como la investigación y la docencia en la educación superior implican cada vez más el aprendizaje basado en problemas enraizados en experiencias de la vida real y se basa en ideas y enfoques de múltiples perspectivas disciplinarias (Marcus et al, 2007; Robb, 2010), un examen detallado de los estudiantes de la MDP pueden señalar las formas en que las bibliotecas pueden participar en estas tendencias más amplias en la academia.

Nuestras entrevistas con los estudiantes se centraron en las siguientes preguntas de investigación:

1. ¿Cuál (si lo hay) Información de estudios del desarrollo reúnen los estudiantes antes de ir al campo a trabajar en un proyecto de desarrollo en otro país?

2. ¿Cómo los estudiantes identifican, localizan y comparten información relacionada con sus proyectos de campo?

3. Los estudiantes específicamente buscan información relacionada con el contexto cultural? Si es así, ¿qué utilidad ellos encuentran en esta información mientras están en el campo? ¿Qué tan útil encuentran ellos esta información después, al reflexionar sobre sus experiencias?

4. ¿Qué información necesitan reunir los estudiantes mientras están en el campo? ¿Tienen acceso a lo que necesitan, mientras ellos están en el campo?

5. ¿Qué recursos encuentran los estudiantes de mayor utilidad y qué vacíos encuentran en el horizonte de la información?

Una serie de estudios recientes han explorado formas en las que las bibliotecas pueden reajustar sus colecciones y servicios para servir mejor a los programas que se centran en la investigación transnacional multidisciplinaria (Kirkwood y Evan, 2012; Hunt, 2012; Downs & Chen, 2002). Sin embargo, poco se sabe acerca de los problemas y desafíos específicos relacionados con las necesidades de información de apoyo en el trabajo del desarrollo, que une no sólo la teoría académica sino también la práctica del mundo real e incluye el trabajo directo con las comunidades y culturas particulares. Al igual que los investigadores de políticas públicas, cuya investigación práctica Miller (2008) exploró a través de entrevistas de estudios de caso, los estudiantes de postgrado que están entrenados en estudios del desarrollo ocupan una posición única entre la investigación y la práctica.

Optamos en especial por centrarnos en los estudiantes de postgrado, debido a las perspectivas únicas que pueden ser obtenidas al examinar el período liminal cuando los estudiantes de posgrado están en proceso de convertirse en académicos / profesionales. Los estudiantes de posgrado son especialmente interesantes para los que se centran en las prácticas de información en la academia, ya que están en un momento revelador cuando el desarrollo incipiente del propio enfoque particular de su conocimiento hace de sus prácticas más fácilmente disponibles para la reflexión y el interrogatorio. Los estudiantes graduados también pueden servir como referentes de información para las prácticas emergentes dentro de una comunidad en particular. Adicionalmente, proporcionan una ventana al proceso por el cual las prácticas académicas de un campo en particular se aprenden y se asumen, así como la forma en que la práctica académica puede (o no) estar cambiando.

El estudio de las necesidades de información de los estudiantes de posgrado en estudios del desarrollo también nos ayuda a entender cómo los profesionales de la información pueden apoyar el trabajo de los especialistas del desarrollo con más experiencia y su trabajo de campo. Los especialistas del desarrollo se enfrentan a desafíos únicos. Muchos se mueven con frecuencia, trabajando en proyectos a corto plazo en diversos países sobre una variedad de temas. A menudo no son capaces de desarrollar el mismo tipo de conocimiento profundo adquirido durante años de trabajo de campo continuo, en el mismo sitio que un académico o un nacional de la localidad que habla el idioma y tiene redes sociales que pueden adquirir. Regularmente se enfrentan a muchos de los mismos desafíos de aprendizaje sobre el contexto cultural de un sitio nuevo de trabajo que nuestros estudiantes entrevistados enfrentan cuando se enfrentan a su primera experiencia MDP de campo de verano.

En contraste con esta situación de trabajo común, se ha demostrado que los conocimientos del contexto local por un profesional del desarrollo, tiene un impacto significativo en el éxito de los proyectos del desarrollo. En 1990, el antropólogo Conrad Phillip Kottak (1990) llevó a cabo una revisión en profundidad de 68 proyectos de desarrollo del Banco Mundial y destacó la importancia de la dimensión cultural en el trabajo del desarrollo: "... proyectos exitosos autorizados, o al menos que no funcionaron en oposición a, los patrones culturales locales... [e] incorporaron las prácticas culturales indígenas y las estructuras sociales" (p.724). Los proyectos que no tomaron en cuenta los patrones socioculturales, sin embargo, a menudo se toparon con problemas. Son sólo un ejemplo de los muchos "proyectos ingenuos y socioculturalmente incompatibles" que Kottak analizó fue uno de riego y un esquema de asentamiento en el Este de África:

> Los derechos tradicionales de la tierra fueron ignorados. El territorio de los pastores se iba a utilizar para las nuevas granjas comerciales, y los pastores convertidos en pequeños agricultores. Este proyecto fue diseñado para beneficiar no a los pastores, pero si a los ricos agricultores comerciantes... se esperaba que los pastores abandonaran un viejo estilo de vida generacional con el fin de trabajar tres veces más fuertemente el cultivo del arroz y la cosecha de algodón para los jefes (p. 725).

Aprender a satisfacer las necesidades de información de los profesionales del desarrollo que se preparan para trabajar en un nuevo campo es por lo tanto crucial.

El Programa de Maestría en Práctica del Desarrollo y los Estudiantes Entrevistados

El programa de Maestría en Práctica del Desarrollo de la Universidad de se estableció en 2009 como parte de la donación de la Fundación John D. y Catherine T. MacArthur para crear un nuevo tipo de grado del desarrollo (MacArthur, 2009). La Emory University fue una de las nueve universidades de todo el mundo seleccionadas por la Fundación MacArthur para comenzar este programa de grado. La nueva titulación dirigida a "producir un nuevo tipo de profesional del desarrollo – uno que tiene la formación académica necesaria para comprender las causas multidimensionales de la pobreza, así como las habilidades prácticas necesarias para corregir las limitaciones de los enfoques actuales del desarrollo". Con ese fin, el programa MDP de Emory incluye cursos interdisciplinarios rigurosos, así como dos experiencias de trabajo de campo de verano en el que los estudiantes trabajan en proyectos de desarrollo con las organizaciones asociadas, tales como CARE, el Centro Carter, los CDC, la FAO, MAP Internacional, etc (EmoryUniversity, 2012a, b).

El primer grupo de Emory de trece estudiantes de MDP comenzó los cursos en 2010. Los estudiantes entrevistados para este trabajo eran de este primer grupo y habían completado recientemente sus primeras experiencias de trabajo de campo de verano en África y América Latina. Durante sus prácticas, nuestros entrevistados trabajaron en proyectos relacionados con temas como: seguridad alimentaria, maternidad / salud infantil, la nutrición, el empoderamiento económico de las mujeres, ahorro y préstamos de comunidades, gestión de crédito rotativo, el agua y gestión del agua, la salud sexual / reproductiva de adolescentes, respaldo basado en el género, y los niños víctimas de abuso sexual. Cuando entrevistamos a los estudiantes se preparaban para su segundo trabajo de campo de verano.

Puntos Clave de las Entrevistas

Hemos llevado a cabo entrevistas semi-estructuradas con cuatro estudiantes de segundo año de postgrado del programa de Máster en Práctica del Desarrollo (MDP) en la Universidad de Emory (Atlanta, Georgia, EE.UU.) en 2012. Cada entrevista duró aproximadamente una hora, y cada uno de los estudiantes entrevistados dio su consentimiento para que las entrevistas fueran grabadas y fueran citadas anónimamente en publicaciones y presentaciones.

---

1   La investigación fue aprobada en la Universidad de Illinois IRB protocolo #12842.

a) Investigación de antecedentes previa al trabajo de campo

Los cuatro estudiantes entrevistados realizaron cierto nivel de investigación de antecedentes antes de comenzar sus proyectos de campo de verano. Esta investigación preliminar se centró en diferentes aspectos de su próxima experiencia de campo, incluyendo:

> Buscando información sobre la organización que los acogería (su misión, metas, proyectos, y la cultura organizacional)
> La investigación temática actual relacionada con su proyecto, incluyendo las mejores prácticas y las lecciones aprendidas de proyectos anteriores que abordan temas similares
> Encontrar Información sobre la localidad y la región / o más amplia, que incluyera tanto la orientación general, como se puede encontrar en una guía, así como exploraciones más extensas de las condiciones socio-culturales, políticas e históricas.

Una de las estudiantes señaló que ahora era bastante fácil (especialmente si usted está afiliado a una universidad de investigación que proporciona acceso a las revistas electrónicas y a bases de datos!) hacer la investigación de fondo rápida y fácilmente desde un ordenador en red. Como ella decía "Somos muy afortunados de que tengamos el Internet hoy en día, hay tantas cosas que puedes mirar antes de ir, y eso es tan importante para hacer investigación de antemano."

Todos los entrevistados destacaron la importancia y el valor de la investigación preparatoria. Así como otro estudiante resumió: "Una cosa que he aprendido a través del programa de MDP es que la investigación previa no se hace lo suficiente en este campo." Al reflexionar sobre su trabajo pasado, antes de iniciar el programa de MPD, ella continúa afirmando que "ahora me doy cuenta de que hay muchas cosas que podría haber hecho mejor si hubiera hecho una investigación previa, pero en aquel entonces yo no sabía nada de estos recursos y sólo trabajaba a partir de la formación que me dio la organización donde yo estaba trabajando." Los estudiantes también describen cómo fueron capaces de integrar el trabajo de curso y la preparación para el trabajo de campo, haciendo de los temas que se van a trabajar durante la experiencia de campo de verano, el centro de un trabajo de investigación para un seminario de MDP. Una estudiante informó que ella investigó artículos científicos, informes de agencias y literatura gris relacionada con su tema para su trabajo del seminario, que la hizo sentir "bien preparada para entender los temas y trabajar, a diferencia de los otros estudiantes de MDP de [otro país] también trabajando allí, que no tenían ni idea y estaban perdidos totalmente."

Hay límites de la investigación preparatoria, no obstante, y también hay algunas cosas que se pueden encontrar solamente a través de la experiencia directa. Una estudiante ofrece un ejemplo ilustrativo:

> Traté de recoger en formas culturalmente apropiadas de interactuar, la manera como la gente se saluda y ese tipo de cosas, era importante hacerlo lo más pronto posible después de que yo llegara allí. Eso no es algo que necesariamente se puede hacer de antemano. El conocimiento cultural en la forma de vestir, que puede ser muy difícil, muchas de las comunidades están en la transición de un enfoque más tradicional a las soceidad moderna, por lo que puede ser difícil de medir lo que va a ser apropiado en una determinada comunidad. No he traído ropa de negocios inteligentes, que es lo que ellos llevan puesto – por lo que ellos justamente pensaron que yo era muy, muy joven. Traté de tener una idea antes de llegar allí, tratando de hablar con profesores que conocía, pero su información puede haber sido vieja o de un contexto cultural no ciertamente adecuado.

b) Importancia de la información cultural

Todos los estudiantes entrevistados reconocieron la importancia de comprender a fondo el contexto sociocultural y la dinámica de las comunidades locales. Así uno de los estudiantes respondió a la pregunta "¿Cree usted que la información sobre la comunidad local / cultura es importante en proyectos como el tuyo?":

> Absolutamente, es muy importante, es la cosa número uno para lograr de esto un éxito. Cada contexto es muy, muy diferente y simplemente no funciona para trasplantar una buena práctica que ha funcionado bien en otro lugar, lo que debe ser ajustado al contexto. Con el fin de ... llegar a un proyecto en igualdad de condiciones con la comunidad, para ser realmente socios en el proceso, es necesario trabajar muy de cerca con la comunidad. Es su vida! Importa mucho más a ellos que a ti! ¿Quieres aprovechar los recursos y las conexiones que tienes con la situación, pero también reconocer lo que aportan: sus activos, redes, conexiones y conocimientos de la comunidad. ¿Quieres trabajar con ellos en lo que es importante para ellos, no lo que es importante para algunos financistas que están a millones de kilómetros de distancia. Se trata de honrar la verdadera razón por la que usted está allí, y el valor y la inteligencia y la capacidad de liderazgo de la comunidad con la que estás trabajando para resolver sus propios problemas. Aprender de ellos tanto como ellos pueden aprender de usted.

Otra estudiante de MDP habló de la importancia de lanzar una amplia red con el fin de entender los problemas sobre el terreno. Ella explica que "le gusta ver una gran cantidad de fuentes para obtener una perspectiva holística. Yo no sólo me centro en un tema específico, como el género, o un período de tiempo específico. Me gusta entender la historia más amplia, el contexto, y observar con mayor amplitud la dinámica de la región. "Otro describió un proceso similar que se refiere iterativamente a los objetivos del proyecto en particular al contexto cultural:

> Yo soy una persona de gran imagen, por lo que realmente quiero entender bien la historia reciente del país bien y cómo esto ha afectado a las diferentes poblaciones de ese país. Además de eso, la comprensión del proyecto en particular y cómo funciona realmente separando lo que son sus metas y cómo piensa que puede lograr esas metas, y luego buscar en la literatura para ver cómo otros se han acercado a objetivos similares, así como en la literatura crítica, para examinar por qué este enfoque puede no cumplir con los objetivos. Miro a los problemas y obstáculos en esa comunidad en particular, en ese contexto particular que puedan mantener el proyecto funcionando de la manera que se supone que funcione.

Otra describe lo que ella considera la pieza más importante de la recomendación que le daría a alguien que hace el trabajo de desarrollo por primera vez:

> Sitúate a ti mismo en el conocimiento local y en la comprensión local. Realmente trata de conectar y entender cómo las personas entienden su mundo, sus circunstancias y las condiciones en que están sumergidas. Además de eso, realmente trata de conseguir bajo la superficie de lo que parece estar sucediendo, para pensar mucho acerca de los problemas estructurales y las causas profundas y cosas fundamentales que afectan las condiciones de la comunidad – los aspectos específicos dependerán de donde usted está trabajando, pero siempre debe cavar más profundo.

Mientras que todos los estudiantes entrevistados reconocen la importancia de un profundo conocimiento de la cultura local y las dinámicas sociales, muchos de ellos sintieron presiones compensatorias debido al tiempo limitado disponible para la investigación y la necesidad de trabajar dentro de los parámetros y prioridades establecidas por la organización anfitriona.

c) Los recursos más útiles

Todos los estudiantes hablaron sobre el uso de una variedad de fuentes para
prepararse para su experiencia de campo: informes de agencias y sitios web
para aprender más sobre la organización receptora, guías y contactos personales que habían vivido en o visitado la región, para orientarse sobre la escena
local; y artículos académicos, libros y bases de datos académicas para aprender
más acerca de los aspectos técnicos, así como de las cuestiones más amplias
que ofrecieran información a su proyecto. Portales de desarrollo como ELDIS
(www.eldis.org) se distinguen por ser especialmente valioso para aprender sobre otros trabajos en la zona y la búsqueda de las mejores prácticas o enfoques
que podrían servir como modelos o ejemplos opuestos de cómo incluso no enfocar un proyecto. La mayoría de los estudiantes señaló que la Biblioteca pres-
tó útiles puntos de partida, ya sea a través de una guía de investigación o mediante el catálogo de la biblioteca. Notas de un entrevistado: "Los artículos de
revistas académicas son una de las fuentes más útiles. Ellos proporcionan el
contexto y permiten profundizar para aprender sobre un tema o región." Informes de agencias, por su parte, ayudaron a pensar en el desarrollo de un proyecto, ¿qué postura tomar, cómo escribir un informe o gratificación y la forma
de escribir a un público específico, como una agencia o donante. Otros tipos de
recursos fueron señalados por los estudiantes como especialmente valiosos tales como:

> *Noticias* – Cuando se le preguntó "¿Si tuvieras que aconsejar a alguien que
> estuviera haciendo este tipo de trabajo por primera vez sobre lo que ne-
> cesitaba saber para tener éxito, ¿qué le dirías a ellos que era esencial?",
> respondió un estudiante:

> Cuando usted arribe realmente allí, leer las noticias todos los días, tan-
> to noticias internacionales como locales. Eso me ayuda a obtener la
> misma perspectiva que la gente de allí van a encontrar y escuchar so-
> bre los temas. Esto es especialmente importante en [el país visitado],
> donde el gobierno controla los medios de comunicación. En el contras-
> te del punto de vista local con la perspectiva internacional sobre lo que
> estaba ocurriendo fue realmente útil para comprender el contexto en el
> que yo estaba trabajando.

> *Blogs* – Dos de los estudiantes entrevistados mencionaron los blogs, pero
> al menos uno encuentra que son una fuente de información esencial.
> Como ella explica:

> He encontrado blogs útiles en la preparación de mi sitio sobre
> el terreno el pasado verano, así como para el proyecto que yo
> estaré trabajando en este verano. En realidad, los blogs han sido

de gran ayuda con todo mi trabajo. Empiezo por la identificación de algunos sitios claves que hablan sobre el trabajo que
ellos están haciendo, entonces sigo sus tweets. Yo encuentro
blogs relevantes mediante bola de nieve: "Yo encuentro un sitio
clave, sigo sus compañeros y luego rastreo sus vínculos y conexiones. He encontrado blogs que han sido de enorme utilidad – estos han sido unos de los recursos más útiles, entre el
conjunto de fuentes en las que realmente confío. Son realmente útiles para obtener una idea de lo que está sucediendo en el
terreno."

Cine y video – Una de los estudiantes citó estos como un componente importante en la investigación de antecedentes. Ella explica que "Para mí,
realmente viendo y escuchando algo en la película es una manera muy
útil para conseguir un buen entendimiento. Miré videos en Netflix y
también encontré otro buen video de PBS Frontline especial".

Datos – Dos de los entrevistados mencionaron los indicadores socioeco-
nómicos y demográficos (medidas de bienestar, desigualdad, idioma,
educación) como recursos clave, pero un poco de frustración fue expresada también en la dificultad de encontrar datos relevantes, en particular
datos desglosados a nivel de la comunidad o grupo.

Información Geoespacial – Todos menos uno de los estudiantes entrevistados dijeron no utilizar la información geoespacial (GIS, Googlemaps,
etc) de manera significativa para su proyecto de terreno. La explicación
por parte de una estudiante fue típica: "Yo solía utilizar GoogleMaps
bastante informalmente para averiguar a qué pueblo yo iba a ir y obtener información, al igual que yo usaría un mapa en una guía." Ella explica el valor que ve en esta herramienta: "GoogleMaps es una herramienta realmente útil para hablar de dónde estás, a dónde vas, lo que está delante de ti." Una estudiante, sin embargo, se adentró más profunda-
mente en la información espacial para su próximo proyecto de campo.
Ella explica:

Yo quería hacer algunas cosas GIS inicialmente, identificar algunos parámetros clave, y me sentía muy intimidada y abruma-
da por el exceso de trabajo que yo pensé que iba a tener que
hacer. Me conecté con el experto en GIS en la Biblioteca de
Emory y él me envió el enlace al Atlas Ambiental de Alimentos
del USDA que fue clave. Me sentí tan aliviada de no tener que
pasar por todo ese trabajo, para tener todo lo que necesitaba establecido en el Atlas.

Esta viñeta sugiere que puede haber algunas preocupaciones acerca de cómo trabajar con la información geoespacial cuando surja la necesidad. Esta es un área menos conocida por los estudiantes entrevistados, por lo que la asistencia de expertos es importante ya que puede hacer que el proceso parezca menos desalentador. Al igual que en el ejemplo anterior, a veces esta ayuda es sólo una cuestión de conectar a alguien a un recurso existente, pero en otros casos puede requerir la recopilación de datos y la geo-codificación.

d) Las lagunas en los recursos

Uno de los objetivos del nuevo programa de MDP es crear estudiantes / profesionales que critiquen el proceso y las prioridades del desarrollo y ayuden a mover el campo en una nueva dirección. Se encontró que los estudiantes habían interiorizado ya este ethos y eran muy buenos en la identificación de las estructuras organizativas y tipos de información que creían que podría ayudarles a realizar su trabajo con mayor eficacia. También fueron muy elocuentes sobre las lagunas que se encuentran en la información disponible.

Una de las brechas que identificaron fue la necesidad de obtener más información sobre el panorama de desarrollo de un país. Es decir, alguna herramienta o método que permita a los profesionales del desarrollo tener una visión de todos los proyectos de desarrollo que operan en el país. Es común para una variedad de organizaciones trabajar en proyectos similares en un país, a menudo con la superposición / objetivos opuestos. Esto crea ineficiencias y un panorama del desarrollo en el que es difícil navegar. Uno de los estudiantes dijo que en el trabajo de campo su país "... hay proyectos de desarrollo ... y tantos que se superponen y no están coordinados y los procesos institucionales son muy complejos. Sería útil saber [sobre todos estos proyectos con el fin de crear una imagen para ayudar] entender por qué / si las cosas no funcionaron ..."

Hay algunos recursos que tienen por objeto hacer frente a este problema, como ProPoor (www.propoor.org/), una base de datos de las organizaciones de desarrollo que trabajan en el Sur de Asia y sus áreas de proyectos por región. Sin embargo, los estudiantes no estaban al tanto de estos recursos y estos recursos, aunque en relación con sus necesidades, aún no les proporcionan la profundidad de la información que los estudiantes desean.

En el mismo sentido, uno de los estudiantes consideró que era difícil obtener información básica, como la "capacidad, los retos continuos, información financiera, etc", sobre organizaciones no-gubernamentales (ONG) de desarrollo. Ella encontró información acerca de su organización en su página web y en los informes de los proyectos, pero como alguien nuevo en la organización, no pudo acceder a la información que le proporcionara la imagen y el contexto en el que tenía que hacer su trabajo bien. Ella preguntó: "¿qué recurso podría conseguir para obtener conocimientos básicos o una instantánea de las ONG de desarrollo?" Esto no es sólo un problema que enfrentan los estudiantes, ya que es común que los profesionales del desarrollo que se desplazan con frecuencia a partir de un proyecto a otro y continuamente necesitan aprender acerca de nuevas organizaciones, así como de las otras organizaciones que operan en sus regiones.

Los estudiantes también identificaron la necesidad de información más específica, más fina, de avanzada, lo que un entrevistado describe como una comprensión "más rica de la situación real sobre el terreno para las poblaciones más vulnerables – los datos agregados sólo no muestran eso. Necesitamos mejores indicadores, datos que van más allá del viejo pensamiento sobre el desarrollo, que proporcionen una mejor comprensión de las raíces profundas de las desigualdades estructurales y los factores estresantes que impactan la vida diaria de estas personas."

e) Problemas y desafíos

Los estudiantes se enfrentaron a una gran variedad de temas relacionados con el acceso y uso de la información en su trabajo de campo. Todos los estudiantes creen que el acceso a la información relacionada con el contexto cultural de su sitio sobre el terreno y la capacidad de incorporar esta información en su trabajo daría lugar a proyectos más exitosos con más impacto para las comunidades locales. Sin embargo, ellos identificaron varias cuestiones que hacen a menudo esta meta difícil de alcanzar. En primer lugar, algunos sintieron que a menudo hay poco o ningún tiempo para recoger o solicitar esta información. Esto fue visto como especialmente problemático cuando se trabaja en un proyecto durante un corto período de tiempo, como son sus experiencias de trabajo de campo de verano, donde tenían poco tiempo para preparar los proyectos que a veces eran desconocidos para ellos antes de salir de los Estados Unidos. La mayoría de los estudiantes sabían cual era el país en el que estarían trabajando y tenían una idea del tipo de proyecto en el que iban a trabajar, pero no todos ellos conocían los detalles del proyecto antes de salir. Del mismo modo, una vez en el campo, su acceso, como recién llegados, a las redes locales era limitado. Un estudiante dijo:

> Yo no tenía contexto local cuando entré en el campo de la oficina del país. Yo no sabía cómo era el pueblo y había Internet muy malo, así que a pesar de que debería haber sido capaz de acceder a información que podría haberme ayudado... esto me llevó un tiempo muy largo. El mejor recurso fue el personal de campo – las personas en la oficina – que tenían tanto en la cabeza, pero tampoco se supuso que yo no sabía nada o que yo sabía más de lo que yo sabía, [lo cual era] frustrante... Estas cuestiones [re. incorporar el contexto local] son difíciles para una breve temporada – a causa de las restricciones presupuestarias y de no tener tiempo suficiente para desarrollar relaciones con la gente ...

También ellos consideraron que como internos, iban a tener que hacer lo que se les decía y que la falta de tiempo y las prioridades organizacionales hicieron difícil reunir e incorporar información contextual local. Además, una estudiante observó que si bien la importancia del contexto local se enseñaba y se valoraba en su trabajo de curso MDP, a menudo no parecía ser valorado en el campo y no estaba incluido en la trabajo. Ella explicó:

> Me hicieron trabajar en un proyecto para crear un manual de capacitación para [X]. Dijeron encuentra un modelo y luego utilízalo para desarrollar [el manual] para [nuestro país]. Pero no les importaba si este estaba en el contexto local. Incluso yo pregunté, ¿es este [modelo que encontré] apropiado para este contexto cultural, y simplemente dijeron: "[Nuestra organización] el primer valor es el respeto" –, pero eso no ha respondido mi pregunta. Ellos no revisaron mi trabajo ni comprobaron el contexto cultural y [el manual entonces] salió para los trabajadores de la comunidad que no sabían qué hacer con él. Ojalá pudiera haber hecho esto! [Es decir que incluía información del contexto local]. La investigación previa que hice [en este asunto] habría mejorado el manual – pero no les importaba – que sólo me dijeron que debía elaborar un manual y que la mejor manera de hacerlo es utilizar el modelo.

Mientras que algunos creen que están por su cuenta en la organización para tratar de encajar este tipo de información en su trabajo, otros no estaban seguros de cómo incorporar la información del contexto local que tenían, ya que no se relaciona con las estructuras de los proyectos según fueron definidos. Un estudiante comentó: "Creo que esto es el desafío más grande – a sabiendas de que la información [local] es realmente importante y saber cómo convertir eso en algo útil ... Yo tenía información que [podría ser útil en el contexto local] ... pero no tenía ni idea de cómo incorporar eso ..." Otros señalaron la dificultad en obtener información relacionada con el contexto cultural. En concreto, incluso algunos de los mejores recursos, tales como el portal ELDIS de recursos del desarrollo", no son tan fáciles de usar", mientras que otros alumnos señalaron que el acceso a gran parte de esta información, al mismo tiempo, en los países en desarrollo, puede ser un reto debido a la falta de buen acceso a internet en muchos lugares.

Una cuestión relacionada que fue identificada por los alumnos fue la necesidad de más enseñanza de idiomas antes de trabajar en un nuevo entorno. Algunos pensaban que con el conocimiento de la lengua local sería más fácil de entender el contexto cultural con fuentes tales como informantes locales y las noticias locales serían más accesibles y más fáciles de incorporar en su labor. Una estudiante describe cómo ella trató de superar la brecha del idioma lo mejor que pudo, en el limitado tiempo disponible:

Me hubiese gustado que yo hubiese hablado el lenguaje local, que habría sido increíble, pero no se puede aprender cualquier idioma con fluidez en todas partes que usted trabaja. En su lugar, he tratado de recoger en formas culturalmente apropiadas de interactuar, la manera como la gente se saluda y ese tipo de cosas, era importante hacerlo lo más temprano posible después de que yo llegara.

Cuando examinamos los recursos que los estudiantes utilizaron tanto durante la preparación para su trabajo de campo y mientras trabajaban en el campo, otra cuestión que se plantea es la disponibilidad de información. Algunos de los recursos que los estudiantes accedieron están a disposición en Internet, pero muchos de los recursos sólo están disponibles a través de suscripciones de pago. Como estudiantes de una universidad de investigación, los entrevistados tenían acceso a la información gratuita y libre, así como los innumerables recursos de suscripción suministrados por la biblioteca de la universidad. A causa de su afiliación con la universidad, incluso cuando trabajan en el extranjero en proyectos de campo, los estudiantes fueron capaces de acceder a los recursos bibliotecarios a distancia (dependiendo de la disponibilidad de Internet) sin costo alguno para ellos. Mientras que los estudiantes afiliados a una importante biblioteca de investigación son capaces de acceder a la mayoría de la literatura académica publicada, los practicantes del desarrollo actuales sólo pueden acceder a cualquiera de los materiales que están disponibles gratuitamente en Internet o materiales específicos a los que la organización se suscriba. Las organizaciones de desarrollo rara vez tienen el tipo de recursos disponibles que una biblioteca de investigación puede proporcionar. Por lo tanto, la mayoría de los practicantes del desarrollo están limitados en los recursos que puede consultar.

Si, como los estudiantes han informado, la investigación de un área y los grupos de personas de esa área antes y mientras que participan en el trabajo de desarrollo les sea importante, entonces es especialmente importante que el tipo de información que sea de utilidad para los profesionales del desarrollo esté a la libre disposición en Internet. En la actualidad, mientras que portales como ELDIS (www.eldis.org) proporcionan un acceso abierto a los informes de las ONG y los libros blancos, y repositorios tales como SciELO (www.scielo.org) proporcionen acceso abierto a la investigación académica generada en los países en desarrollo, la mayor parte de las becas generadas en Europa y América del Norte es cerrada y se limitan sólo a los que tienen la capacidad de pagar para obtener esta información a través de suscripciones pagadas. El libre acceso

---

2   Jacoby y Cooper (2011) proporcionan una visión general de las fuentes disponibles para apoyar un enfoque cultural del desarrollo sostenible. Mientras que este trabajo se centró principalmente en las fuentes que estaban disponibles gratuitamente en la web o en repositorios de acceso abierto, algunos de los recursos de suscripción también fueron incluidos, ya que tenían la información relevante no disponible a través de fuentes de libre acceso.

a la información es clave para proporcionar a los practicantes del desarrollo, y a las poblaciones locales con las que ellos van a trabajar, la información fundamental que necesitan para participar en problemas en problemas del mundo real.

Conclusiones

Estos nuevos profesionales del desarrollo valoran la información cultural y su importancia en el trabajo del desarrollo. Además, están muy atentos a la necesidad de las organizaciones del desarrollo para, en las palabras de uno de los estudiantes entrevistados, "convertirse en organizaciones de aprendizaje." Es decir, que ven la importancia de, no sólo desarrollar un profundo conocimiento de la cultura local, sino de la construcción de una base de conocimientos para apoyar el trabajo de sus organizaciones y el desarrollo de la comunidad en general. En la medida en que esta nueva generación de profesionales del desarrollo se mueve en el campo, pueden ser capaces de cambiar la estructura y el flujo de trabajo de las organizaciones para estar seguros de que este tipo de recopilación de información y su uso es parte de los proyectos de desarrollo. Habrá abundantes y ricas oportunidades para los bibliotecarios y otros profesionales de la información para asociarse con estos profesionales para construir más abiertamente accesible grandes repositorios y portales, así como para diseñar servicios y mecanismos de entrega para apoyar sus necesidades de investigación.

Además, muchos de los desafíos que la información expresada por estos estudiantes del Máster en Práctica del Desarrollo son relevantes para otros miembros de la academia, que también tratan de aplicar conocimientos de la literatura científica para ayudar a resolver problemas del mundo real. Uno de los desafíos fundamentales de este tipo de investigación es la necesidad de trabajar a través de las fronteras disciplinarias para entresacar la información relevante para un proyecto en particular y para desarrollar una comprensión amplia y matizada de una comunidad en particular.

Los estudiantes graduados entrevistados se refirieron a una amplia variedad de fuentes de diversos campos que van desde la antropología a la agronomía. En muchos sentidos, tratar de navegar por la literatura de una disciplina desconocida es como trabajar en un país donde no conoce el idioma. Se obtiene, pero se necesita más trabajo para encontrar la manera de cómo encontrar lo que se está buscando y usted puede perder algunas sutilezas si usted no sabe la jerga, los investigadores más influyentes, las revistas clave, o incluso si los artículos, monografías, pre-prints u otros recursos son la forma de publicación clave en esta comunidad de investigadores. Los estudiosos que han estado trabajando en una disciplina han establecido mecanismos formales e informales para mantenerse al corriente de los nuevos desarrollos en su campo y saben por larga experiencia cómo y dónde buscar información. Los que trabajan transversalmente en los dominios disciplinarios o necesitan hacer una incursión ocasional en una nueva área rara vez comparten este grado de habilidad. Para este tipo de investigador de cruce de fronteras (Palmer, 1999), los bibliotecarios con conocimientos son especialmente importantes para ayudarlos a navegar por un sistema desconocido de comunicación académica.

Tal como los entrevistados describen con tanta elocuencia, su trabajo debe basarse tanto en la literatura científica y en la realidad actual de las personas y de las comunidades con las que trabajan. El programa de Máster en el Desarrollo proporciona una excelente oportunidad para sumergirse en estas dos esferas, pero una vez que estos estudiantes se gradúan y salen de la universidad pueden perder acceso a algunas de las fuentes de información a las que han llegado a depender. La mayoría de las universidades proporcionan el acceso a sus recursos electrónicos a los estudiantes y profesores en cualquier lugar con una conexión a Internet, pero muchos recursos esenciales no están disponibles para aquellos que están fuera de la comunidad de investigadores. Las antiguas iniciativas como PubMed en los EE.UU. han ayudado a salvar la brecha entre la torre de marfil y aquellos fuera de la academia y las agencias federales de financiación en Europa, los EE.UU. y otros países están comenzando a implementar nuevas políticas de acceso abierto a los datos, así como a las publicaciones resultantes de investigaciones subsidiadas.

Referencias

Downs, R. R., & Chen, R. S. (2002). Cooperative design, development, and management of interdisciplinary data to support the global environmental change research community. *Science & Technology Libraries, 23*(4), 5-19.

Emory University. (2012a). Master's in Development Practice, Field Experience. Extraido el 15 mayo 2012 desde
http://web.gs.emory.edu/mdp/fieldexperience/index.html.

Emory University. (2012b). Master's in Development Practice, Partners. Extraido el 15 mayo 2012 desde
http://web.gs.emory.edu/mdp/gpartners/index.html.

Hunt, J., Whipple, E., & McGowan, J. (2012). Use of social network analysis tools to validate a resources infrastructure for interinstitutional translational research: a case study. *Journal of The Medical Library Association, 100*(1), 48-54.

Jacoby, J. & Cooper, L. (2011). Sustainable development in the cultural context: A review of sources and analysis of gaps. *Proceedings of the Social Science Libraries: A Bridge to Knowledge for Sustainable Development Conference, Havana, Cuba, August 8-10, 2011.* Extraido el 15 mayo 2012 desde
www.ideals. illinois.edu/handle/2142/25649.

Kirkwood, H., & Evans, K. (2012). Embedded librarianship and virtual environments in entrepreneurship information literacy: A Case Study. *Journal of Business & Finance Librarianship, 17*(1), 106-116.

Kottak, C.P. (1990). Culture and economic development. *American Anthropologist, 92*, 723-731.

MacArthur Foundation. (2009). MacArthur to support master's programs around the world offering professional training for future sustainable development leaders [Press release]. Extraido el 15 mayo 2012 desde
www.macfound.org/press/press-releases/macarthur-to-support-masters-programs-around-the-world-offering-professional-training-for-future-sustainable-development-leaders/.

Marcus, C. Ball, S., Delserone, L., Hribar, A., & Loftus, W. (2007). Understanding Research Behaviors, Information Resources, and Service Needs of Scientists and Graduate Students: A Study by the University of Minnesota Libraries. University of Minnesota Libraries. Extraido el 15 mayo 2012 desde
http://purl.umn.edu/5546.

Miller, F. (2008). Research information needs of public policy oriented researchers at a regional university: Issues emerging from a pilot study. *Australian Academic & Research Libraries, 39*(4), 253-268.

Palmer, C. (1999). Structures and strategies of interdisciplinary science. *Journal of the American Society for Information Science, 50*(3), 242-53.

Robb, M. (2010). Disciplinary boundaries in an interdisciplinary world. In S. Witt & L. Rudasill (Eds.), *Social Science Libraries: interdisciplinary Collections, Services, Network (IFLA Publications Series No. 144) (40-52)*. Berlin/Munich: De Gruyter Saur.

University of Minnesota Libraries. (2006). *A Multi-Dimensional Framework for Academic Support: Final Report*. Minneapolis, MN: University of Minnesota. Extraido el 15 mayo 2012 desde
http://purl.umn.edu/5540.

Using Social Media for Open Access: Best Practices for Dissemination of Digital Information

Tiffini A. Travis
Director of Information Literacy & Outreach Services, University Library, California State University, Long Beach (USA)

Introduction

Within the last decade, digital repositories and special collections have become commonplace among all types of libraries, archives and museums (LAMs). As a result, a significant portion of their budgets have been invested in developing access to formerly print collections or preserving new knowledge generated by researchers. Once these investments are made, libraries routinely struggle with the best way to increase usage of these materials. Initially, libraries' efforts to market digital collections were either via links from the home page, or item level cataloging of digital content. Regardless of which outreach efforts LAMs have tried, thousands of special collections and digital repositories have been developed, yet the usage numbers are significantly lower than desired. The rise of Google has increased traffic to digital collections within the last few years, however, these collections, "remain obscure, unknown, and therefore inaccessible to their intended user populations" (Schrier, 2011, abstract, para. 1). This is even truer in developing countries that are relatively new to digitizing archives and lack funding for sustained outreach initiatives. Through the efforts of granting agencies such as the Gates Foundation Global Development Program and Institute of Museum and Library Services (IMLS), more libraries worldwide have embarked on preserving cultural materials digitally as well as creating the infrastructure to enable local communities more access. The international collections displayed at the IFLA satellite conference *Social Science Libraries: A Bridge to Knowledge for Sustainable Development* in Havana, Cuba, underscored the vast amounts of digital projects available through projects sponsored by organizations like Electronic Information for Libraries (EIFL). What became apparent in the presentations was that many had yet to be discovered by users both locally and abroad.

One key area that can assist LAMs with increased visibility is social media outreach. Social networking tools create an opportunity for libraries to strategically increase awareness and usage of digital projects. More and more LAMs have discovered the benefits of free and easy engagement via emerging technologies. Social media allows libraries to take advantage of the inherent participatory culture in order to spread content globally. Participatory culture is one where "members believe their contributions matter, and feel some degree of social connection with one another" (Jenkins, 2009, p.3). Consumers and creators of content share freely in emerging technology environments and libraries can harness this collaborative spirit to increase use of underutilized collections.

In addition to user-generated information, participatory cultures are also integral to the digital version of word-of-mouth marketing, called viral marketing. Viral marketing is important because this is where the greatest return on investment occurs for LAMs. Nielsen reports that on average, people are 68 percent more likely to remember seeing an ad endorsed by someone they know than one without social validation, and twice as likely to remember the ad's message (Hosea, 2011). This sort of exposure is much more difficult to achieve without the participatory ethos of social media. Schier (2011) astutely notes that the use of emerging technology "places the digital librarians back in the center as chief negotiations of the knowledge creation and education that occurs as a result of user-user and user-library interactions" (para. 4). Using techniques to influence the distribution of messages via viral marketing is one way LAMs can increase use of digital collections

The wide variety of options available for outreach can be overwhelming and make it difficult to select appropriate tools for users, so it's important to craft a solid plan before embarking on social media marketing. The purpose of this essay is to discuss relevant marketing principles related to social media outreach and explore the best way to increase the use of new or underutilized digital materials.

Enhanced Discoverability Redefined

One of the primary methods for increasing access to digital information is the concept of enhanced discoverability. Enhanced discoverability has previously been applied to the use of metadata in catalogs, digital repositories, and open access journals. Most recently, its use has been expanded to search engine optimization via social tags and metadata; however, enhanced discoverability can be even further expanded to include social media tools that push information in addition to those dependent on a user-initiated search query. It is now possible to present content where users are. Social networks, blogs, photo sites, and wikis are just some of the ways to share digital content.

Several libraries have had success using social media to increase traffic to their collections. An example of leveraging social media to increase discoverability is the experience of the North Texas Libraries' Portal to Texas History. The staff at North Texas Libraries saw a pattern of referrals from Wikipedia and decided to consciously incorporate content into their wiki. The North Texas librarians embedded links to both print and electronic sources from the Wikipedia entry. The result was significant: a full 48 percent of visitors to the Texas Portal were referred from Wikipedia (Belden, 2008). Rather than dissuading students from using Wikipedia, the library actively contributed content to the Wikipedia entry thereby guiding researchers to quality resources.

According to Google Ad Planner statistics, in July 2011, Wikipedia was the sixth most-viewed site (http://www.google.com/adplanner/static/top1000/). This high number of hits, coupled with research by Eisenberg and Head, substantiates the need for libraries to target relevant Wikipedia entries as part of their overall social media strategy. The Eisenberg and Head (2011) study found that 82 percent of the nearly 2,500 students who responded reported that they went to Wikipedia to obtain background information or a summary about a topic. Depending upon the collection being publicized, editing a Wikipedia entry to point to library sources is a free and easy method for increasing usage. Likewise, encouraging current contributors to wiki content to use collection materials is also a great way to showcase items on one of the most highly-used sites on the internet.

Another method of using social media to enhance discoverability is embedding materials such as images and .PDF documents into sites that allow social sharing by users. Mini blog services ideal for packaging or documenting events include Posterous and Tumblr. Videos can be posted to YouTube and embedded anywhere, while slides and .PDF documents can be uploaded to Slideshare and Scribd. Images can be tagged and stored on Flickr as well. One of the new sites being used by libraries is Pinterest, a unique photo-sharing site. Images can be "pinned" from a library site and posted to a timeline; other users can then annotate and add the image(s) to their own collections. Images can be placed in individual "boards" by type and LAMs can add tags and links to increase findability.

The effectiveness of embedding and sharing images and multimedia is evidenced by the efforts of UCSF: "In the span of one year the Legacy Tobacco Documents Library (LTDL) website received 170 unique visitors that were directed to the site through their YouTube content" (Smith-Yoshimura & Shein, 2011, p. 49). Once images are featured on the pages, they can be shared with other tools such as Twitter or Facebook. The San Francisco Museum of Modern Art (SFMOMA) has a Pinterest profile with nearly 2,000 followers and images with thirty or more "repins" by other Pinterest users. Each image links to the SFMOMA website, with information regarding the image. The large number of "repins" indicates the potential for exponential exposure of images to users far beyond their primary following.

Engagement Marketing: Social Media Is Not a One Way Street

Furthermore, to enhanced discoverability, another key to successful social media marketing of digital information lies in fostering a community of users. The worst approach to social media outreach is to solely push content without paying attention to what is important to users. Interacting with the public is one of the biggest benefits LAMs gain from social media. Engagement marketing "involves two way communication and interaction between a brand and its consumers" (Smith-Yoshimura & Shein, 2011, para. 2) and has increased with the popularity of social media. What is distinct in this approach to marketing is the focus on encouraging interaction and participation amongst users. A study of brand Facebook fan pages found that images and text generated the most "likes" and comment on company posts. "Posing specific questions to fans tends to be a very effective way of getting them to comment on posts and, indirectly, share content with friends" (Beyond, 2010, pg. 1). Additionally it was reported that brand pages that post images, videos and texts get the most "likes" while text remains the best way to illicit comments (Beyond, 2010). Showcasing controversial or unique content can also be a way to increase interaction. The University of Manitoba Archives and Special Collections uploaded a series of clips from the early 20th century documenting psychic phenomenon to YouTube. The unusual topic has been well received with almost 142,000 views and hundreds of comments (Smith-Yoshimura & Shein, 2011).

Allowing users to contribute directly to content can also be a way to increase engagement and meaningful use of collections. Engagement also fosters a participatory environment. Smith-Yoshimura and Shein acknowledge that utilizing user-generated metadata "improves the quality and relevancy of users' search results and helps people to understand and to evaluate the content" (p. 9). The most beneficial aspect of engagement is its influence on viral marketing. Engagement fosters the sharing of information. When users "retweet," share, "like," or comment on content, it expands exposure beyond the original followers of LAMs accounts. Retweets, reblogs, shares or comments are all possible ways to engage users in an arena you could never hope to reach solely in a face-to-face environment.

Best Practices and Return on Investment

There has been a multitude of articles in business literature and blogs regarding using social media for marketing. The majority focus on measuring the return on investment, while others focus on methods for effectively reaching customers. With over 9 million brands having Facebook fan pages, it's no wonder there is a vested interest in maximizing the effectiveness of social media.

Libraries have dabbled in the world of social media for the last ten years with mixed results. Second Life, Facebook and Myspace were the first published case studies, with Twitter and YouTube following behind. Early adopters of social networking sites were not particularly successful and didn't have a lot of exemplars to emulate. Likewise, social media was not yet proven as a lucrative investment for businesses. In a review of the literature on libraries and social media, Bodnar and Doshi (2011) found that articles focused on two areas of social media. Early research was primarily focused on "how to" and "best practices," while later research focused on exploring the use of social media by libraries. Analysis of use of social media by LAMs was conducted by Smith-Yoshimura and Shein (2011) and Crymble (2010). Of course, the most popular tools being used mirror those popular with the general public. "LAMs are using Twitter in the same way they are using other social networking sites, that is primarily for public relations" (Smith-Yoshimura & Shein, 2011, p.53). The tools LAMs used to entice user contributions to content were distributed as follows: Eighty percent used comments, 54 percent used social tagging, and 39 percent used images, videos or audio. Slightly more than one third of the sites reviewed had the option to share content from their digital portals via social media. The results from Crymble's analysis of archive organizations indicated that "archives strongly associated with video or audio collections, as well as organizations that focused on family history, tended to outperform those that held primarily text based collections" (p.140).

There has been very little research regarding the assessment of the effectiveness of social media investment by LAMs. Romero (2011) outlined the issues with measuring return on investment specifically in libraries, observing the difficulty of measuring ROI in a non-profit setting and noting that "objectives to be achieved must be clear, representing our non-financial ROI" (p. 149).

In the early years of social media adoption by LAMs, there were not many tools to assist with assessment of ROI. The recent explosion of social media for increasing revenues in the corporate arena has benefited libraries. More and more social media companies tailor products to inform businesses about user behavior. The best examples of this are the evolution of the Facebook fan pages and apps designed to conduct promotions. This makes it easier to track users and supply value added data to measure return on investment. Libraries can use these same tools to evaluate penetration in social media and monitor which content is most popular amongst users.

Developing a successful plan for implementing social media outreach for the explicit purpose of publicizing digital materials can be divided into four major categories: needs assessment; planning; implementation; and return on investment (ROI). Other models related to these categories are Schrier's five principles for successfully integrating social media into digital librarianship and Turner's cycle of social media return on investment. Schrier's principles include: listening; participation; transparency; policy; and strategy (2011).

Each sequential principle creates a blueprint for social media outreach. The steps for creating a social media marketing plan can be assessed using Turner's cycle of social media ROI. Three stages of return on investment for social media have been identified as the launch; management; and optimization (Turner, 2011). Each stage identifies key areas to focus on to maximize financial benefits of social media. Although written for business, each stage can easily apply to non-profit organizations.

Needs Assessment: Go Where Your Users Are

Scheir called this first category "listening"; during which time Libraries can identify key stakeholders, possible advocates and interested communities for content. Libraries can determine where primary audiences are by browsing social sites and examining usage by current users, including local organizations. Conducting surveys to gauge patron interest; and observing sites they visit while in the library may also indicate where users are going. Furthermore, in addition to the primary audience, keep in mind the greater reach that is possible via electronic platforms. A library's largest audience may be on the other side of the world.

Adoption of social media tends to be regional, differs by age group, and can change within a matter of years or even months. For example, in its prime, Myspace dominated the west coast while Facebook was the preferred site of the east coast (Dougherty, 2008). Eventually, Facebook overtook the majority of users and MySpace faded from the social network landscape altogether. While some sites have short runs of popularity, others may be sold to larger companies. For example, in 2011, Delicious was purchased by AVOS and Gowalla was purchased by Facebook. In early 2012, Posterous was purchased by Twitter, and Facebook spent over one billion dollars to purchase the popular photo app Instagram. Monitoring social media news sites such as Mashable is the best way to stay abreast of latest tools and mergers.

While the act of launching new accounts is often done relatively quickly (within a matter of hours), knowing where to start can really help pinpoint where to invest a full marketing plan. According to the cycle of social media ROI, this is the point to focus on building a following, examining the landscape, and discovering what users expect. There is no large return on investment at this point, as it lays the foundation for later stages of social media planning.

Plan Before You Build: Managing Your Social Media Presence

Managing Technology

Once the library has selected tools that will most benefit user base, begin with a multifaceted approach to social media outreach. Start with understanding the interoperability of social media. Many emerging technologies integrate with one another and communicate between platforms. Linking services will make services more streamlined. A major component of planning is to query employees and utilize the skills they already possess. Select support staff that are comfortable with social software. Recruit those who already use the sites regularly with personal accounts. Provide training on how to use products if needed. Social media is not a case of build it once and they will come. If the library has a tech-savvy staff, ensure they have incorporated value added features available between proprietary products such as online catalogs and social software using open source and flexible APIs. If any programming is required, have a person on staff that can handle any technical issues. Because coding and integration must be sustainable as ongoing processes, in-house staff is preferred over outsourcing.

As libraries use social media to create connections between users and collections, keeping format and style consistent is essential. Using official names and logos keep logical links between different branches or related organizations. Using tags to capture additional names or include them in the description sections can increase findability. For operation of library accounts, it is useful to have one central document that can be accessed by assigned staff. Even if there is a staff member specifically assigned to manage social media accounts, it is a good idea to have more than one person monitor sites. This helps to field questions from users and keep content interesting. Likewise, investing in various aggregate tools to monitor accounts can manage what is posted and where additional information may be added. Social media management tools like Hootsuite and Tweetdeck, will help maximize communication by simultaneously sending out information to multiple accounts.

The Launch

Once accounts are live, the next step is what Turner (2011) refers to as the launch stage. Linking from organization website or using QR Codes on print materials are just a couple ways to help publicize your social media presence to a local population. Likewise, actively seeking users of social media and following them using the library accounts is another way of increasing awareness.

Develop social media goals and benchmarks to measure market penetration. Social media goals can be as simple as building awareness of digital collections, launching new services, or increasing word of mouth about the library.

These goals should be measured by data and assessment of the program. Third party tools such as Bit.ly and Social Follow collect statistics and capture referral URLs for free. There are more expensive tools available to manage and collect data like Sprout Social and CoTweet; if the plan for social media marketing includes fundraising or sponsorship, it may call for more robust products.

The most overlooked aspect of social media is the management stage. Once accounts are created they must be cultivated and grown. According to Turner, the management stage can be measured by the level of engagement and increased traffic to the site garnered as an organization grows its following.

User Engagement

Schier (2011) refers to user engagement as the principle of participation. How a library interacts with users can impact success. There are three main ways an organization can approach its social media presence: informal, formal or a blend of the two. Using an informal tone is casual yet informative, and occasionally humorous, while formal is usually devoid of personality and sometimes sterile. Each can have positive and negatives effects depending upon the expectation of the target population. The hybrid of the two is adopted by many of the most successful social media campaigns. The tone of a social media presence can directly impact the success rate for reaching beyond primary followers. When there is more than one person submitting content on social media accounts, being on the same page is essential. This may be achieved formally with a policy or informally with regular discussions of tone and content. The role the library takes depends on the ultimate purpose of an outreach program as well as what an audience expects.

Schrier's (2011) concept of transparency may also play a role in user engagement. Keeping the bad comments with the good illustrates to the public that an organization cares about the needs of users. Quick replies not only placate the disgruntled user but demonstrate responsiveness to all types of comments.

The convenience of social media can also be a way to increase user engagement. Develop value-added features like how-to videos, coupons and social media only incentives/promotions can enhance the user's experience. Likewise, integrating high use library services using apps into social media space can also help increase interaction of users and social media products. Offer the same content in a variety of platforms to ensure information reaches all possible users, especially if it is instructional. An overlooked aspect of social media is reaching users using adaptive software. Testing different social media tools for W3C compliance will enable LAMs to promote tools that are beneficial to users with special needs.

One rule of the management phase that should never be violated is leaving accounts to wither and die. An atrophied account negatively impacts an organizations impact online. Crymble (2010) found that of the 104 archive Facebook pages he examined, 53.8% of the pages had been abandoned. There are a variety of methods LAMs can employ to maintain accounts. Before introducing a presence on a new social media tool, libraries should develop a schedule for when and what is posted, in order to keep the account active. Having themes based upon holidays, Library Week, or a weekly post can ensure there is never a long void of activity on any social site. The USC Libraries twitter account used the daily theme of "Today in Los Angeles" to showcase images in their special collections. The Los Angeles Times Newspaper twitter account created a weekly post using the hashtag #weekendeats to encourage interaction with users. Both approaches kept accounts active and content fresh. The converse of posting too often, three or four times an hour or even a day, can also lessen the impact. Posting too much makes people stop following profiles, a quick comparison of when content is posted and when people stop following an account can help determine the happy medium. How often items are posted depend upon the etiquette rules of the social media tool. Twitter is used for constant updates, while Facebook users tend to unfollow profiles which post too often (Beyond 2011). A well-placed post on Facebook or Tumblr or Twitter can reach hundreds of users. Carefully monitor content to ensure content is posted at the right time and also the right amount for users. To avoid creating accounts that may be abandoned later, typically a personal account is used to test, while the library name account is created to claim the name. If the site is not worthwhile, the library account is deleted.

Measuring the Return on Investment of Social Media Outreach in Libraries

In the business world, return on investment is calculated by investment and financial return. For social media returns, it is almost exclusively calculated by the financial impact being online provides. Other theories attempt to differentiate social media return into non-financial values such as brand awareness or percentage increased site use, however, the formula of cost/(returns- cost) is still the business model followed by most companies. For non-profit agencies, this formula is not solely based upon revenue, but rather on nonfinancial results of outreach. Using Blanchard's (2011) model of ROI for social media, the formula for LAMs social media ROI can be seen as:

Investment ▶ Action ▶ User Reaction ▶ Nonfinancial Rewards

Whereas the traditional model of social media ROI included the last step of financial rewards:

Investment ▶ Action ▶ User Reaction ▶ Nonfinancial Rewards ▶ Financial Rewards

Unless there is extensive integration with proprietary products, the primary cost for non-profit organizations of social media is staff time. The time to carefully craft responses and content for the pages can take at least 4 hours a week. Aggregators can cut the time by allowing the scheduling of posts and single click posting to multiple sites, but being able to engage effectively means there should be time spent engaging, not just pushing content. The ability to turn on alerts can increase response time to user comments. Determining how much staff time should be devoted to maintaining a social presence really depends upon the overall needs of an organization.

Regardless of what site is being used, collecting both qualitative and quantitative data can be useful. A three pronged data collection method will help an organization become more purposeful about how and how well a library reaches its users. First, use what is already there. To conduct quantitative assessment of a social media marketing program, start by collecting data available from the products themselves. Each social tool offers different levels of data. Sites like Facebook and Twitter have built in evaluative tools to collect data. For Facebook, Insights will provide the most amount of data. Fan pages can show the reach of a post, the interactions and how many potential views for a post (see figure 10.1). Quantifying @replies or RT in Twitter and click-throughs on link shrinkers like Bit.ly inform Twitter engagement. Wordpress and other sites typically keep track of at least the number of hits received, and in some cases referring websites (figure 10.2). Optimization products such as Involver will provide additional data in terms of links and views of content. Share buttons and follow buttons can also provide data regarding how much a page is shared, linked and embedded on major sites like Twitter, Reddit, Google+, Pinterest, Blogger and of course, Facebook. All of this data should be tracked and used in conjunction with the second set of data.

The second collection method is to examine the data available from your own purchased products and sites. This can take the form of the number of referring sites, actual hits, and any changes in usage of catalog, databases, or portals.

Lastly, feedback can help inform data. Patron feedback can give qualitative insight into interpreting data. Hits don't fully inform site usage but pingbacks from blogs, and the ability to comment on posts in almost all sites, really can give the organization an idea of what is important to its users.

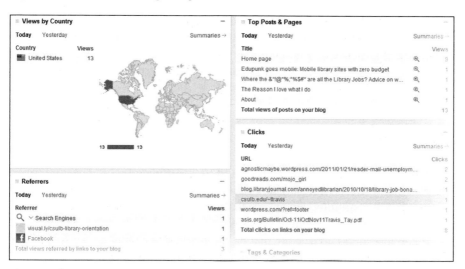

Figure 10.1. Facebook Fan Page Insights

Figure 10.2. Statistics from Wordpress Dashboard

Romero and Turner both identify the final stage of social media development as where the largest return on investment will be seen (Romero, 2011; Turner 2011). Brand loyalty, authority of content and the creation of community should be achieved in this stage. Because libraries, archives and museums are non-profit organizations, it is more difficult to truly measure financial benefits of social media; however, aside from monetary returns, engagement and site traffic can easily transfer into an enhancement of library services for users.

Go Boldly Where None Has Gone Before: Try New Things

Once the three phases of the Social Media ROI cycle have been completed, a library should keep abreast of new tools as they are created. As social media marketing grows, make sure the social media outreach plan is flexible enough to adapt to new technologies and ever-changing tools. Social media users are very quick to adapt new products and as a rule of thumb, create test accounts and claim the library name to ensure consistency across platforms as well as being aware of the social media landscape. However, be purposeful and gauge the return on investment before embarking on full-scale employment of a social tool, ensure users are invested in the tool, test it out, and solicit feedback. Before embarking on a full scale marketing plan, find best practice libraries and study how they use the sites. An example of exemplar use of social media integration into marketing can be found in the USC Libraries, Pratt Library and Seattle Public Library. Each are early adopters of many social media tools and have continually impressive content delivery. A common success they share is fostering a sense of community as well as providing useful and unique information for users. Lastly, when planning for social media encourage staff to have fun with the tools as they experiment.

Conclusion

A well-designed social media plan should be coordinated with current marketing plan and overall strategic plan of the LAMs. It is always good to revisit the mission of the institution and ensure that it can align at least one method of assessment with the organizational mission.

It is important to underscore that online marketing cannot be the sole source of outreach. Depending upon demographic findings, print or face-to-face outreach may garner the most response from a LAMs target market. Depending upon what region of the world a LAM exists, it may preclude the ability to reach primary users via social networking. However, it can still be a powerful tool to share unique items to the world.

According to Internet World Stats, 55% of North America, Oceania and Europe have Internet access while the numbers are significantly smaller in developing regions, with 36% Latin America, 31% in the Middle East, and the lowest at 11% in Africa (www.internetworldstats.com/stats.htm, 2011). This may impact what percentage of resources should be directed to growing an online presence if the main objective is reaching a local population.

Regardless which tools used, social media has the potential to greatly expand the current reach of digital initiatives. Applying the best practices for integrating social media into a library's overall strategic plan will greatly assist in harnessing the power of any tool. The purpose of dissemination of information is two-fold: to share culture with local/expected users and expand international knowledge-sharing across boundaries. Keeping this in mind, increasing access to materials previously unavailable to the public should be the overriding premise of all social media outreach by LAMs.

References

Belden, D. (2008). Harnessing social networks to connect with audiences: If you build it, will they come 2.0? *Internet Reference Services Quarterly*, *13*, 99-111. doi:10.1300/J136v13n01-06.

Beyond, Inc. (2010). The Facebook brand interaction study. Retrieved March 10, 2012 from http://bynd.com/wp-content/uploads/2010/11/fb_bynd.pdf.

Bodnar, J., & Doshi, A. (2011). Asking the Right Questions: A Critique of Facebook, Social Media, and Libraries. *Public Services Quarterly*, *7*, 102-110. doi:10.1080/15228959.2011.623594.

Blanchard, O. (2011). *Social media ROI: Managing and measuring social media efforts in your organization*. Indianapolis: Que.

Crymble, A. (2010). An analysis of Twitter and Facebook use by the archival community. *Archivaria, 70*, 125-152.

Dougherty, H. (2008). Geographic divide of social networks. Retrieved from http://weblogs.hitwise.com/heatherdougherty/2008/07/geographic_divide_of_social_ne_1.html.

Head, A. J. and Eisenberg, M. B. (2010). How today's college students use *Wikipedia* for course–related research. *First Monday*, *15* (3). Retrieved March 10, 2012 from http://firstmonday.org/htbin/cgiwrap/bin/ojs/index.php/fm/article/viewArticle/2830/2476.

Hosea, M. (2011). Digital strategy: Viral – spread the word – viral is catching on. *Marketing Week*, 53-55.

Internet World Stats (2011). World internet and usage population statistics. Retrieved from www.internetworldstats.com/stats.htm.

Jenkins, H. (2009). *Confronting the challenges of participatory culture: Media education for the 21st century*. Cambridge, Mass: MIT Press.

Romero, N. (2011). ROI: Measuring the social media return on investment in a library. *Bottom Line: Managing Library Finances*, *24*(2), 145-151. doi:10.1108/08880451111169223.

Schrier, R.A. (2011). Digital librarianship and social media: The digital library as conversation facilitator. *D-Lib Magazine, 17*(7-8).

Smith-Yoshimura, K. & Shein, C. (2011). *Social metadata for libraries, archives and museums part 1: Site reviews*. Dublin, Ohio: OCLC Research. http://www.oclc.org/research/publications/library/2011/2011-02.pdf.

Turner, J. (2011). Understanding the social media ROI cycle. Retrieved March 10, 2012 from: http://mashable.com/2011/03/03/social-media-roi-cycle/

Additional Resources

USC Libraries Twitter:
https://twitter.com/#!/USCLibraries

Seattle Public Library:
www.facebook.com/SeattlePublicLibrary

Pratt Library:
https://twitter.com/#!/prattlibrary

Pinterest:
http://pinterest.com/

Texas Portal, from Wikipedia:
http://en.wikipedia.org/wiki/Portal:Texas

CSU Long Beach fan page:
www.facebook.com/pages/CSU-Long-Beach-Library/138325847734

Blog for IFLA *Social Science Libraries: A Bridge to Knowledge for Sustainable Development in Havana*, Cuba: www.library.illinois.edu/cgs/IFLA/index.html

Uso de Medios de Comunicación Social para el Acceso Abierto: Mejores Prácticas para la Difusión de la Información Digital

Tiffini A. Travis

Director of Information Literacy & Outreach Services, University Library, California State University, Long Beach (USA)

Introducción

En la última década, los repositorios digitales y las colecciones especiales de documentos se han convertido en lugar común entre todos los tipos de bibliotecas, archivos y museos (LAMS). Como resultado, una porción significativa de sus presupuestos se han invertido en el desarrollo de acceso a documentos impresos o a la preservación de los nuevos conocimientos generados por los investigadores. Una vez que estas inversiones se realizan, las bibliotecas habitualmente luchan por lograr la mejor forma de aumentar el uso de estos materiales. Inicialmente, los esfuerzos de las bibliotecas para comercializar colecciones digitales eran a través de enlaces desde la página principal, o al nivel de catalogación del contenido del propio artículo. A pesar de estos importantes esfuerzos que las LAMS han intentado, miles de colecciones especiales y repositorios digitales se han desarrollado, no obstante que los indicadores de uso son significativamente más bajos que lo deseado. El surgimiento de Google ha aumentado el tráfico hacia las colecciones digitales durante los últimos años, sin embargo, estas colecciones, "permanecen en la oscuridad, desconocidas, y por lo tanto inaccesibles para las poblaciones de usuarios previstos" (Schrier, 2011, resumen, párr. 1). Esto es incluso verdadero en los países en desarrollo que son relativamente nuevos en la digitalización de archivos y sufren de falta de financiación para desarrollar iniciativas de alcance comunitario. Gracias a los esfuerzos de la concesión de financiamiento por parte de organismos como el Programa para el Desarrollo Global de la Fundación Gates y el Instituto de Servicios de Museos y Bibliotecas (IMLS), más bibliotecas en todo el mundo se han involucrado en la preservación de los materiales culturales digitales, así como en la creación de la infraestructura necesaria para permitir mayor acceso a las comunidades locales. Las colecciones internacionales mostradas en la Reunión Satélite de IFLA Las Bibliotecas de Ciencias Sociales: un puente hacia el conocimiento para el Desarrollo Sostenible, La Habana, Cuba, 2011, llamaron la atención por la gran cantidad de proyectos digitales disponibles a través de proyectos patrocinados por organizaciones como la Electronic Information for Libraries (eIFL). Lo que quedó claro en las presentaciones fue que muchos aún no habían sido descubiertos por los usuarios tanto a nivel local como en el extranjero.

Un área clave que puede ayudar a las LAMS en aumentar la visibilidad es la participación en los medios sociales y el desarrollo de proyectos digitales. Las herramientas de redes sociales crean una oportunidad para que las bibliotecas aumenten estratégicamente y responsablemente el uso de proyectos digitales. Cada vez más y más LAMS han descubierto los beneficios de la participación libre y fácil a través de las tecnologías emergentes. Los medios sociales permiten a las bibliotecas tomar ventaja de la cultura participativa inherente con el fin de difundir los contenidos globalmente. La cultura participativa es aquella donde "los miembros creen que sus contribuciones importan, y sienten un cierto grado de conexión social entre sí" (Jenkins, 2009, p.3). Los consumidores y los creadores de contenidos comparten libremente en entornos de tecnologías emergentes y las bibliotecas pueden aprovechar este espíritu de colaboración para aumentar el uso de las colecciones subutilizadas.

Además de la información generada por los usuarios, las culturas participativas son también parte integrante de la versión digital del marketing boca-a-boca, llamado marketing viral. El marketing viral es importante porque aquí es donde el mayor retorno de la inversión de las LAMS se produce. Nielsen reporta que como promedio, las personas son el 68 por ciento más propensos a recordar haber visto un anuncio respaldado por alguien que conoce que de uno sin la validación social, y dos veces más propensos a recordar el mensaje del anuncio (Hosea, 2011). Este tipo de experiencia es mucho más difícil de lograr sin el espíritu participativo de los medios de comunicación social. Schier (2011) astutamente señala que el uso de la tecnología emergente "coloca a los bibliotecarios digitales de nuevo en el centro como jefe de las negociaciones principales de la creación de conocimiento y educación que ocurre como resultado de las interacciones usuario-usuario y usuario-biblioteca. (para. 4). El uso de técnicas para influir en la distribución de mensajes a través del marketing viral es una forma en que las LAMS pueden aumentar el uso de las colecciones digitales.

La gran variedad de opciones disponibles para lograr avanzar puede ser abrumadora y hacer que sea difícil seleccionar las herramientas adecuadas para los usuarios, por lo que es importante elaborar un plan sólido antes de abordar el marketing de los medios sociales. El propósito de este ensayo es discutir los principios relevantes de marketing relacionados con la proyección de los medios sociales y explorar la mejor manera de aumentar el uso de materiales digitales nuevos o poco utilizados.

Importancia del Hallazgo Mejorado

Uno de los principales métodos para aumentar el acceso a la información digital es el concepto del hallazgo mejorado. El hallazgo mejorado ya ha sido aplicado al uso de metadatos en los catálogos, repositorios digitales, y las revistas de acceso abierto. Más recientemente, su uso ha sido ampliado para la optimización de motores de búsqueda a través de las etiquetas y metadatos sociales, sin embargo, el hallazgo mejorado puede ser extendido aún más a las herramientas de los medios sociales que induzca la información en adición a aquella que depende de una búsqueda solicitada por iniciativa del usuario. Ahora es posible presentar el contenido donde los usuarios se encuentran. Las redes sociales, blogs, sitios de fotos, y los wikis son sólo algunas de las formas de compartir contenido digital.

Varias bibliotecas han tenido éxito en el uso de los medios sociales para aumentar el tráfico hacia sus colecciones. Un ejemplo de aprovechamiento de los medios de comunicación social para aumentar el hallazgo es la experiencia del North Texas Libraries' Portal to Texas History.

El personal de las bibliotecas del Norte de Texas vio un patrón de referencias de Wikipedia y decidió incorporar conscientemente el contenido en su wiki. Los bibliotecarios del Norte de Texas incorporaron enlaces tanto a fuentes impresas como electrónicas desde acceso de la Wikipedia. El resultado fue significativo: un total de 48 por ciento de los visitantes del Portal de Texas, fueron remitidos desde la Wikipedia (Belden, 2008). En lugar de disuadir a los estudiantes del uso de la Wikipedia, la biblioteca ha contribuido activamente con contenido a la entrada de la Wikipedia guiando a los investigadores a los recursos de calidad.

Según las estadísticas de Google Ad Planner, en julio de 2011, la Wikipedia era el sexto sitio más visto (www.google.com/adplanner/static/top1000/). Este elevado número de accesos, junto con la investigación de Eisenberg y Head, demostraron la necesidad de las bibliotecas de marcar las entradas relevantes de la Wikipedia como parte de su estrategia global en los medios de comunicación social. El estudio de Eisenberg y Head (2011) encontró que el 82 por ciento de los casi 2.500 estudiantes que respondieron, informaron que iban a la Wikipedia para obtener información de fondo o un resumen de un tópico. En dependencia de la colección que se está difundiendo, la edición de una entrada en Wikipedia para que apunte a fuentes de la biblioteca es un método fácil y gratuito para incrementar el uso. Del mismo modo, fomentar entre los contribuyentes actuales al contenido wiki utilizar materiales de la colección es también una excelente forma de mostrar los recursos bibliográficos en uno de los sitios más altamente utilizados en el Internet.

Otro método de uso de medios sociales para mejorar el hallazgo es incorporando materiales como imágenes y documentos PDF en los sitios que permiten el intercambio social por los usuarios. Servicios de mini blogs ideales para el empaquetamiento o la documentación de los eventos incluyen Posterous y Tumblr. Los vídeos pueden ser publicados en YouTube e insertados en cualquier lugar, mientras que las diapositivas y losPDF se pueden subir a Slideshare y Scribd. Las imágenes pueden ser rotuladas y almacenadas en Flickr también. Uno de los nuevos sitios que están siendo utilizados por las bibliotecas es Pinterest, un único sitio para compartir fotos. Las imágenes pueden ser "clavadas" de un sitio de biblioteca y situadas en una línea de tiempo; otros usuarios pueden entonces tomar nota y añadir la imagen(es) a sus propias colecciones. Las imágenes pueden ser colocadas en "tableros" individuales por tipo y las LAMS pueden añadirles etiquetas y vínculos para aumentar su capacidad de ser localizadas.

La eficacia de la incorporación y el intercambio de imágenes y multimedia se pone de manifiesto mediante los esfuerzos de UCSF: "En el lapso de un año, el sitio web de Legacy Tobacco Documents Library (LTDL) ha recibido 170 visitantes únicos que fueron dirigidos al sitio a través de su contenido en YouTube (Smith-Yoshimura & Shein, 2011, p.49). Una vez que las imágenes se presentan en las páginas, ellas pueden ser compartidas con otras herramientas como Twitter o Facebook. El San Francisco Museum of Modern Art (SFMOMA) tiene un perfil Pinterest con cerca de 2.000 seguidores e imágenes con treinta o más "repins" por otros usuarios Pinterest. Cada imagen se vincula a la página web de SFMOMA, con información sobre la imagen. El gran número de "repins" indica el potencial exponencial de exposición de las imágenes para los usuarios mucho más allá de su primer seguimiento.

Marketing de Compromiso: Los Medios Sociales No Son una Calle de Sentido Único

Por otra parte, para mejorar el hallazgo, otra clave para lograr un marketing exitoso de los medios de comunicación social de la información digital descansa en el desarrollo de una comunidad de usuarios. El peor enfoque del desarrollo de los medios de comunicación social es dirigir el contenido sin prestar atención a lo que es importante para los usuarios. La interacción con el público es uno de los mayores beneficios que las LAMS ganan de los medios sociales.

El marketing comprometido "implica una comunicación bidireccional y la interacción entre un producto y sus consumidores" (Smith-Yoshimura & Shein, párr.2) y esto se ha incrementado con la popularidad de los medios de comunicación social. Lo qué es diferente en este enfoque de la comercialización es el énfasis en estimular la interacción y la participación entre los usuarios. Un estudio de las páginas de fans de Facebook encontró que las imágenes y el texto generaron la mayor parte de los "me gusta" y los comentarios sobre los mensajes acompañantes. "Plantear preguntas concretas a los fans suele ser una forma muy efectiva de lograr de ellos comentar las publicaciones e, indirectamente, compartir contenidos con amigos" (Beyond, 2010, pág.1). Además se informó que las páginas de marca que exponen imágenes, vídeos y textos logran el máximo número de "me gusta" mientras que el texto sigue siendo la mejor forma para los comentarios ilícitos (Beyond, 2010). La exposición de contenidos polémicos o únicos también puede ser una manera de aumentar la interacción. La University of Manitoba Archives and Special Collections expuso en Youtube una serie de clips de principios del siglo 20 documentando fenómenos síquicos. El tema inusual ha sido bien recibido, con casi 142.000 visitas y cientos de comentarios. (Smith-Yoshimura & Shein, 2011).

Permitir a los usuarios contribuir directamente con los contenidos también puede ser una manera de aumentar el compromiso y el uso consecuente de las colecciones. El compromiso también promueve un ambiente participativo. Smith-Yoshimura y Shein reconocen que la utilización de metadatos generados por el usuario "mejora la calidad y relevancia de los resultados de búsqueda de los mismos y ayuda a las personas a comprender y evaluar el contenido" (p. 9). El aspecto más beneficioso del compromiso es su influencia en el marketing viral. El compromiso fomenta el intercambio de información. Cuando los usuarios "retweet", comparten, "me gusta", o comentan sobre el contenido, expanden la exposición más allá de los seguidores originales de las cuentas de las LAMS. Retweets, reblogs, compartir o comentar, son todas formas posibles de comprometer a los usuarios en una arena que nunca se podrá esperar alcanzar en un ambiente cara-a-cara solamente.

Mejores Prácticas y Retorno de la Inversión

Ha habido una gran cantidad de artículos en la literatura de negocios y en los blogs referentes al uso de los medios de comunicación social para la comercialización. La mayoría se centra en la medición del retorno de la inversión, mientras que otros se centran en los métodos para llegar efectivamente a los clientes. Con más de 9 millones de marcas que tienen las páginas de fans de Facebook, no sorprende que exista un vasto interés en demostrar la eficacia de los medios de comunicación social.

Las bibliotecas han incursionado en el mundo de los medios de comunicación social durante los últimos diez años, con resultados mixtos. Second Life, Facebook y MySpace fueron los primeros estudios de casos publicados, con Twitter y YouTube siguiendo detrás. Los primeros usuarios de los sitios de redes sociales no fueron particularmente exitosos y no tenían un grupo de ejemplos a emular. Del mismo modo, los medios de comunicación social no se han demostrado sin embargo, como una inversión lucrativa para los negocios. En una revisión de la literatura sobre las bibliotecas y los medios de comunicación social, Bodnar y Doshi (2011) encontraron que los artículos estaban centrados en dos áreas de los medios de comunicación social. Las primeras investigaciones se centraron principalmente en "cómo hacer" y en "mejores prácticas", mientras que las investigaciones posteriores se centraron en explorar el uso de medios de comunicación social por las bibliotecas. Un análisis del uso de los medios sociales por las LAMS, se llevó a cabo por Smith-Yoshimura y Shein (2011) and Crymble (2010). Por supuesto, las herramientas más populares que se utilizan reflejan aquellas que son populares entre el público en general. "Las LAMS están utilizando Twitter de la misma manera que están utilizando otros sitios de redes sociales, que es principalmente para las relaciones con el público"

(Smith-Yoshimura & Shein, 2011, p. 53). Las herramientas utilizadas por las LAMS para atraer las contribuciones de los usuarios hacia los contenidos se distribuyeron de la siguiente manera: El ochenta % usaron comentarios, el 54 por ciento usaron etiquetado social y el 39 por ciento usaron imágenes, vídeos o audio. Un poco más de un tercio de los sitios reseñados tenían la opción de compartir el contenido de sus portales digitales vía los medios sociales. Los resultados del análisis Crymble (2010) de las organización de los archivos indicó que "los archivos fuertemente asociados con las colecciones de video o audio, así como las organizaciones que se centraron en historia de familia, tienden a superar a los que tienen colecciones principalmente basados en texto" (p. 140).

Ha habido muy poca investigación sobre la evaluación de la eficacia de la inversión en medios sociales por las LAMs. Romero (2011) describió los temas mediante la medición del retorno de la inversión específicamente en las bibliotecas, observando la dificultad de medir el ROI en un entorno sin fines de lucro, y notando que "Los objetivos a ser alcanzados deberán ser claros, representando nuestro ROI no financiero" (p. 149).

En los primeros años de la adopción de los medios de comunicación social por las LAMS, no había muchas herramientas para ayudar en la evaluación del retorno de la inversión. La reciente explosión del uso de los medios sociales para aumentar los ingresos en el ámbito empresarial ha beneficiado a las bibliotecas. Más y más compañías de medios sociales adaptan los productos para informar a las empresas sobre el comportamiento del usuario. Los mejores ejemplos de esto se encuentran en la evolución de las páginas de fans en Facebook y en las aplicaciones diseñadas para llevar a cabo promociones. Esto hace que sea más fácil rastrear a los usuarios y proveer datos con valor añadido para medir el rendimiento de la inversión. Las bibliotecas pueden utilizar estas mismas herramientas para evaluar su penetración en los medios sociales y vigilar que contenido es más popular entre los usuarios.

El desarrollo de un plan exitoso para la implementación del alcance de los medios de comunicación social con el propósito explícito de dar a conocer los materiales digitales se pueden dividir en cuatro categorías principales: evaluación de las necesidades, la planificación, ejecución, y el retorno de la inversión (ROI). Otros modelos relacionados con estas categorías son, los cinco principios de Schrier para integrar con éxito las redes sociales en la bibliotecología digital, y el ciclo de Turner (2011) del retorno de la inversión de los medios sociales. Los principios de Schrier incluyen: escuchar, la participación, la transparencia, la política y la estrategia (2011). Cada principio secuencial crea un modelo para el alcance de los medios de comunicación social. Los pasos para crear un plan de marketing de los medios sociales se pueden evaluar utilizando el ciclo de Turner del ROI de los medios de comunicación social. Tres etapas del retorno de la inversión para los medios sociales se han identificado como la puesta en marcha, la gestión y la optimización (Turner, 2011). Cada etapa identifica las áreas clave para centrarse en maximizar los beneficios financieros de los medios sociales. Aunque está escrito para los negocios, cada etapa puede aplicarse fácilmente a las organizaciones no lucrativas.

Evaluación de las Necesidades: Ir Donde Tus Usuarios Están

Scheir (2011) llamó a esta primera categoría, "escuchando", tiempo durante el cual las bibliotecas pueden identificar a los principales interesados, posibles defensores y comunidades interesadas en el contenido. Las bibliotecas pueden determinar dónde se encuentran las principales audiencias revisando los sitios sociales y examinando su utilización por los usuarios recientes, incluidas las organizaciones locales. La realización de encuestas para evaluar el interés del cliente y observar los sitios que visitan, mientras que la biblioteca también puede indicar donde los usuarios van.

Además, adicionalmente a la audiencia principal, tener en cuenta el mayor alcance que es posible lograr a través de las plataformas electrónicas. La mayor audiencia de una biblioteca puede estar en el otro lado del mundo.

La adopción de medios de comunicación social tiende a ser regional, se diferencia por grupo de edad, y puede cambiar en cuestión de años o incluso de meses. Por ejemplo, en su mejor momento, Myspace dominó la costa oeste de los Estados Unidos, mientras que Facebook fue el sitio preferido de la costa este (Dougherty, 2008). Eventualmente, Facebook alcanzó la mayoría de los usuarios y MySpace desapareció de la escena de la red social. Mientras que algunos sitios tienen ciclos cortos de popularidad, otros pueden ser vendidos a empresas de mayor tamaño. Por ejemplo, en 2011, Delicious fue adquirido por AVOS y Gowalla fue comprada por Facebook. A principios de 2012, Posterous fue comprada por Twitter y Facebook gastó más de mil millones de dólares para comprar la popular foto aplicación Instagram. El seguimiento de sitios de noticias de los medios sociales, tales como Mashableis es la mejor manera de mantenerse al tanto de las últimas herramientas y fusiones.

Mientras que el acto de lanzamiento de nuevas cuentas se hace a menudo relativamente rápido (en cuestión de horas), saber por dónde empezar realmente puede ayudar a determinar dónde establecer un plan de marketing completo. De acuerdo con el ciclo de retorno de la inversión de medios sociales, este es el punto central de la construcción siguiente, examinando la escena y descubriendo que espera el usuario. No hay retorno de la inversión en este punto, ya que es el que sienta las bases para las etapas posteriores de la planificación de los medios de comunicación social.

Planificar Antes de Construir. Gestiónar Su Presencia en los Medios de Comunicación Social

Gestionando la tecnología

Una vez que la biblioteca ha seleccionado las herramientas que más le beneficiarán la base de usuarios, debe comenzar con un enfoque multifacético del alcance de los medios de comunicación social. Comience con la comprensión de la interoperabilidad de los medios sociales. Muchas de las tecnologías emergentes se integran entre sí y se comunican entre plataformas. La vinculación de los servicios hará que los mismos sean mas eficientes. Un componente importante de la planificación consiste en consultar a los empleados y utilizar las habilidades que estos ya poseen. Seleccionar el personal de apoyo que se sienta cómodo con el software social. Reclutar a los que ya utilizan los sitios de forma regular mediante las cuentas personales. Proporcionar capacitación sobre cómo utilizar los productos si son necesarios. Los medios sociales no son un caso que se construyen una vez y ellos vendrán después espontáneamente. Si la biblioteca tiene un personal "tech-savvy" esto asegura que ellos han incorporado aspectos de valor añadido disponibles entre productos propietarios tales como los catálogos en línea y el software social utilizando aplicaciones de código abierto y flexible. Si alguna programación es necesaria, contar con una persona entre los trabajadores que pueda manejar cualquier problema técnico. Debido a que la codificación y la integración deben ser procesos sostenibles y de continuidad, el personal de la entidad es preferible al de contratación externa.

Dado que las bibliotecas usan los medios sociales para crear conexiones entre los usuarios y las colecciones, mantener un formato y un estilo consistentes es esencial. El uso de nombres oficiales y logotipos mantienen los vínculos lógicos entre las diferentes ramas u organizaciones relacionadas. El uso de etiquetas para capturar nombres adicionales o incluirlos en la sección de la descripción puede aumentar la posibilidad de su localización. Para el funcionamiento de las cuentas de la biblioteca, es útil contar con un documento central al que puede acceder el personal asignado. Incluso si hay un miembro del personal asignado específicamente para gestionar las cuentas de los medios sociales, es una buena idea tener más de una persona supervisando los sitios. Esto ayuda a alinear las preguntas de los usuarios y mantener el contenido interesante. Del mismo modo, la inversión en diversos instrumentos acumulativos para controlar las cuentas permite gestionar lo que se publica y dónde información adicional puede ser agregada. Herramientas de gestión de los medios de comunicación social como Hootsuite y Tweetdeck, ayudarán a maximizar la comunicación mediante el envío de información a múltiples cuentas de forma simultánea.

El lanzamiento

Una vez que las cuentas existen, el siguiente paso es a lo que se refiere a Turner (2011) como la etapa de lanzamiento. La vinculación desde la página web de la organización o el uso de códigos QR en los materiales impresos son justo un par de maneras de ayudar a dar publicidad a su presencia en los medios de comunicación social para la población local. Del mismo modo, la búsqueda activa de los usuarios de los medios de comunicación social y el seguimiento de la utilización que hacen de las cuentas de la biblioteca es otra manera de aumentar su conocimiento.

Desarrollar los objetivos de los medios de comunicación sociales y la identificación de puntos de referencia para medir la penetración en el mercado.

Las metas de los medios sociales pueden ser tan simples como la creación de conciencia de la existencia de las colecciones digitales, el lanzamiento de nuevos servicios, o el aumento de la palabra oral acerca de la biblioteca. Estos objetivos deben ser medidos por los datos y la evaluación del programa. Herramientas de terceros, tales como Bit.ly y Social Follow, recopilan estadísticas y captura las URL de referencia de forma gratuita. Existen herramientas más caras disponibles para gestionar y recoger datos como Sprout Social y CoTweet; si el plan de marketing en medios sociales incluye la recaudación de fondos o el patrocinio, se pueden identificar para obtener más productos sólidos.

El aspecto más olvidado de los medios sociales es la etapa de gestión. Una vez que las cuentas se crean deben ser cultivadas y desarrolladas. De acuerdo con Turner, la etapa de gestión se puede medir por el nivel de compromiso y el aumento del tráfico hacia el sitio identificandolo como que la organización aumenta su seguimiento.

Compromiso del usuario

Schier (2011) se refiere al compromiso de los usuarios como el principio de participación. ¿Cómo la interacción de la biblioteca con los usuarios puede influir en el éxito? Existen tres maneras principales en que una organización puede enfocar su presencia en los medios sociales: informal, formal o una mezcla de los dos. Usando el tono informal es casual pero informativo y divertido de vez en cuando, mientras que formal es generalmente carente de personalidad y estéril a veces. Cada uno puede tener efectos positivos y negativos dependiendo de la expectativa de la población objetivo. Un híbrido de los dos es adoptado por muchas de las campañas sociales más exitosas de los medios de comunicación. El tono de la presencia en los medios de comunicación social, pueden afectar directamente a la tasa de éxito para llegar más allá de los seguidores principales. Cuando hay más de una persona que presenta contenido en las cuentas de las redes sociales, es esencial estar en la misma página. Esto se puede lograr formalmente mediante una política o informalmente, con los debates regulares de tono y contenido. El papel que asume la biblioteca depende de la finalidad última de un programa de respuesta, así como lo que la audiencia espera.

El concepto de transparencia de Schrier (2011) también pueden desempeñar un papel en el compromiso de los usuarios. Mantener los malos comentarios con los buenos ilustra al público que una organización se preocupa por las necesidades de los usuarios. Respuestas rápidas, no sólo apaciguan a los usuarios descontentos, pero demuestran la capacidad de respuesta a todo tipo de comentarios.

La conveniencia de la adopción de los medios de comunicación social también puede ser como una manera de aumentar la participación de los usuarios. Desarrollar características de valor agregado como los videos de "como-hacer", los cupones e incentivar/promocionar los medios de comunicación social sólo pueden mejorar la experiencia del usuario. Del mismo modo, la integración de altos servicios de biblioteca con el uso de aplicaciones en el espacio de los medios sociales también puede ayudar a aumentar la interacción de los usuarios y los productos de los medios de comunicación social. Ofrecer el mismo contenido en una variedad de plataformas para asegurar que la información llegue a todos los posibles usuarios, específicamente si son con propósitos de instrucción. Una faceta oculta de las redes sociales está llegando a los usuarios que utilizan el software de adaptación. Prueba de diferentes herramientas de los medios sociales para el cumplimiento del W3C permitirán a las LAMS promover herramientas que son beneficiosas para los usuarios con necesidades especiales.

Una regla de la fase de gestión que nunca se debe violar es dejar marchitarse y morir las cuentas. Una cuenta atrofiada repercute negativamente en el impacto en línea de las organizaciones. Crymble (2010) encontró que de las 104 páginas de archivos de Facebook examinados, el 53,8% de las páginas habían sido abandonadas. Hay una variedad de métodos que las LAMS pueden emplear para mantener las cuentas. Antes de introducir una presencia en una nueva herramienta de los medios sociales, las bibliotecas deberían desarrollar un calendario para establecer cuándo y qué se publica, con el fin de mantener la cuenta activa. Mantener temas basados en las vacaciones, la Semana de la Biblioteca, o una publicación semanal, puede asegurar que nunca haya un largo vacío de actividad en cualquier sitio social. La cuenta de Twitter de USC Libraries utilizó el tema del día de "Hoy en Los Ángeles" para mostrar imágenes de sus colecciones especiales. La cuenta de Twitter de El diario Los Angeles Times creó un puesto semanal usando la etiqueta equívoca "comida para el fin de semana" para fomentar la interacción con los usuarios. Ambos enfoques mantienen las cuentas activas y el contenido fresco. Lo contrario que es publicar con demasiada frecuencia, tres o cuatro veces en una hora o incluso un día, también pueden disminuir el impacto. Demasiada publicación hace que la gente deje de seguir los perfiles, una rápida comparación de cuando el contenido se publica y cuando la gente dejar de seguir a una cuenta puede ayudar a determinar el justo medio. ¿Con qué frecuencia se publican artículos? depende de las reglas de etiqueta de la herramienta de los medios de comunicación social. Twitter se usa para las actualizaciones constantes, mientras que los usuarios de Facebook tienden a dejar de seguir los perfiles que publican muy a menudo (Beyond, 2011). Una publicación bien situada en Facebook o Twitter o Tumblr puede llegar a cientos de usuarios. Es importante vigilar cuidadosamente el contenido para asegurar que es publicado en el momento adecuado y también en la cantidad adecuada para los usuarios. Para evitar la creación de cuentas que puedan ser abandonadas más tarde, por lo general se utiliza una cuenta personal como prueba, mientras que la cuenta de la biblioteca se ha creado para mantener el nombre. Si el sitio no vale la pena, la cuenta de la biblioteca se elimina.

La Medición del Retorno de la Inversión del Alcance de los Medios de Comunicación Social en las Bibliotecas

En el mundo de los negocios, el retorno de la inversión se calcula por la inversión y el retorno financiero. Para el retorno de los medios sociales, es casi exclusivamente calculado por el impacto financiero que proporciona estar en línea. Otras teorías intentan diferenciar el retorno de los medios de comunicación social en valores no financieros tales como el conocimiento de marca o el porciento aumentado del uso del sitio, sin embargo, la fórmula de costo / (retorno-costo) sigue siendo el modelo de negocio seguido por la mayoría de las empresas. Para las agencias no lucrativas, esta fórmula no se basa exclusivamente en los ingresos, sino más bien en los resultados no financieros del alcance. Usando el modelo de retorno de la inversión de medios de comunicación social de Blanchard (2011) la fórmula para el retorno de la inversión de las LAMS de los medios sociales puede ser visto como:

Inversión ► Acción ► Reacción del usuario ► Recompensas no financieras

Mientras que el modelo tradicional del retorno de la inversión de los medios de comunicación social incluyó el último paso de las recompensas financieras:

Inversión ► Acción ► Reacción del usuario ► Recompensas no financieras ► Recompensas financieras

A menos que haya una amplia integración con los productos propietarios, el coste principal de las organizaciones no lucrativas de medios de comunicación social es el tiempo del personal. El tiempo para elaborar cuidadosamente las respuestas y el contenido de las páginas puede tomar por lo menos 4 horas a la semana. Los agregadores pueden reducir el tiempo al permitir la programación de mensajes y los mensajes de un único clic en numerosos sitios, pero ser capaz de participar de manera efectiva significa que debe haber tiempo dedicado a la participación, no sólo empujando el contenido. La capacidad de activar las alertas puede aumentar el tiempo de respuesta de los comentarios de los usuarios. La determinación de la cantidad de tiempo que el personal debe dedicar a mantener una presencia social realmente depende de las necesidades globales de una organización.

Independientemente de que sitio está siendo utilizado, la recolección de datos cualitativos y cuantitativos puede ser útil. Un método de recopilación de datos de tres puntas, ayudará a que una organización sea cada vez más decidida acerca de cómo y qué tan bien una biblioteca logra alcanzar a sus usuarios. En primer lugar, utilizar lo que ya está listo. Para llevar a cabo una evaluación cuantitativa de un programa de marketing de medios sociales, comience la recogida de datos disponibles de los productos en sí mismos. Cada herramienta social ofrece diferentes niveles de datos. Sitios como Facebook y Twitter han construido instrumentos de evaluación para recoger datos. Para Facebook, las contribuciones proporcionarán la mayor cantidad de datos. Las páginas de fans pueden mostrar el alcance de una publicación, las interacciones y cuantos accesos posibles existen para una publicación (véase Figura 10.1).

La cuantificación de @respuestas o RT en Twitter y clics sobre reductores de enlace como Bit.ly informan sobre las visitas de Twitter. Wordpress y otros sitios por lo general hacen un seguimiento de al menos el número de visitas recibidas, y en algunos casos refieren los sitios web (figura 10.2).

Los productos de optimización, tales como Involver proporcionarán datos adicionales en términos de enlaces y vista de contenido. Compartir los botones de seguimiento de Buttonsand también puede proporcionar datos sobre cuanto ha sido compartida una página, enlazadas e incrustadas en los sitios más importantes como Twitter, Reddit, + Google, Pinterest, Blogger y, por supuesto, Facebook. Todos estos datos deben ser rastreados y utilizados en combinación con el conjunto de datos restante.

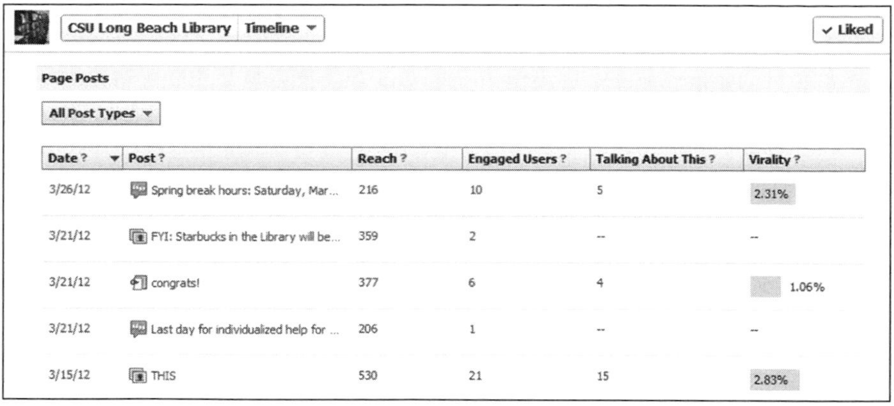

Figura 10.1. Facebook Fan Page Insights

El método de recogida segundo es examinar los datos disponibles a partir de sus propios productos comprados y sitios. Esto puede tomar la forma del número de sitios de referencia, resultados reales, y cualquier cambio en el uso del catálogo, bases de datos, o portales.

Por último, la retroalimentación puede ayudar a informar a los datos. Comentarios de los usarios puede dar una idea cualitativa en la interpretación de los datos. Resultados no informar plenamente el uso del sitio, pero pingbacks de blogs, y la posibilidad de comentar las publicaciones en casi todos los sitios, puede realmente dar a la organización una idea de lo que es importante para sus usuarios.

Figura 10.2. Las Estadísticas de Wordpress Dashboard

Romero y Turner, identifican ambos la etapa final de desarrollo de los medios sociales en el momento en que sea visto el mayor retorno de la inversión (Romero, 2011; Turner 2011). Se debe lograr en esta etapa la lealtad a la marca, la autoridad de los contenidos y la creación de la comunidad. Debido a que las bibliotecas, archivos y museos son organizaciones no lucrativas, es más difícil de medir realmente los beneficios financieros obtenidos de los medios de comunicación social; sin embargo, al margen de los ingresos monetarios, la participación y el tráfico del sitio pueden traducirse fácilmente en una mejora de los servicios bibliotecarios para los usuarios.

Ir Confiadamente Donde Nadie Ha Ido Antes: Intenta Cosas Nuevas

Una vez que las tres fases del ciclo ROI de los Medios de Comunicación Social se han completado, una biblioteca debe estar al tanto de las nuevas herramientas a medida que se crean. Según crece el marketing de los medios sociales, asegúrese de que el alcance del plan de medios de comunicación social lo suficientemente flexible como para adaptarse a las nuevas tecnologías y herramientas en constante cambio. Los usuarios de los medios sociales son muy rápidos para adaptarse a los productos nuevos y, como regla general, crear cuent6as de prueba y mantener el nombre de la biblioteca para garantizar la consistencia en todas las plataformas, así como estar consciente del escenario de los medios sociales. Sin embargo, tener un propósito y estimar su indicador de la inversión antes de abordar el empleo a gran escala de una herramienta social, asegurar que los usuarios invierten en la herramienta, probarlo, y solicitar comentarios como retroalimentación. Antes de comprometerse en un plan de marketing a escala completa, encontrar las mejores prácticas empleadas en bibliotecas y estudiar cómo utilizan los sitios. Un modelo de uso ejemplar de integración en los medios de comunicación social mediante la comercialización se puede encontrar en las bibliotecas de la USC, la Biblioteca Pratt y la Biblioteca Pública de Seattle. Ellas fueron de las primeras en adoptar muchas herramientas de los medios sociales y tienen una entrega continua de contenido impresionante. Un éxito común que comparten es el fomento de un sentido de comunidad, así como proporcionar información útil y única para los usuarios. Por último, cuando la planificación de medios de comunicación social conviene alentar al personal a disfrutar las herramientas a medida que experimentan con su uso.

Conclusión

Un plan bien diseñado de uso de los medios de comunicación social debe ser coordinado con el plan de comercialización en curso y el plan estratégico general de LAMS. Siempre es bueno volver a reconsiderar la misión de la institución y asegurar que pueda hacer coincidir al menos un método de evaluación con la misión de la organización.

Es importante destacar que el marketing en línea no puede ser la única fuente para alcanzar las metas propuestas. Dependiendo de los resultados demográficos, de impresión o de cara a cara que se logren se puede obtener la mejor respuesta del mercado perseguido por las LAMS. En dependencia de la región del mundo en que existe una LAM, se puede prever la capacidad de llegar a los usuarios principales a través de las redes sociales. No obstante todavía puede ser una poderosa herramienta para compartir artículos únicos en el mundo.

De acuerdo con Internet World Stats, el 55% de América del Norte, Oceanía y Europa tienen acceso a Internet, mientras que las cifras son significativamente menores en las regiones en desarrollo, con 36% en América Latina, 31% en el Oriente Medio, y la más baja de un 11% en África (www.inter net worldstats.com/stats.htm, 2011). Esto puede afectar el porcentaje de los recursos que deben ser dirigidos a aumentar la presencia en línea si el objetivo principal es llegar a la población local.

Con independencia de cuales sean las herramientas utilizadas, los medios sociales tienen el potencial de ampliar enormemente el alcance actual de las iniciativas digitales. La aplicación de las mejores prácticas para la integración de los medios sociales en el plan estratégico general de la biblioteca será de gran ayuda para aprovechar el poder de cualquier herramienta. El propósito de la difusión de información es doble: compartir la cultura con los usuarios locales/esperados y ampliar el intercambio internacional de conocimientos a través de las fronteras. Teniendo esto en cuenta, el aumento del acceso a los materiales antes no disponibles al público debe ser la premisa principal a alcanzar por las LAMS mediante todos los medios de comunicación social.

Referencias

Belden, D. (2008). Harnessing social networks to connect with audiences: If you build it, will they come 2.0? *Internet Reference Services Quarterly*, *13*, 99-111. doi:10.1300/J136v13n01-06.

Beyond, Inc. (2010). The Facebook brand interaction study. Estraído desde http://bynd.com/wp-content/uploads/2010/11/fb_bynd.pdf.

Bodnar, J., & Doshi, A. (2011). Asking the Right Questions: A Critique of Facebook, Social Media, and Libraries. *Public Services Quarterly*, *7*, 102-110. doi:10.1080/15228959.2011.623594.

Blanchard, O. (2011). *Social media ROI: Managing and measuring social media efforts in your organization.* Indianapolis: Que.

Crymble, A. (2010). An analysis of Twitter and Facebook use by the archival community. *Archivaria,* 70, 125-152.

Dougherty, H. (2008). Geographic divide of social networks. Estraído el 10 de Marzo 2012 desde
http://weblogs.hitwise.com/heatherdougherty/2008/07/geographic_divide_of_social_ne_1.html.

Head, A. J. and Eisenberg, M. B. (2010). How today's college students use *Wikipedia* for course–related research. *First Monday, 15*(3). Estraído el 10 de Marzo 2012 desde
http://firstmonday.org/htbin/cgiwrap/bin/ojs/index.php/fm/article/viewArticle/2830/2476.

Hosea, M. (2011). Digital strategy: Viral – spread the word – viral is catching on. *Marketing Week,* 53-55.

Internet World Stats (2011). World internet and usage population statistics. Estraído desde www.internetworldstats.com/stats.htm.

Jenkins, H. (2009). *Confronting the challenges of participatory culture: Media education for the 21st century.* Cambridge, Mass: MIT Press.

Romero, N. (2011). ROI: Measuring the social media return on investment in a library. *Bottom Line: Managing Library Finances, 24*(2), 145-151. doi:10.1108/08880451111169223.

Schrier, R.A. (2011). Digital librarianship and social media: The digital library as conversation facilitator. *D-Lib Magazine, 17*(7-8).

Smith-Yoshimura, K. & Shein, C. (2011). *Social metadata for libraries, archives and museums part 1: Site reviews.* Dublin, Ohio: OCLC Research. Estraído desde www.oclc.org/research/publications/library/2011/2011-02.pdf.

Turner, J.(2011). Understanding the social media ROI cycle. Estraído el 10 de Marzo 2012 desde
http://mashable.com/2011/03/03/social-media-roi-cycle/.

Recursos adicionales

USC Libraries Twitter:
https://twitter.com/#!/USCLibraries

Seattle Public Library:
www.facebook.com/SeattlePublicLibrary

Pratt Library:
https://twitter.com/#!/prattlibrary

Pinterest:
http://pinterest.com/

Texas Portal Wikipedia:
http://en.wikipedia.org/wiki/Portal:Texas

CSU Long Beach fan page:
   www.facebook.com/pages/CSU-Long-Beach-Library/138325847734

Blog for IFLA *Social Science Libraries: A Bridge to Knowledge for Sustainable Development*
   in Havana, Cuba: www.library.illinois.edu/cgs/IFLA/index.html

About the Authors / Acerca de los Autores

MSc. Ascanio Alvarez Alvarez
MSc. Alvarez currently heads the Websites and Databases Group at the Centre for Banking and Economic Information (CIBE) of the Central Bank of Cuba. He received his Master's Degree in Information Sciences from the University of Havana in 2012. His research has been published in national specialized magazines and he has given seminars, lectures and has provided tutoring and collaboration on various theses and mid-level works on informatics related to the application of informatics and dissemination of information in libraries and information centers. His professional work has been dedicated to the introduction, development and implementation of computerization of various processes in libraries and information centers in the Cuba. For several years he has focused on ensuring the operation, information standards and updating for the web sites of the Central Bank of Cuba and the Cuban Interbank Portal, which constitute one of the main ways of disseminating financial information to the Cuban banking system.

Programador de aplicaciones por el INSAC en 1987, Licenciado en Matemáticas por la Universidad de La Habana en 1989, Master en Ciencias de la Información por la Universidad de La Habana en 2012. Ha recibido disímiles cursos y postgrados relacionados con Nuevas Tecnologías de Información y Comunicaciones (NTIC) y la automatización principalmente en instituciones de Información. Ha desarrollado una constante superación profesional. Toda su trayectoria laboral ha estado dedicada a la introducción, desarrollo e implementación de la automatización de los diferentes procesos en las bibliotecas y centros de información del país. Trabaja en bibliotecas desde 1983. En la Biblioteca Nacional de Cuba José Martí hasta 1995, actualmente labora en el Centro de Información Bancaria y Económica (CIBE) del Banco Central de Cuba, donde dirige el Grupo de Sitios Web y Bases de datos, cuya función es garantizar las informaciones y contenidos en los sitios web del Banco Central de Cuba en Internet e intranet y en el Portal Interbancario Cubano. Algunos resultados de su investigación han sido publicados en revistas nacionales de la especialidad. Ha impartido seminarios y conferencias y tutorado y/o colaborado en diferentes tesis de grado y trabajos de nivel medio en informática relacionados con la automatización y la diseminación de información en bibliotecas y centros de información. Su trabajo desde hace varios años se centra en garantizar el funcionamiento, nivel informativo y actualización de los sitios web del Banco Central de Cuba y el Portal Interbancario Cubano, los cuales constituyen una de las vías fundamentales de diseminación de información financiera de la banca cubana.

Dra. Dominique Babini

Dr. Babini holds a Doctorate in Political Science from the University of Salvador, Argentina and a post-graduate degree in library science from the University of Buenos Aires and is a researcher at the University of Buenos Aires-IIGG Open Access and Scholarly Communications Program. She currently serves as the Coordinator of Information at CLACSO. She also belongs to the Expert Committee for the National System of Digital Repositories in Argentina, the Scientific Committee of REDALYC and serves as Editor for Open Access Web Resources from the International Social Science Council.

Doctora en ciencia política (Universidad del Salvador, Argentina) y posgrado en documentación científica (Universidad de Buenos Aires). Investigadora Programa Comunicación Científica y Acceso Abierto Universidad de Buenos Aires-IIGG. Coordinadora Área Información de CLACSO. Comité Expertos Sistema Nacional de Repositorios Dgitales (Argentina). Comité Científico de REDALYC. Editora Open Access Web Resources-International Social Science Council.

Lic. Liudmila Báez Sánchez

Liudmila Báez Sánchez holds a Bachelor's degree in Library and Information Science from the University of Havana, Cuba. She currently serves as Deputy Director of the Information Center for the Press (CIP) of Cuba. She has lectured at the José Marti International Institute of Journalism on information search and retrieval in digital environments for journalists. She has participated in national and international events related to information science and journalism and has presented research papers at various events such as INFO and IFLA. In addition, she served as president of the events and jury commissions for the "July 26" Digital Journalism Contest and has participated in numerous courses and workshops for postgraduate and diploma students.

Licenciada en Bibliotecología y Ciencias de la Información por la Universidad de La Habana, Cuba. Actualmente se desempeña como Subdirectora del Centro de Información para la Prensa (CIP) de Cuba. Ha impartido conferencias en el Instituto Internacional de Periodismo "José Martí" sobre Búsqueda y recuperación de información en entornos digitales, para periodistas. Ha participado en eventos nacionales y otros de carácter internacional relacionados con la Ciencia de la Información y el Periodismo. Ha presentado trabajos de investigación en diferentes eventos de carácter nacional e internacional como INFO e IFLA. Ha sido presidenta de comisiones en eventos y jurado del Concurso de Periodismo Digital "26 de julio". Ha participado en múltiples cursos, talleres, postgrados y diplomados.

Lic. Lenay Barceló Soto

Lenay Barceló Soto holds a degree in Library and Information Science from the School of Communication from the University of Havana, Cuba where she successfully defended her work in information management entitled *Information Retrieval Systems: Web Domain Ontology.* Currently she serves as information specialist in processing, management and analysis of information at the Information Center for the Press of Cuba (CIP). There she is responsible for the areas of collection development and information products marketing. Her primary responsibilities are related to the project on the Databases of the Cuban Press and the Virtual Library of Cuban Journalism. She has also worked as an assistant professor in the discipline of Organization and Representation of Information on the faculty of the School of Communication. She has presented papers on library and information science at national and international events.

Lenay Barceló Soto. Es Licenciada en Bibliotecología y Ciencia de la Información por la Facultad de Comunicación de la Universidad de La Habana, Cuba, grado que obtuvo con la defensa del trabajo "*Sistemas de Recuperación de Información: Ontología de Dominio Web*". Es Gestora de Información. En la actualidad se desempeña como Especialista en procesamiento, gestión y análisis de la Información en el Centro de Información para la Prensa (CIP) de Cuba. Es responsable del área de Desarrollo de Colecciones y Comercialización de productos informativos del Centro de Información para la Prensa (CIP). Además es responsable principal del proyecto de las Bases de Datos de la Prensa Cubana y responsable principal del proyecto de la Biblioteca Virtual del Periodismo Cubano. Ha colaborado como profesora auxiliar de la disciplina de Organización y Representación de la Información de la citada Facultad de Comunicación. Ha presentado trabajos en eventos nacionales e internacionales de la especialidad de Bibliotecología y Ciencias de la Información.

MSc. Ricardo Casate Fernández

MSc. Casate graduated from the University of Havana in 1986 with a degree in Nuclear Energy Engineering and in addition, holds a Masters in Management Science and Innovation and in Library and Information Science. He is currently completing the Ph.D. program in Documentation and Information Science offered jointly by the University of Granada and the University of Havana, and, as part of this program, he has already defended the Advanced Studies Diploma. He has taught courses and led research projects on development and innovation related to the development of networks and information services, management of innovation, management of information and knowledge, scientific communication and open access. He is currently coordinating a project for the development of a national directory and repository for the content generated by Cuban scientific and academic institutions. He has authored more than 15 papers published in various Cuban and foreign scientific journals and has presented papers at various events and conferences at national and international level in Cuba and abroad.

Graduado de Ingeniería en Energética Nuclear en la Universidad de la Habana en el año 1986. Ha realizado estudios de Maestría en Gerencia de la Ciencia y la Innovación y en Bibliotecología y Ciencia de la Información. Actualmente cursa el programa de Doctorado en Documentación e Información Científica impartido por la Universidad de Granada y la Universidad de La Habana, como parte del cual ya defendió el Diploma de Estudios Avanzados. Ha impartido cursos y ha liderado proyectos de investigación-desarrollo e innovación relacionados con el desarrollo de redes y servicios de información, la gestión de la innovación, la gestión de información y del conocimiento, la comunicación científica y el acceso abierto. En la actualidad coordina un proyecto para el desarrollo de un directorio y recolector nacional de los contenidos generados por las entidades científicas y académicas cubanas. Es autor de más de 15 trabajos publicados en diferentes revistas científicas cubanas y extranjeras y ha presentado ponencias en diferentes eventos y congresos de carácter nacional e internacional, en Cuba y en el extranjero.

Prof. Liz Cooper
Liz Cooper is an Assistant Professor and Head of the Research and Instruction at the Auraria Library, University of Colorado, Denver, Colorado, USA. Her research focuses on international issues in librarianship and social sciences scholarship. She holds a Master of Library and Information Science degree from the University of Texas at Austin and a Master of Arts degree in Middle East Studies from The American University in Cairo, Egypt. Her publications have appeared in numerous journals and she speaks on a regular basis at national and international conferences on assessment of library services, emerging information needs, and scholarly practices in the social sciences. She is current Chair of the Social Science Libraries Section of IFLA.

Liz Cooper es Profesora Asistente y Jefa de Investigación e Instrucción en la Auraria Library de la Universidad de Colorado, Denver, Colorado, USA. Su trabajo de investigación se concentra en temas internacionales de la bibliotecología y de las ciencias sociales. Es Master en Bibliotecología y Ciencia de la Información por la University of Texas en Austin y Master en Artes en Estudios del Medio Oriente por la American University de El Cairo, Egypto. Sus publicaciones han aparecido en numerosas revistas y ofrece disertaciones y charlas con regularidad, en conferencias nacionales e internacionales sobre evaluación de los servicios bibliotecarios, necesidades emergentes de información, y prácticas académicas en el campo de las ciencias sociales. Miembro del Comité Permanente de la Sección de Bibliotecas de Ciencias Sociales de la IFLA del que es su Presidente.

Dra. Maria Elena Dorta-Duque

Dr. Dorta-Duque holds a Doctorate in Education and a Diploma in Librarianship from the University of Havana. She is a UNESCO expert in documentation and Director of Scientific and Technical Information as well as a professor of research methodology at the Higher Institute of International Relations (ISRI) in Cuba. She is a member of the National Council for the Coordination of the Information Systems on Science and Technology and a member of the Coordinating Working Group responsible for issuing cooperative library policies in Cuba. She also serves as the Secretary of the Standing Committee of the Social Science Libraries Section of IFLA.

Doctora en Pedagogía (Universidad de La Habana), Bibliotecóloga (Universidad de La Habana), Experto de la UNESCO en Documentación. Directora de Información Científica y Técnica y profesora de Metodología de la Investigación, del Instituto Superior de Relaciones Internacionales (ISRI), Cuba, Miembro del Consejo Nacional de Coordinación del Sistema Nacional de Información Científica y Técnica de Cuba. Miembro del Grupo Coordinador de Trabajo Cooperado encargado de dictar las políticas bibliotecarias de Cuba. Miembro del Comité Permanente de la Sección de Bibliotecas de Ciencias Sociales de la IFLA del que es su Secretaria.

Prof. JoAnn Jacoby

An Associate Professor and Head of the Reference, Research, and Scholarly Services at the University Library of the University of Illinois at Urbana-Champaign, USA, Prof. Jacoby's research uses both quantitative and qualitative methods to evaluate library services and describe the nuances of scholarly practice in an environment that is both print and digital, in-person and virtual. She holds a Master of Science degree from the University of Illinois at Urbana-Champaign and a Master of Arts degree in Anthropology from Southern Illinois University in Carbondale, Illinois. An active scholar, her publications have appeared in numerous journals and she speaks on a regular basis at national and international conferences on assessment of library services, emerging information needs, and scholarly practices in the social sciences.

Profesora Asociada y Jefa de Referencia, Investigación y Servicios Académicos de la Biblioteca Universitaria de la Universidad de Illinois en Urbana-Champaign, USA. La profesora Jacoby utiliza en sus investigaciones métodos cuantitativos y cualitativos para evaluar los servicios bibliotecarios y describe los diversos grados de las prácticas académicas en medio impreso y digital, en persona y virtual. Posee un grado de Master en Ciencia por la Universidad de Illinois en Urbana-Champaign, y un grado de Master en Artes en Antropología por la Southern Illinois University en Carbondale, Illinois. En su actividad académica, sus publicaciones han aparecido en numerosas revistas y ofrece disertaciones y charlas con regularidad, en conferencias nacionales e internacionales sobre evaluación de los servicios bibliotecarios, necesidades emergentes de información, y prácticas académicas en el campo de las ciencias sociales.

Dr. C. Jorge Luis López Presmanes

Dr. Lopez Presmanes, holds a Doctoral degree in Technical Sciences from the Polytechnic Institute "Jose A. Echevarria" Havana, Cuba. He has a Bachelor in Physics (University of Havana, 1985) and a degree as Telecommunications Engineer (Polytechnic Institute "Jose A. Echevarría" Havana, Cuba, 1980). He works as an Advisor to the Ministry of Higher Education and Director of the National Network of Data from the Ministry of Higher Education (REDUNIV) in Cuba. Dr. Presmanes has worked on the issues of optical communications and data communication networks for more than 20 years.

Doctor en Ciencias Técnicas (Instituto Superior Politécnico "José A. Echevarría" La Habana, Cuba). Lic. en Física (Universidad de la Habana, 1985), Ingeniero en Telecomunicaciones (Instituto Superior Politécnico "José A. Echevarría" La Habana, Cuba 1980). Profesor Titular 1985, Asesor del Ministerio Educación Superior (Dirección de Informatización) y Director de la Red Nacional de Datos del Ministerio de Educación Superior (REDUNIV). Ha trabajado en las temáticas de Comunicaciones Ópticas así como Comunicación y Redes de Datos por más de 20 años.

Prof. Lynne M. Rudasill

Lynne M. Rudasill is an Associate Professor at the University Library at the University of Illinois at Urbana-Champaign. She is the Global Studies Librarian and Subject Specialist for Political Science. She has her Master's degree in Library and Information Science from the University of Illinois at Urbana-Champaign in the United States. Her research interests include the dissemination and capture of grey literature by non-governmental organizations and the related opportunities that open access provide in this area. She is former Chair of the Standing Committee of the Social Science Libraries Section of IFLA and is currently a member of the Professional Committee as Chair of Division 1 and a member if IFLA's Governing Board.

Lynne M. Rudasill es Profesora Asociada de la Biblioteca Universitaria de la University of Illinois en Urbana-Champaign. Es la Bibliotecaria de Estudios Globales y Especialista en Temas de Ciencia Política. Es Master en Bibliotecología y Ciencia de la Información por la University de Illinois en Urbana-Champaign, Estados Unidos. Sus intereses de investigación incluyen la diseminación y captura de literatura gris producida por organizaciones no-gubernamentales y las oportunidades relacionadas que el acceso abierto proporciona en esta área. Ella fue Presidenta del Comité Permanente de la Sección de Bibliotecas de Ciencias Sociales de IFLA y actualmente es miembro de su Comité Profesional como Presidenta de la División 1 y Miembro de la Junta de Gobierno de IFLA.

Lic. Dinorah Sánchez Remón

Lic. Sanchez Remón is the Coordinator of the Repository of Doctoral Theses at the National Information Center of Science and Medicine-INFOMED of Cuba. She holds a degree in Information and Library Science from the University of Havana, Cuba and a Diploma in Health Information Management. Her activities at the National Information Center of Medical Science-INFOMED include reference services, the Health Information Locator (LIS) management and the selective dissemination of information for health and medical literature. She has taught at the University of Havana. She has 31 years of professional experience.

Coordinadora del Repositorio de Tesis Doctorales del Centro Nacional de Información de Ciencias Médicas-INFOMED de Cuba. Es Licenciada en Ciencias de la Información y Bibliotecología y Diplomada en Gestión de Información en Salud, ambos por la Universidad de La Habana, Cuba. Trabaja además en la Atención al Sistema Nacional de Información de Ciencias Médicas-INFOMED, su Servicio de Referencia, el Localizador de Información en Salud (LIS), la Diseminación Selectiva de la Información, y la Bibliografía Médica.

Ejerce la docencia en la Universidad de La Habana, Cuba. Tiene una experiencia profesional en la actividad de 31 años.

Dr. José Antonio Senso Ruiz

Dr. Senso Ruiz holds a Doctorate in Information Science from the University of Granada, Spain, where he is a Tenured Professor of the Department of Information and Communication and Documentation, Granada, Spain. His publications and research interests relate to the sematic web, ontologies, metadata, linked data and the automatic processing of information.

El Dr. Senso Ruiz es Doctor en Ciencia de la Información por la Universidad de Granada España, donde es profesor del Departamento de Información y

Comunicación y Documentación. Sus publicaciones e intereses de investigación se relacionan con la web semántica, las ontologías, los metadatos, los datos conexos y el procesamiento automático de la información.

Ing. Iroel Sánchez

Iroel Sánchez holds a degree in Automatic Systems Management Engineering. He has provided presentations and lectures for many events in Cuba and abroad. He was director of the publishing house Editora Abril and President of the Instituto Cubano del Libro (Cuban Institute of the Book). Currently he works at the Office for Informatics at the Ministry of Informatics and Communications of Cuba. He is the Coordinator of the Cuban Collaborative Encyclopedia ECURED. He was founder of the cultural digital journal *La Jiribilla*. In addition, he has articles published in the *Casa de las Americas* and *Temas*.

Es Ingeniero en Sistemas Automatizados de Dirección. Ha presentado disertaciones en numerosos eventos en Cuba y el extranjero. Fue director de la Editora Abril y Presidente del Instituto Cubano del Libro.

Trabajo en la Oficina para la Informatización del Ministerio de la Informática y las Comunicaciones, de Cuba. Coordina la Enciclopedia Colaborativa Cubana ECURED. Fundador de la revista cultural *La Jiribilla*. Ha colaborado en publicaciones como *Casa de las Américas* y *Temas*.

Dr. C. Nancy Sánchez Tarragó

Sánchez Tarrago holds a Doctor of Science degree in Information and Documentation from the University of Granada, Spain, a Master's degree in Library and Information Science and a Diploma in Scientific Information and Librarianship from the University of Havana, Cuba and a Diploma in Health Information Management. She is Health Advisory Specialist at the National Bureau of Epidemiology of the Ministry of Public Health of Cuba. She also serves as Assistant Professor of the School of Communication of the University of Havana. In addition, she is the Editor of the *Revista de Información en Ciencias de la Salud* (*Journal of Information on Health Science*), *ACIMED* and the Editor of the *Portal of Health Surveillance* and of the bulletin *International Epidemiologic Status*. Other activities include information analysis and monitoring the epidemiology of contagious diseases.

Doctora en Ciencias de la Información y Documentación por la Universidad de Granada, España. Master en Bibliotecología y Ciencias de la Información y Lic. Información Científica y Bibliotecología por la Universidad de La Habana,

Cuba, 1996. Diplomada en Gestión de Información en Salud. Es Especialista Asesora de Salud en la Dirección Nacional de Epidemiología del Ministerio de Salud Pública de Cuba. Ha sido Editora de la *Revista Cubana de Información en Ciencias de la Salud*, *ACIMED*, Editora del *Portal Vigilancia en Salud* y del boletín *Situación Epidemiológica Internacional*; monitoreo y análisis de información sobre epidemiología de enfermedades transmisibles. Profesora Auxiliar de la Facultad de Comunicación de la Universidad de La Habana. She has 16 years of professional experience.

Dr. C. Francisco Lee Tenorio

Francisco Lee Tenorio holds degrees as a Doctor of Technical Sciences and Telecommunications Engineer from the University of Las Villas "Martha Abreu", Santa Clara, Cuba. Currently he serves as Senior Professor and Adviser to the Ministry of Higher Education and Director of Informatics of the Ministry of Higher Education. He has worked in diverse areas of communications and information management for decades.

Doctor en ciencias Técnicas (Universidad Central de las Villas "Martha Abreu", Santa Clara, Cuba). Ingeniero en Telecomunicaciones (Universidad Central de las Villas "Martha Abreu", Santa Clara, Cuba) Profesor Titular , Asesor del Ministerio Educación Superior y Director de Informatización del Ministerio de Educación Superior . Ha trabajado en las temáticas de Comunicaciones y de gestión de Información durante décadas.

Dr. C. Raul Gonzalo Torricella Morales

Dr. Torricella holds a degree in Chemical Engineering (Budapest Technical University, Hungary, 1977) and a PhD in Chemical Science (Hungarian Academy of Science – thesis on Sensory Evaluation of Food, 1985). He is a Senior Professor at the Pharmacy and Food Faculty at Havana University in the fields of Research Methodology, Thesis Seminar and Information Management and he serves as the Director of the publishing house Editorial Universitaria for electronics books and journals and as Adviser for the Ministry of Higher Education of the Republic of Cuba.

Ingeniero Químico (Universidad Técnica de Budapest, Hungría, 1977). Doctor en Ciencias Químicas (Academia de Ciencias de Hungría, – tesis: Evaluación Sensorial de los Alimentos, 1985). Profesor Titular adjunto de la Facultad de Farmacia y Alimentos de la Universidad de La Habana. Asignatura que imparte: Metodología de la Investigación Informacional, Seminario de Tesis, Gestión de Información. Director de la Editorial Universitaria para formato digital y Asesor del Ministerio de Educación Superior de la República de Cuba.

Prof. Tiffini A. Travis

Prof. Travis received her Master's in Library and Information Science from the University of California at Los Angeles and is currently the Director of Information Literacy & Outreach Services for the University Library at California State University, Long Beach where she has been a member of the library faculty since 1999. In this role, she provides outreach to on- and off-campus groups and facilitates student success and retention by arranging collaborative research and writing workshops at the library. Her varied research interests include social media, mobile web site design, the evolution of instructional technologies and measuring the library's role in student success. In 2006, she joined ACRL's nationally recognized Immersion Faculty.

La profesora Travis es Master en Bibliotecología y Ciencia de la Información por la Universidad de California, Los Ángeles, y es actualmente la Directora de Alfabetización Informacional & Servicios de Búsqueda de Información de la Biblioteca Universitaria de la California State University, Long Beach, donde ha sido miembro del equipo de la biblioteca desde el año 1999. En este cargo ha realizado búsquedas solicitadas por grupos de alumnos del campus y fuera del mismo y ha facilitado el éxito académico y la retención de alumnos mediante la organización de investigaciones colaborativas y talleres de escritura en la biblioteca. Sus intereses de investigación incluyen los medios sociales, el diseño de sitios web móviles, la evolución de las tecnologías para la enseñanza y la medición del papel de la biblioteca en el éxito académico de los estudiantes. En el año 2006 se convirtió en miembro de la reconocidia a nivel nacional "Facultad de inmersión" ACRL para la alfabetización de la información.